Manual de ANTROPOLOGIA JURÍDICA

Olney Queiroz Assis
Vitor Frederico Kümpel

Manual de
ANTROPOLOGIA JURÍDICA

De acordo com
o Provimento
n. 136/2009

2011

Editora Saraiva

Editora Saraiva

Rua Henrique Schaumann, 270, Cerqueira César — São Paulo — SP
CEP 05413-909
PABX: (11) 3613 3000
SACJUR: 0800 055 7688
De 2ª a 6ª, das 8:30 às 19:30
saraivajur@editorasaraiva.com.br
Acesse: www.saraivajur.com.br

FILIAIS

AMAZONAS/RONDÔNIA/RORAIMA/ACRE
Rua Costa Azevedo, 56 – Centro
Fone: (92) 3633-4227 – Fax: (92) 3633-4782 – Manaus

BAHIA/SERGIPE
Rua Agripino Dórea, 23 – Brotas
Fone: (71) 3381-5854 / 3381-5895
Fax: (71) 3381-0959 – Salvador

BAURU (SÃO PAULO)
Rua Monsenhor Claro, 2-55/2-57 – Centro
Fone: (14) 3234-5643 – Fax: (14) 3234-7401 – Bauru

CEARÁ/PIAUÍ/MARANHÃO
Av. Filomeno Gomes, 670 – Jacarecanga
Fone: (85) 3238-2323 / 3238-1384
Fax: (85) 3238-1331 – Fortaleza

DISTRITO FEDERAL
SIA/SUL Trecho 2 Lote 850 – Setor de Indústria e Abastecimento
Fone: (61) 3344-2920 / 3344-2951
Fax: (61) 3344-1709 – Brasília

GOIÁS/TOCANTINS
Av. Independência, 5330 – Setor Aeroporto
Fone: (62) 3225-2882 / 3212-2806
Fax: (62) 3224-3016 – Goiânia

MATO GROSSO DO SUL/MATO GROSSO
Rua 14 de Julho, 3148 – Centro
Fone: (67) 3382-3682 – Fax: (67) 3382-0112 – Campo Grande

MINAS GERAIS
Rua Além Paraíba, 449 – Lagoinha
Fone: (31) 3429-8300 – Fax: (31) 3429-8310 – Belo Horizonte

PARÁ/AMAPÁ
Travessa Apinagés, 186 – Batista Campos
Fone: (91) 3222-9034 / 3224-9038
Fax: (91) 3241-0499 – Belém

PARANÁ/SANTA CATARINA
Rua Conselheiro Laurindo, 2895 – Prado Velho
Fone/Fax: (41) 3332-4894 – Curitiba

PERNAMBUCO/PARAÍBA/R. G. DO NORTE/ALAGOAS
Rua Corredor do Bispo, 185 – Boa Vista
Fone: (81) 3421-4246 – Fax: (81) 3421-4510 – Recife

RIBEIRÃO PRETO (SÃO PAULO)
Av. Francisco Junqueira, 1255 – Centro
Fone: (16) 3610-5843 – Fax: (16) 3610-8284 – Ribeirão Preto

RIO DE JANEIRO/ESPÍRITO SANTO
Rua Visconde de Santa Isabel, 113 a 119 – Vila Isabel
Fone: (21) 2577-9494 – Fax: (21) 2577-8867 / 2577-9565
Rio de Janeiro

RIO GRANDE DO SUL
Av. A. J. Renner, 231 – Farrapos
Fone/Fax: (51) 3371-4001 / 3371-1467 / 3371-1567
Porto Alegre

SÃO PAULO
Av. Antártica, 92 – Barra Funda
Fone: PABX (11) 3616-3666 – São Paulo

ISBN 978-85-02-10284-2

Dados Internacionais de Catalogação na Publicação (CIP)
(Câmara Brasileira do Livro, SP, Brasil)

Assis, Olney Queiroz
Manual de antropologia jurídica / Olney Queiroz Assis, Vitor Frederico Kümpel. — São Paulo : Saraiva, 2011.

1. Antropologia jurídica 2. Direito - Brasil 3. Direito e antropologia 4. Sociologia jurídica I. Kümpel, Vitor Frederico. II. Título.

10-06861 CDU-34:301

Índices para catálogo sistemático:

1. Antropologia jurídica	34:301
2. Direito e antropologia	34:301
3. Sociologia jurídica	34:301

Diretor editorial *Antonio Luiz de Toledo Pinto*
Diretor de produção editorial *Luiz Roberto Curia*
Gerente de produção editorial *Lígia Alves*
Editora *Manuella Santos de Castro*
Assistente de produção editorial *Clarissa Boraschi Maria*
Preparação de originais *Maria Izabel Barreiros Bitencourt Bressan*
Eunice Aparecida de Jesus
Arte e diagramação *Cristina Aparecida Agudo de Freitas*
Mônica Landi
Revisão de provas *Rita de Cássia Queiroz Gorgati*
Marie Nakagawa
Serviços editoriais *Ana Paula Mazzoco*
Elaine Cristina da Silva
Capa *IDÉE arte e comunicação*

Data de fechamento da edição: 11-10-2010

Dúvidas?
Acesse www.saraivajur.com.br

Sumário

I ANTROPOLOGIA

1. CONCEITO E OBJETO

Adam Kuper (2002: 11) relata que, em 1917, Robert Lowie declarou que *cultura* é o único assunto da antropologia, assim como a consciência é da psicologia, a vida é da biologia e a eletricidade é um campo da física. Alguns antropólogos contestaram dizendo que o verdadeiro tema da antropologia é a *evolução humana*. Na perspectiva da cultura ou da evolução humana, antropologia é uma ciência que se interessa por ideias, valores, símbolos, normas, costumes, crenças, invenções, ambiente etc., portanto, encontra-se associada a outras ciências (direito, sociologia, política, história, geografia, linguística), motivo pelo qual sua autonomia não é universalmente reconhecida, daí as disputas ou dificuldades em relação à determinação de seu objeto de estudo.

Para Lévi-Strauss (2003: 386) a antropologia não se distingue das outras ciências humanas e sociais por um objeto de estudos que lhe seja próprio. Segundo ele, a história quis que a antropologia começasse pelo estudo das *sociedades simples*, também denominadas *sociedades primitivas*, *sociedades arcaicas* ou *sociedades frias*. Mas esse interesse também é partilhado por outras ciências, inclusive pelo direito. Mesmo quando a antropologia volta-se para o estudo das *sociedades complexas*, também denominadas *sociedades civilizadas*, *sociedades modernas* ou *sociedades quentes*, percebe-se que aí os vínculos com o direito e as demais ciências são até mais visíveis. Há, portanto, muitos pontos de contato entre antropologia e direito, fato que ressalta o aspecto interdisciplinar dessas duas áreas do conhecimento e justifica, nos seus estudos, o interesse de uma área pela outra.

Os antropólogos, de modo geral, entendem que a antropologia visa conhecer o homem inteiro, o homem em sua totalidade, isto é, em todas as sociedades e em todos os grupos humanos. Esse entendimento confere à antropologia um tríplice aspecto: a) **de ciência social**: na medida em que procura conhecer o homem como indivíduo integrante de sociedades, comunidades e grupos organizados; b) **de ciência humana**: quando procura conhecer o homem através de sua história, suas crenças, sua arte, seus usos e costumes, sua magia, sua linguagem etc.; c) **de ciência natural**: quando procura conhecer o homem por meio de sua evolução, seu patrimônio genético, seus caracteres anatômicos e fisiológicos.

1.1. Antropologia e humanismo

Antropologia, em sentido etimológico, significa o estudo do homem. Para Abbagnano (2003: 67), é a exposição sistemática dos conhecimentos que se têm a respeito do homem. Visa ela, portanto, fundar ou constituir um saber científico que toma o homem como objeto. Mas, conforme Laplatine (2006: 13), os antropólogos não estão de acordo com a possibilidade de o homem poder estudar cientificamente o homem. Há, segundo ele, os que pensam, como Radcliffe-Brown, que as sociedades são sistemas *naturais* que devem ser estudados segundo os métodos comprovados pelas ciências da natureza, e os que pensam, como Evans-Pritchard, que é preciso tratar as sociedades não como sistemas orgânicos, mas como sistemas simbólicos. Para estes últimos, longe de ser uma "ciência natural da sociedade", a antropologia deve ser considerada uma "arte".

Para Lévi-Strauss (2003: 387), a antropologia procede de certa concepção do mundo ou de uma maneira original de colocar os problemas, uma e outra descoberta por ocasião do estudo de fenômenos sociais que tornam manifestas certas *propriedades gerais* da vida social. Por essas razões, entende que a antropologia funda um humanismo democrático que clama pela reconciliação do homem com a natureza.

1.1.1. Etapas do humanismo

Em estudo intitulado *Os três humanismos*, Lévi-Strauss (1993: 277 a 280) constata que, para a maioria das pessoas, a antropologia aparece como uma ciência nova, um refinamento e uma curiosidade do homem moderno pelos objetos, costumes e crenças dos povos ditos selvagens. Observa, porém, que a antropologia não é nem uma ciência à parte, nem uma ciência nova; é a forma mais antiga e geral do que se costuma designar por humanismo. O humanismo, segundo o autor, pode ser decomposto em três etapas: a) a da Renascença; b) a dos séculos XVIII e XIX; e c) a atual.

O humanismo da Renascença redescobre a antiguidade greco-romana e faz do grego e do latim a base da formação intelectual. Nesse sentido, esboça uma primeira forma de antropologia, na medida em que reconhece que nenhuma civilização pode pensar a si mesma, se não dispuser de algumas outras que lhe sirvam de comparação. A Renascença reencontra, na literatura antiga, noções e métodos esquecidos; porém, mais especialmente, encontra o meio de colocar sua própria cultura em perspectiva, confrontando as concepções renascentistas com as de outras épocas e lugares. Através da língua (grego e latim) e dos textos clássicos, os homens da Renascença encontraram um método intelectual que pode ser denominado *técnica do estranhamento*.

O humanismo dos séculos XVIII e XIX atua numa extensão mais ampla. O progresso da exploração geográfica colocou o homem europeu em contato com o acervo cultural das civilizações mais longínquas, como China, Índia e América. Trata-se de um humanismo ligado aos interesses industriais e comerciais que lhe serviam de apoio, motivo pelo qual, mesmo diante da multiplicidade cultural, carrega valores ligados ao *etnocentrismo*, na medida em que estabelece a identificação do sujeito com ele mesmo, e da cultura com a cultura europeia.

O humanismo atual, por intermédio da antropologia, percorre sua terceira etapa ao focar as sociedades primitivas, as últimas civilizações ainda desdenhadas. Para Lévi-Strauss, esta será, sem dúvida, a última etapa, porque, após ela, o homem nada mais terá para descobrir sobre si mesmo, ao menos em termos de extensão.

Os dois primeiros humanismos, segundo ele, estavam limitados em superfície e qualidade, especificamente porque: a) as civilizações antigas tinham desaparecido e só poderiam ser conhecidas pelos textos ou monumentos; b) as civilizações longínquas (Oriente e Extremo Oriente), ainda que possuíssem textos e monumentos, só mereciam interesse por suas produções mais eruditas e refinadas; c) as sociedades primitivas não despertavam interesse porque não possuíam documentos escritos e a maioria delas nem sequer possuía monumentos figurados. Para superar essas limitações e preconceitos, a antropologia depara-se com a necessidade de dotar o humanismo de novos instrumentos de investigação.

A antropologia, conforme Lévi-Strauss, ultrapassa o humanismo tradicional em todos os sentidos, visto que seu terreno engloba a totalidade da terra habitada, enquanto seu método reúne procedimentos que provêm tanto das ciências humanas e sociais como das ciências naturais, portanto, de todas as formas do saber. No seu estágio atual, a antropologia fez progredir o conhecimento em três direções: a) **em superfície**, porque se interessa por todas as sociedades, sejam simples ou complexas; b) **em riqueza dos meios de investigação**, porque, em função das características particulares das sociedades primitivas, introduziu novos modos de conhecimento que podem ser aplicados ao estudo de todas as outras sociedades, inclusive as sociedades contemporâneas mais complexas, como é o caso da sociedade europeia e da norte-americana; c) **na ampliação dos beneficiários**, porque, ao contrário do humanismo clássico restrito aos beneficiários da classe privilegiada, alcança as populações das sociedades mais humildes.

A antropologia marca, portanto, o advento de um humanismo duplamente universal: a) **primeiro**: procurando sua inspiração no cerne das sociedades mais humildes e desprezadas, proclama que nada de humano poderia ser estranho ao homem, e funda assim um humanismo democrático que se opõe aos que o precederam, criados para privilegiados, a partir de civilizações privilegiadas; b) **segundo**: mobilizando métodos e técnicas tomados de empréstimo a todas as ciências, para fazê-los servir ao conhecimento do homem, a antropologia clama pela reconciliação do homem e da natureza, num humanismo generalizado.

Há, portanto, na base dessa nova antropologia a afirmação do *princípio de alteridade* e a negação do *etnocentrismo*. Afirmar a *alteridade* significa fazer um apelo ao homem para reconhecer-se no outro, especificamente para reconhecer-se nas carências do outro e enxergar seus privilégios como expressão direta das privações do outro. Negar o *etnocentrismo* significa posicionar-se contra a atitude que consiste em supervalorizar a própria cultura e considerar as demais como inferiores, selvagens, bárbaras e atrasadas. O nacionalismo exacerbado é uma via para o etnocentrismo principalmente quando se manifesta por meio de comportamento agressivo, de atitudes de superioridade e de hostilidade.

A discriminação, o proselitismo, a violência, a agressividade são formas de expressar o etnocentrismo e negar a alteridade.

A ausência de alteridade e a presença do etnocentrismo explicam por que algumas práticas dos índios da costa brasileira, como a antropofagia e a nudez, foram condenadas e consideradas selvagens pelos europeus. Isso certamente ocorreu porque a avaliação dos padrões culturais dos índios não foi feita em relação ao contexto cultural dos próprios índios, mas de acordo com os valores éticos e morais predominantes na cultura europeia.

1.2. Objeto teórico e áreas de estudo

A antropologia, como dito, é uma ciência bastante diversificada. Aborda o homem de todas as sociedades, portanto, uma variedade de aspectos da realidade humana, razão pela qual não tem sido tarefa fácil para os antropólogos descrever os reais contornos do seu objeto de estudo.

Nos seus primeiros momentos (meados do século XIX), a antropologia elege como objeto o estudo das sociedades primitivas. Essas sociedades não pertencem à civilização ocidental, motivo pelo qual é possível apontar algumas características que as distinguem das sociedades europeias: a) são sociedades de dimensões estritas; b) tiveram pouco contato com sociedades vizinhas; c) possuem uma tecnologia pouco desenvolvida; d) é baixa a divisão do trabalho social, no entanto, há uma menor especialização das atividades e funções sociais; e) são sociedades simples, porque possuem um grau de complexidade menor.

No século XX, a antropologia amplia seu objeto de estudo para alcançar todas as sociedades e todos os grupos humanos em todas as épocas. Assim, de acordo com Lévi-Strauss (2003: 399) e Laplatine (2006: 20), hoje, o objeto teórico da antropologia consiste no estudo do *homem inteiro*. Ela visa ao conhecimento completo do homem. Isso implica o estudo do homem e das culturas em todas as suas dimensões. A antropologia considera, portanto, todos os aspectos da existência humana, razão pela qual pode ser dividida, no mínimo, em quatro áreas de estudo, a saber:

Antropologia cultural ou social: Consiste no estudo de tudo que constitui as sociedades humanas: seus modos de produção econômica, suas descobertas e invenções, suas técnicas, sua *organização política e jurídica*, seus sistemas de parentesco, seus sistemas de conhecimento, suas crenças religiosas, sua língua, sua psicologia, suas criações artísticas.

Antropologia biológica ou física: Consiste no estudo de problemas como o da evolução do homem a partir das formas animais; de sua distribuição atual em grupos étnicos, distinguidos por caracteres anatômicos ou fisiológicos. Também verifica as relações entre o patrimônio genético e os espaços geográfico, ecológico e social, ou seja, analisa as particularidades morfológicas e fisiológicas ligadas a determinado ambiente, bem como a evolução dessas particularidades. Investiga a genética das populações, que permite discernir o inato e o adquirido e a interação entre ambos.

Antropologia pré-histórica: Consiste no estudo do homem através dos vestígios materiais enterrados no solo; visa reconstituir as sociedades desaparecidas, tanto em suas técnicas e organizações sociais quanto em suas produções culturais e artísticas.

Antropologia linguística: Considera a linguagem parte do patrimônio cultural de uma sociedade, o meio pelo qual ela expressa seus valores, crenças e pensamentos. Consiste no estudo dos dialetos e das técnicas modernas de comunicação.

Essas áreas, como dito, estão correlacionadas de tal modo que o estudo de uma inexoravelmente vincula as demais. Além disso, os resultados das pesquisas e dos estudos desenvolvidos em todas essas áreas da antropologia repercutem no direito. Contudo, são os resultados na área da antropologia cultural ou social que têm influenciado mais diretamente a disciplina jurídica. Enfim, os conhecimentos obtidos pelas pesquisas antropológicas repercutem de maneira bastante ostensiva no campo das investigações jurídicas, principalmente as pesquisas na área da antropologia cultural.

2. ANTROPOLOGIA CULTURAL

A *antropologia cultural* ou *social* é, habitualmente, dividida em: a) **etnografia**: é o primeiro passo da pesquisa antropológica. Geralmente denominada pesquisa ou trabalho de campo, ocupa-se, portanto, da descrição de culturas concretas; e b) **etnologia**: é o prolongamento da etnografia, ou seja, é o segundo passo da pesquisa. Ocupa-se do estudo da cultura e da investigação dos problemas teóricos que brotam da análise dos costumes humanos.

Em virtude da ampliação do campo de estudo e das tarefas do antropólogo, Lévi-Strauss (2003: 394 a 399), com o intuito de delimitar o objeto de estudo da antropologia, aponta algumas diferenças, que merecem ser anotadas, entre: a) etnografia, etnologia e antropologia; b) antropologia cultural e antropologia social; c) antropologia e sociologia; d) antropologia e história.

2.1. Etnografia e etnologia

Etnografia é o trabalho de campo, como dissemos, o primeiro estágio da pesquisa antropológica. Consistente na observação, descrição e análise de grupos humanos considerados em suas particularidades (frequentemente escolhidos entre aqueles que mais diferem dos grupos ditos civilizados), visa à reconstituição, tão fiel quanto possível, da vida de cada um deles. A *etnografia* engloba também os métodos e as técnicas de classificação, descrição e análise dos fenômenos culturais particulares (armas, instrumentos, crenças e instituições). No caso de objetos materiais, essas operações prosseguem geralmente no museu, que pode ser considerado, sob esse aspecto, como um prolongamento do campo. Esse trabalho de campo é considerado a própria *fonte da pesquisa*. Em vista disso, não se trata de conhecimento secundário apenas para ilustrar uma tese.

Etnologia é o segundo estágio da pesquisa. O etnólogo utiliza, de modo comparativo, os documentos apresentados pelo etnógrafo e elabora o primeiro passo em direção à síntese, a qual pode operar-se em três direções: a) **geográfica**, quando procura integrar conhecimentos relativos a grupos vizinhos; b) **histórica**, quando visa reconstituir o passado de uma ou várias populações; c) **sistemática**, quando isola, para melhor entender, determinado tipo de técnica, de costume ou de instituição. A *etnologia*, portanto, compreende a *etnografia* como seu passo preliminar, e constitui seu prolongamento.

2.2. Etnologia e antropologia

Durante muito tempo considerou-se que a dualidade (etnografia/etnologia) bastava-se a si mesma. O passo ulterior da síntese era deixado a outras disciplinas (sociologia, história, filosofia). Ao contrário, nos países que utilizam os termos *antropologia social* ou *antropologia cultural* os conhecimentos estão ligados a uma segunda e última etapa da síntese, tomando por base as conclusões da etnografia e da etnologia. A *antropologia* visa, portanto, ao conhecimento global do homem, abrangendo seu objeto em toda a sua extensão histórica e geográfica; aspira a um conhecimento aplicável ao conjunto do desenvolvimento humano desde os hominídeos até os contemporâneos, e tendendo para conclusões válidas para todas as sociedades humanas, desde a grande cidade moderna até a menor tribo aborígine. Pode-se, pois, dizer, nesse sentido, que existe entre a antropologia e a etnologia a mesma relação que se definiu antes entre esta última e a etnografia.

Etnografia, etnologia e antropologia não constituem disciplinas diferentes, ou concepções diferentes dos mesmos estudos. São etapas ou momentos de uma mesma pesquisa, e a preferência por este ou aquele desses termos exprime somente uma atenção predominante voltada para um tipo de pesquisa, que não pode ser exclusivo dos dois outros. De qualquer modo, nos dias atuais, há certo acordo em usar o termo *antropologia* em lugar de etnografia e de etnologia como o mais apto para caracterizar o conjunto desses três movimentos da pesquisa.

2.3. Antropologia cultural e antropologia social

O termo *antropologia social* é usado pelos antropólogos britânicos, enquanto os norte-americanos preferem o termo *antropologia cultural*. Ainda que essa divergência na adoção de cada termo corresponda a preocupações teóricas bem definidas, não há, como assinala Lévi-Strauss, grandes diferenças entre o sentido das palavras *cultural* e *sócial* quando aplicadas à antropologia.

Lévi-Strauss anota que a noção de cultura é de origem inglesa, porque foi Tylor o primeiro a defini-la como o conjunto complexo que inclui conhecimento, crença, arte, moral, lei, costume e várias outras aptidões e hábitos adquiridos pelo homem como membro de uma sociedade. De acordo com essa definição, cultura relaciona-se com as diferenças existentes entre o homem e o animal, dando assim origem à oposição, que ficou clássica desde então, entre *natureza* e *cultura*. Nessa perspectiva o homem figura essencialmente como *homo faber*. Costumes, crenças, leis e instituições aparecem então como técnicas de natureza intelectual que estão a serviço da vida social e a tornam possível, assim como as técnicas agrícolas tornam possível a satisfação das necessidades de nutrição, ou as técnicas têxteis, a proteção contra as intempéries. Nessa trilha alguns teóricos americanos entendem que a antropologia social se reduz ao estudo da organização social, portanto, trata-se apenas de um capítulo essencial entre todos os que formam a antropologia cultural.

Radcliffe-Brown, todavia, extrai do termo *antropologia social* um significado mais profundo, quando define o objeto de suas próprias pesquisas como sendo as *relações sociais* e a *estrutura social*. Nessa perspectiva o interesse do estudo concentra-se menos nas técnicas e mais nas crenças, costumes e instituições. Não é mais o *homo faber* que se encontra no primeiro plano, mas o grupo, este considerado como o conjunto das formas de comunicação que fundamentam a vida social.

Não há, observa Lévi-Strauss, nenhuma oposição entre as duas perspectivas. Prova disto está na evolução do pensamento sociológico francês. Nesse sentido, Émile Durkheim mostra que é necessário estudar os *fatos sociais* como *coisas* (perspectiva da antropologia cultural), enquanto Marcel Mauss complementa essa visão ao estabelecer que as *coisas* (objetos manufaturados, armas, instrumentos, objetos rituais) são, elas mesmas, *fatos sociais* (perspectiva da antropologia social). Pode-se então dizer que ambas (antropologia cultural e antropologia social) cobrem exatamente o mesmo programa: a) uma, partindo das técnicas e dos objetos para terminar na *supertécnica*, que é a atividade social e política, tornando possível e condicionando a vida em sociedade; b) outra, partindo da vida social para descer até as coisas nas quais ela imprime sua marca e até às atividades através das quais ela se manifesta.

Pode-se, ainda, apontar uma diferença sutil entre antropologia social e antropologia cultural.

A antropologia social considera que todos os aspectos da vida social – jurídico, econômico, político, técnico, estético, religioso – constituem um conjunto significativo, e que é impossível compreender qualquer um desses aspectos sem recolocá-lo em conexão com os demais. Ela tende, pois, a operar o todo em direção às partes ou, pelo menos, dar uma prioridade lógica ao todo sobre as partes. Além disso, verifica que uma técnica não tem somente um valor *utilitário*; preenche também uma *função* e esta implica, para ser compreendida, considerações não apenas históricas, geográficas ou físico-químicas, mas também considerações sociológicas. O conjunto das funções recorre, por sua vez, a uma nova concepção, a de *estrutura*, e a noção de *estrutura social* adquiriu uma imensa importância nos estudos antropológicos contemporâneos.

A antropologia cultural, de certo modo, abrange uma concepção análoga, embora por caminhos diferentes. Assim, em lugar da perspectiva estática, apresentando o conjunto do grupo social como uma espécie de sistema ou constelação, adota uma preocupação dinâmica (transmissão da cultura) que pode levá-la a conclusão idêntica, a saber: que o sistema das relações unindo entre si todos os aspectos da vida social desempenha um papel mais importante, na transmissão da cultura, do que cada um dos aspectos tomados isoladamente.

Enfim, quer a antropologia se proclame *cultural* ou *social*, aspira sempre a conhecer o *homem total*, encarado, num caso, a partir de suas *produções*, no outro, a partir de suas *representações*. Compreende-se assim que uma orientação *culturalista* aproxime a antropologia da tecnologia, da geografia e da pré-história, enquanto a orientação *sociológica* lhe cria afinidades mais diretas com a psicologia, a história e a arqueologia. Em ambos os casos há uma relação com a linguística, porque a linguagem é ao mesmo tempo o *fato cultural* por excelência (distinguindo o homem do animal) e aquele por intermédio do qual todas as formas de vida social se estabelecem e se perpetuam.

2.4. Antropologia e sociologia

Enquanto a antropologia, nos seus primeiros momentos (século XIX), interessava-se pelo estudo das populações mais arcaicas do mundo (sociedades simples), a sociologia sempre se interessou pelo estudo das populações contemporâneas (sociedades complexas). Acontece que nos últimos tempos a antropologia também tem-se interessado pelo estudo dos grupos contemporâneos. Como a antropologia tende cada vez mais a se interessar por essas formas mais complexas, torna-se difícil perceber a verdadeira diferença entre antropologia e sociologia, visto que ambas parecem colocar-se diante da mesma tarefa, na medida em que se interessam pelo mesmo objeto.

Ocorre, segundo Lévi-Strauss, que a sociologia é estritamente solidária com o observador, na medida em que toma por objeto a sociedade dele ou uma sociedade do mesmo tipo. Vale dizer, o sociólogo explica a sua própria sociedade, portanto, atua sempre do ponto de vista do observador. Já a antropologia tende a formular um sistema aceitável, tanto para o homem da sociedade simples como para o homem da sociedade complexa. Ou seja, o antropólogo visa atingir, em sua descrição de sociedades estranhas e longínquas, o ponto de vista do indivíduo que pertence a essas sociedades (o indígena, o aborígine). Em síntese, a *antropologia* distingue-se da *sociologia* na medida em que tende a ser uma *ciência social do observado*, ao passo que a sociologia tende a ser a *ciência social do observador*.

Já a diferença fundamental entre antropologia e história não é nem de objeto, nem de objetivo, nem de método; tendo o mesmo objeto, que é a vida social; o mesmo objetivo, que é uma compreensão melhor do homem; e um método no qual varia apenas a dosagem dos processos de pesquisa, elas se distinguem pela escolha de perspectivas complementares: a história organizando seus dados em relação às expressões conscientes da vida social, a antropologia organizando seus dados em relação às condições inconscientes da vida social.

Essas diferenças estabelecidas por Lévi-Strauss não são consensuais, mas ajudam a entender o processo histórico de construção do saber antropológico, cujos primeiros momentos remontam ao século XVI, quando alguns teóricos europeus, impulsionados pela descoberta do Novo Mundo, interessaram-se pelo estudo das sociedades antigas (Grécia e Roma) e das sociedades ditas primitivas. Nessa trilha, começaram a refletir e debater alguns temas que mais tarde se tornariam objeto de estudo da antropologia, motivo pelo qual o século XVI é considerado o início do período denominado *pré-história da antropologia.* Enfim, a descoberta do Novo Mundo colocou frente a frente indivíduos e culturas diferentes. Esse fenômeno suscitou problemas que constituem objeto de reflexões e movimentam os estudos antropológicos e jurídicos até os dias atuais, daí a importância de colocar em evidência alguns desses problemas.

II Pré-História da Antropologia

1. DESCOBERTA DO NOVO MUNDO

A gênese da reflexão antropológica é contemporânea à descoberta do Novo Mundo. A partir desse período o problema das descontinuidades e das diferenças culturais se projetou sobre a consciência ocidental de modo súbito e dramático.

Durante o século XVI a Europa foi invadida por escritos e crônicas a respeito dos povos até então desconhecidos. A maioria desses escritos estava impregnada de informações fantasiosas. Chegou-se a duvidar da condição humana do aborígine. A teoria monogenista, segundo a qual todas as raças humanas descendem de um único ramo, foi posta em dúvida. Muitos foram os relatórios, comunicados e cartas que se ocuparam em descrever as novas terras e suas gentes. Nesse sentido, as denominadas *Relações Jesuítas*, coletânea de relatórios enviados pelos missionários dessa congregação religiosa aos seus superiores. São 73 volumes repletos de descrições e opiniões a respeito dos novos povos, dos produtos da terra, dos seus hábitos e costumes (MELLO, 1982: 187).

Sobre esses relatórios opina Barbachano (in MELLO, 1982: 188): "Em resumo, incansáveis viajantes e diligentes observadores, ambos possuídos de luminar confiança em seu destino, fosse este secular ou religioso, discorreram sobre o tema de sempre: afinidades e diferenças entre os homens e seus mundos sociais e culturais. Ideias preconcebidas, considerações precipitadas e um forte sabor passional, de humildade ou de infantilismo permeiam o conteúdo das páginas escritas".

2. ESTRANHAMENTO

Como diz Lévi-Strauss, os homens da Renascença, ao estudarem outras culturas, especialmente a cultura greco-romana, desenvolveram um método intelectual que pode ser denominado *técnica do estranhamento*.

Estranhamento significa perplexidade diante de uma cultura diferente. Essa perplexidade implica reconhecer que algo, antes considerado natural, passe a ser problemático. Assim, o encontro de culturas distintas e distantes pode provocar um novo olhar sobre si mesmo e sobre os hábitos, práticas ou costumes antes considerados evidentes. Acima de tudo, permite reconhecer que existem outras culturas, que o homem é dotado de uma extraordinária aptidão para inventar diferentes modos de vida e formas de organização social. A variedade de culturas introduz diferenças entre os seres humanos, mas também permite reconhecer algo comum a todos – a extraordinária capacidade de elaborar costumes, crenças, línguas, instituições, modos de conhecimento –, que aponta para uma humanidade plural (LAPLATINE, 2006: 21, 22).

A gênese da reflexão antropológica depara-se com esse fenômeno, que é a diversidade de culturas. Segundo Laplatine (2006: 38 a 53), o contato com os povos das terras descobertas provocou, na Europa, o aparecimento de duas ideologias: a) **o fascínio pelo estranho**: significa enaltecer a cultura das sociedades primitivas e censurar a cultura europeia; b) **a recusa do estranho**: significa censurar e excluir tudo o que não seja compatível com a cultura europeia. Os desdobramentos e repercussões dessas ideologias na sociedade europeia mostram de forma indubitável as conexões entre antropologia e direito.

2.1. Fascínio pelo estranho

A fascinação pelo estranho implica contrapor a figura do bom selvagem à do mau civilizado. Nesse sentido, as seguintes manifestações e relatos de historiadores, religiosos e viajantes: a) **Las Casas**: esse dominicano, em 1550, opõe-se à classificação dos índios como bárbaros, afirmando que eles têm aldeias, vilas, cidades, reis, senhores e uma ordem política que em alguns reinos é melhor que a dos europeus; b) **Américo Vespúcio**: sobre os índios da América afirma que se trata de pessoas bonitas, de corpo elegante e que nenhum possui qualquer coisa que seja seu, pois tudo é colocado em comum; c) **Cristóvão Colombo**: sobre os habitantes do Caribe afirma que não há no mundo homens e mulheres nem terra melhor; d) **La Hotan**: em 1703 escreve que os *hurons* vivem sem prisões e sem tortura, passam a vida na doçura, na tranquilidade e gozam de uma felicidade desconhecida dos europeus.

O fascínio por alguns aspectos da cultura das sociedades primitivas (simples) constitui a origem principal da crítica aos costumes europeus. Essa fascinação também estabelece a crença de que a forma mais perfeita de vida humana é a que existiu no primeiro período da humanidade (mito da idade de ouro), ou a que se observa nos povos primitivos (mito do bom selvagem). Diderot, por exemplo, chegou a sugerir que as sociedades primitivas constituíam um apogeu a partir do qual a humanidade só conheceu decadência. A figura do bom selvagem, contudo, encontrará sua formulação mais sistemática e mais radical com Rousseau. No Brasil é possível enxergar esse fascínio na obra literária de José de Alencar, especialmente nos romances *O guarani* e *Iracema*. Cabe também mencionar o pensador luso-brasileiro Padre Antônio Vieira, que, em seus *Sermões*, protestou veementemente contra a escravidão dos índios.

2.2. Recusa do estranho

A recusa do estranho implica contrapor a figura do mau selvagem à do bom civilizado. Nesse sentido as manifestações de alguns juristas e historiadores: a) **Selpuvera**: esse jurista espanhol, em 1550, afirma que os europeus, por superarem as nações bárbaras em prudência e razão, mesmo que não sejam superiores em força física, são, por natureza, os senhores; portanto, será sempre justo e conforme o *direito natural* que os bárbaros (preguiçosos e espíritos lentos) estejam submetidos ao império de príncipes e de nações mais cultas; b) **Gomara**: em seu livro *História geral dos índios*, escrito em 1555, afirma que a grande glória dos reis espanhóis foi a de ter feito aceitar aos índios um único Deus, uma única fé e um único batismo e ter tirado deles a idolatria, o canibalismo, a sodomia, os sacrifícios humanos, e ainda outros grandes e maus pecados, que o bom Deus detesta e que pune; c) **Oviedo**: na sua *História das Índias*, de 1555, escreve que as pessoas daquele "país" são, por sua natureza, ociosas, viciosas, de pouco trabalho, covardes, sujas e mentirosas; d) **Cornelius de Pauw**: no seu livro *Pesquisas sobre os americanos*, de 1774, refere-se aos índios americanos como raça inferior, insensíveis, covardes, preguiçosos, inúteis para si mesmos e para a sociedade, e a causa dessa situação seria a umidade do clima. Ainda no século XIX, Stanley compara os africanos aos "macacos de um jardim zoológico". Esses comentários serviram para dogmatizar preconceitos, justificar a colonização e suas práticas violentas, submeter os negros à escravidão e fundar doutrinas racistas.

Mesmo Hegel, em sua *Introdução à história da filosofia*, percorre o caminho da recusa do estranho ao enfrentar o problema das diversidades culturais. Nesse sentido, elege a filosofia como critério de análise e comparação das diferentes culturas. Estabelece que a filosofia é sincrônica com a cultura, portanto, ambas se desenvolvem conjuntamente. Assim, ali onde a filosofia é mais desenvolvida, a cultura (instituições, formas de governo, moralidade, vida social, atitudes, hábitos e preferência de um povo) também o será. É óbvio que com esse critério de comparação a cultura europeia, em relação às demais, aparece em um patamar mais elevado, motivo pelo qual Hegel classifica os homens europeus como *civilizados* e os nativos americanos e africanos como *selvagens*.

Hegel, com base em critérios extraídos da sua própria cultura, estabeleceu valorações para as culturas dos demais povos, razão por que passou a afirmar que os nativos africanos e americanos vivem em estado de selvageria e em situação deplorável; que as religiões desses povos são meras superstições, motivo pelo qual os levam a divinizar vacas e macacos; que não possuem instituições sociais e por isso vivem inconscientes de si mesmos. Nessa trilha afirma "que a diferença entre os povos africanos e asiáticos, por um lado, e os gregos e romanos e europeus, por outro, reside precisamente no fato de que estes são livres e o são por si; ao passo que aqueles o são sem saberem que são, isto é, sem existirem como livres" (1974: 343, 344).

Assim, diante de culturas diferentes, alguns teóricos passaram a entender que havia duas formas de pensamento cientificamente observáveis e com leis diferentes: o pensamento lógico-racional dos civilizados (europeus) e o pensamento pré-lógico e pré-racional dos selvagens ou primitivos (africanos, índios, aborígines). O primeiro era considerado superior, verdadeiro e evoluído; o segundo, inferior, falso, supersticioso e atrasado, cabendo aos europeus "auxiliar" os selvagens "primitivos" a abandonar sua cultura e adquirir a cultura "evoluída" dos colonizadores (CHAUÍ, 2002: 282).

A ideologia da recusa do estranho forneceu ao colonialismo as justificativas para o uso da força no sentido de escravizar os índios ou de integrá-los à cultura europeia. Essa ideologia também serviu para negar humanidade aos negros africanos e submetê-los ao regime de escravidão nas colônias americanas. Assim, no Brasil, o colonizador europeu impôs a sua cultura, mas uma cultura inspirada na ideologia da recusa do estranho, razão pela qual o direito brasileiro, do período colonial, é essencialmente um direito que visa garantir e perpetuar os interesses dos colonizadores. Na prática, trata-se de um modelo jurídico que visa proteger uma economia colonial fundada na propriedade fundiária e cuja produção depende do uso da mão de obra escrava. Segundo relato de Stuart Schwarz (LOPES, 2000: 265), a cidade de Salvador, por volta do ano de 1700, tinha aproximadamente 40.000 habitantes, dos quais 57% eram escravos.

Conforme relata Flávia Tavares, em excelente reportagem publicada nos jornais *Washington Post* e *O Estado de S. Paulo* (26-10-2008), "o Brasil é tido como o país com o maior número de negros fora da África. Há expectativa de que, ainda este ano, a população que se autodeclara negra ultrapasse a que se denomina branca. Ainda assim, os negros brasileiros têm os piores índices de educação e salários – a remuneração média dos negros é metade da dos brancos e os negros ocupam apenas 3,5% dos cargos de chefia (...) somente 6 em cada 100 jovens negros entre 18 e 24 anos frequentam instituições de ensino superior". Ancorada em dados estatísticos, a jornalista conclui que a pirâmide hierárquica de cargos e salários, tanto nas empresas como nas escolas, possui uma base formada preponderantemente por pessoas negras e, conforme se vai subindo na hierarquia em direção ao topo da pirâmide, a situação se inverte, o número de pessoas negras vão diminuindo em relação ao número de pessoas brancas.

Em virtude da atual situação social em que se encontram negros e mulatos brasileiros, não é exagero afirmar que o modelo colonialista de dominação atravessou o período imperial, penetrou no período republicano e, de certo modo, permanece até hoje, porque ainda seguem em curso os seus efeitos devastadores. É importante fixar que a ideologia da recusa do estranho, maquiada com outros discursos, continua presente no mundo contemporâneo e, às vezes, até de forma mais violenta que no período colonial.

3. CHOQUE DE CULTURAS

Uma característica comum dos povos consiste em repudiar as formas culturais (jurídicas, morais, religiosas, sociais, estéticas) com as quais não se identificam. Isso se traduz pela repulsa diante de maneiras de viver, crer ou pensar que lhe são estranhas. Para gregos e romanos, tudo que não participava da sua cultura era catalogado como *bárbaro*. A civilização europeia utilizou o termo *selvagem* com o mesmo sentido. Os termos *selvagem* e *bárbaro* evocam um gênero de vida animal, por oposição à cultura humana.

Essa atitude de repúdio ao estranho encontra guarida em muitas sociedades, sejam elas primitivas ou civilizadas. A humanidade, conforme constata Lévi-Strauss (1993: 334, 335), muitas vezes cessa nas fronteiras da tribo, do grupo linguístico ou da aldeia; a tal ponto que um grande número de populações ditas primitivas se autodesigna com um nome que significa *os homens* (*os bons, os excelentes, os completos*), implicando assim que as outras tribos, grupos ou aldeias não participam das virtudes ou mesmo da natureza humana, mas são, quando muito, compostos de *maus*, de *malvados*, de *macacos da terra* ou de *ovos de piolho*. Chega-se frequentemente a privar o estrangeiro deste último grau de realidade (ovo de piolho), fazendo dele um *fantasma* ou uma *aparição*.

Assim realizam-se situações curiosas, em que dois interlocutores se replicam cruelmente. Nas grandes Antilhas, conforme relata Lévi-Strauss, alguns anos após a descoberta da América, enquanto os espanhóis enviavam comissões de investigação para pesquisar se os indígenas tinham ou não uma alma, os indígenas dedicavam-se a afogar brancos prisioneiros, a fim de verificar, por uma observação demorada, se seus cadáveres eram ou não sujeitos à putrefação. Essa passagem ilustra um paradoxo: quem pretende estabelecer uma discriminação cultural acaba por se identificar com aquilo que se pretende negar. O europeu, por exemplo, ao recusar humanidade ao africano, colocou sob suspeita a sua própria humanidade.

Contra essa concepção, os grandes sistemas filosóficos e religiosos (cristianismo, islamismo, budismo, estoicismo, kantismo, marxismo), bem como as declarações dos direitos humanos, proclamaram a igualdade natural entre todos os homens e a fraternidade que deve uni-los sem distinção de raça ou cultura. Ocorre, porém, que a declaração formal da igualdade natural entre todos os homens esbarra na existência igualmente natural, que é a diversidade de culturas.

3.1. Ocidente x Oriente

Edward Said (in KUPER, 2002: 261), na sua obra *Orientalismo*, reinterpreta a oposição entre civilização e barbárie, tema central no discurso ocidental que incorpora a ideologia da recusa do estranho. Said afirma que todas as *ciências coloniais* têm uma estrutura comum que consiste em dividir os povos do mundo em dois grupos: *nós* (os civilizados: europeus e norte-americanos) e os *outros* (os bárbaros: nativos de lugares exóticos ou povos de países periféricos). Os *outros* são representados como um grupo indiferenciado, caracterizado por suas diferenças em relação aos europeus (nós), uma diferença sempre desfavorável para eles (os outros), que são tidos como irracionais, supersticiosos, obstinadamente conservadores, movidos pela emoção, sexualmente descontrolados, propensos à violência, e assim por diante. São essas diferenças que motivam e justificam o colonialismo e outras formas de dominação. Said conclui que o *orientalismo* é um tipo de projeção ocidental (civilização) sobre o Oriente (barbárie) e o desejo de governá-lo.

Algumas pessoas acreditam que as culturas podem ser classificadas como superiores e inferiores, e tendem a prezar mais a sua própria cultura. O nacionalismo anda nesse sentido, quando faz menção à superioridade da cultura nacional. Alguns teóricos entendem que, em termos de cultura, as fronteiras nacionais se diluíram, portanto, não faz sentido falar da cultura de determinado Estado nacional, visto que o fenômeno da globalização unificou o Ocidente numa única cultura, a cultura de consumo cuja expressão maior são os Estados Unidos.

Ancorado nessa ideia de que as culturas ocidentais foram unificadas, Samuel Huntington (in KUPER, 2002: 23) anuncia de forma profética e catastrófica que, após a guerra fria, a história global iniciou uma nova fase, em que as principais fontes de conflito não serão fundamentalmente econômicas ou ideológicas, mas culturais. Afirma que "as principais diferenças no desenvolvimento político e econômico entre as civilizações estão claramente enraizadas em suas culturas distintas, a cultura e as identidades culturais estão moldando os padrões de coesão, desintegração e conflito no mundo. Nesse novo mundo, a política local é a política da etnia; a política global é a política de civilizações". Para Huntington, a rivalidade das superpotências será substituída pelo choque de civilizações, portanto, os atuais conflitos não passam de estágios de um conflito maior que está por vir, o verdadeiro conflito global que será travado entre civilização e barbárie.

Bernard Lewis também segue essa linha catastrófica e profética. Nesse sentido, Emir Sader, em artigo publicado na revista *Caros Amigos* (n. 139 de outubro de 2008), lembra que a afirmação de Bernard Lewis – "A Europa será muçulmana, daqui até o final do século" – tem uma conotação de ameaça, de risco, de catástrofe, de triunfo da barbárie. Para

Sader, a visão de Lewis assenta-se na concepção de que o mundo muçulmano ficou estagnado em uma oposição fundamental ao Ocidente, motivo pelo qual todos os avanços da chamada modernidade (o Renascimento, a Reforma, as transformações tecnológicas, a democracia liberal, a economia de mercado) teriam sido ignorados no mundo islâmico. Para Edward Said, "o coração da ideologia de Lewis sobre o Islã é o de que este não mudará nunca, que toda abordagem política, histórica ou acadêmica dos muçulmanos deve começar e terminar pelo fato de que os muçulmanos são muçulmanos".

3.2. Hegemônica x minoritária

O movimento multiculturalista entende que mesmo no âmbito do território de um Estado nacional convivem diversas culturas, motivo pelo qual não aceita a ideia de que os Estados Unidos possuam uma única cultura. Nesse sentido entende que vários grupos de imigrantes possuem uma cultura própria e rejeita o fato de que devam assimilar a cultura americana predominante. Para os multiculturalistas a nação americana é culturalmente fragmentada. O problema, portanto, não reside na existência de diferenças, mas no fato de as diferenças serem tratadas com desprezo, como desvio. Existe uma cultura hegemônica do "homem americano" (branco, anglo-saxão, classe média, heterossexual) que impõe suas regras a todos. As culturas minoritárias são estigmatizadas por serem diferentes. O grupo dominante impõe suas próprias características ideais como normas definidoras e qualifica qualquer um que seja diferente como fora do padrão (KUPER, 2002: 296). O movimento multiculturalista, ao negar a padronização da cultura, confirma o *direito de ser diferente*.

Para alguns teóricos, a exaltação da diferença enfraquece os valores comuns e ameaça a coesão nacional. Nesse sentido, Jonathan Sacks, rabino-chefe da Grã-Bretanha, em artigo publicado no jornal *O Estado de S. Paulo* (28-10-2007), afirma que o multiculturalismo já se esgotou, mas, em sua época, foi uma ideia boa e até mesmo nobre, porque o objetivo era fazer com que as minorias étnicas e religiosas se sentissem mais valorizadas e respeitadas e, portanto, capazes de integrar-se à sociedade como um todo.

Segundo Sacks, o multiculturalismo, apesar de afirmar a cultura das minorias e dar dignidade à diferença, não promoveu a integração, e sim a segregação. Afirma que nos países em que o multiculturalismo foi experimentado as sociedades tornaram-se mais hostis, fragmentadas e intolerantes. Para ele, sem uma cultura nacional não há nação. Entende que com as novas tecnologias a ideia de uma cultura nacional se desintegra, porque, unindo as pessoas globalmente, as novas tecnologias as dividem localmente; fortalecem as filiações não nacionais e podem fazer com que as pessoas, por exemplo, na Inglaterra, sintam-se mais hindus, mulçumanas ou judias do que britânicas. Enfim, segundo Sacks, culturas nacionais formam nações, culturas globais podem vir a destruí-las.

Não nos parece correto culpar o movimento multiculturalista pelo retorno da ideologia ultranacionalista (*recusa do estranho*) entre os europeus. Parece-nos que a crise econômica com o consequente desemprego tem provocado certa xenofobia em relação aos estrangeiros e os partidos de direita têm explorado essa situação. É preciso lembrar que, ancorado nas propostas de expulsar estrangeiros e proibir o véu islâmico nas escolas, o ultradireitista Partido do Povo Suíço venceu as eleições gerais naquele país. Essa vitória certamente abriu espaço para a adoção de leis mais duras contra etnias e imigrantes em toda a Europa, como é o caso da lei denominada "Diretriz de Retorno" aprovada por esmagadora maioria do Parlamento Europeu em junho de 2008, que estabelece, entre outras violências, o encarceramento do clandestino por até 18 meses. É preciso também recordar que a ascensão do partido nazista alemão começou com a ideia de uma cultura genuinamente nacional; a manipulação política dessa ideia resultou em intolerâncias, segregações, depois perseguições e por fim extermínios.

Quando pessoas de nações e grupos étnicos distintos entram em contato, é possível ocorrer confronto ou choque de culturas. Quando isso acontece, alguns reivindicam a superioridade da cultura local e exigem a adaptação dos indivíduos de culturas diferentes; outros acreditam na diversidade de culturas e por causa disso defendem o direito das minorias, dos dissidentes, dos marginalizados e dos colonizados de preservar a sua própria cultura. É comum, nessas situações, estabelecer conexões entre etnias e culturas que podem resultar na hipótese de que cultura é transmitida pela raça. A conexão raça-cultura possibilitou o surgimento da doutrina racista.

Conforme Lévi-Strauss (1980b: 47), "o pecado original da antropologia consiste na confusão entre a noção meramente biológica da raça (supondo, por outro lado, que, mesmo nesse campo limitado, essa noção possa pretender atingir qualquer objetividade, o que a genética moderna contesta) e as produções sociológicas e psicológicas das culturas humanas. Bastou a Gobineau (fundador da doutrina racista) ter cometido esse pecado para se ter encerrado no círculo infernal que conduz de um erro intelectual, não excluindo a boa-fé, à legitimidade involuntária de todas as tentativas de discriminação e de exploração".

O racismo é o desdobramento moderno mais nefasto e cruel da ideologia da recusa do estranho. Os seus efeitos devastadores sobre as relações humanas justificam o interesse que antropólogos e juristas dedicam ao assunto, motivo pelo qual será examinado no capítulo seguinte.

III Racismo

1. DOUTRINA RACISTA

Johann Blumenbach, considerado o fundador da antropologia física, dividiu a espécie humana em cinco raças e explicou as diferenças raciais como consequência das influências ambientais sobre uma forma ancestral única e comum a todos os homens (MELLO, 1982: 190). Essa teoria, ao estabelecer que todos os seres humanos têm uma origem comum, reafirma a crença do iluminismo na unidade da humanidade. Mas, ao afirmar a existência de raças, tornou possível o estabelecimento de um vínculo entre raças e culturas. A partir de então, a antropologia física tem sido manipulada com o intuito de explicar as diferenças culturais em termos biológicos ou raciais. Nessa trilha, as disparidades culturais e sociais são entendidas como a expressão de diferenças raciais, ou seja, a raça determinaria a cultura, e, por conseguinte, existiriam raças e culturas superiores.

O racismo pode ser definido como uma doutrina segundo a qual todas as manifestações culturais, históricas e sociais do homem e os seus valores dependem da raça; também segundo essa doutrina existe uma raça superior (ariana ou nórdica) que se destina a dirigir o gênero humano. As concepções racistas constituem um fenômeno antigo (recusa do estranho), porém a sua arquitetura teórica tem início no final do século XIX com o francês Gobineau, considerado o fundador da teoria racista. Para ele, "as grandes raças primitivas que formavam a humanidade nos seus primórdios – branca, amarela, negra – não eram só desiguais em valor absoluto, mas também diversas em suas aptidões particulares. A tara da degenerescência estava, segundo ele, ligada mais ao fenômeno de mestiçagem do que à posição de cada uma das raças numa escala de valores comum a todas; destinava-se, pois, a atingir toda a humanidade, condenada sem distinção de raça a uma mestiçagem cada vez mais desenvolvida" (LÉVI-STRAUSS, 1980b: 47).

Depois da Primeira Guerra Mundial, os nazistas viram no racismo um mito consolador, uma fuga da depressão da derrota. Nessa trilha, Hitler transformou o racismo no carro-chefe de sua política, cuja doutrina, elaborada por Alfred Rosenberg em 1930 (*Mito do século XX*), afirma um rigoroso determinismo racial ao estabelecer que qualquer manifestação cultural de um povo depende de sua raça. Assim, a diversidade de culturas reforçava uma teoria racial da diferença. Esse determinismo será combatido por vários intelectuais alemães, especialmente pelo antropólogo Franz Boas, quando afirma categoricamente a sua principal hipótese: a raça não determina a cultura.

Em síntese, as teorias racistas pretendem provar: a) que existem raças; b) que as raças são biológicas e geneticamente diferentes; c) que há raças atrasadas e adiantadas, inferiores e superiores; d) que as raças atrasadas e inferiores não são capazes de desenvolvimento intelectual e estão naturalmente destinadas ao trabalho manual, pois sua razão é muito pequena e não conseguem compreender as ideias mais complexas e avançadas; e) que as raças adiantadas e superiores estão naturalmente destinadas a dominar o planeta e que, se isso for necessário para seu bem, têm o direito de exterminar as raças atrasadas e inferiores; f) que, para o bem das raças inferiores e das superiores, deve haver segregação racial (separação dos locais de moradia, de trabalho, de educação, de lazer etc.), pois a não segregação pode fazer as inferiores arrastarem as superiores para o seu baixo nível, assim como fazer as superiores tentarem inutilmente melhorar o nível das inferiores (CHAUÍ, 2002: 86).

Observa Chauí que as teorias racistas estão a serviço da violência, da opressão, da ignorância e da destruição. A biologia e a genética afirmam que as diferenças na formação anatômico-fisiológica dos seres humanos não produzem raças. *Raça*, portanto, é uma palavra inventada para avaliar, julgar e manipular diferenças biológicas e genéticas. As teorias racistas não são científicas; são falsas e irracionais, implicam práticas culturais, econômicas, sociais e políticas para justificar a violência contra seres humanos.

Ainda que a ciência moderna conteste a existência de raças e confirme a impossibilidade de afirmar a superioridade ou inferioridade intelectual de um grupo étnico em relação a outro, a doutrina racista continua em evidência e insiste na relação raça-cultura, ou seja, aproveita-se da confusão que foi estabelecida entre uma noção puramente biológica (raça) e a produção cultural dos povos. Pretende, pois, transformar diferenças étnicas e culturais em diferenças biológicas naturais imutáveis e separar os seres humanos em superiores e inferiores, dando aos primeiros justificativas para explorar e dominar os segundos.

1.1. Raça e genética

Conforme o jornal *Folha de S. Paulo* (19-10-2007), o geneticista norte-americano James Dewey Watson, tido como codescobridor da estrutura do DNA e agraciado em 1962 com o prêmio Nobel de Medicina, em entrevista ao *Sunday Times* (outubro/2007) declarou ser "pessimista em relação ao futuro da África" porque "todas as nossas políticas sociais são baseadas no fato de que a inteligência deles (dos negros) é igual à nossa, apesar de todos os testes dizerem que não é bem assim" (não explicou que testes são esses). "Pessoas que já lidaram com empregados negros não acreditam que isso (a igualdade de inteligência) seja verdade."

Watson, pressionado pelos meios de comunicação da sociedade globalizada, escreveu um artigo para o jornal *The Independent*, no qual ter sido mal interpretado. Segundo ele, "àqueles que inferiram das minhas palavras que a África enquanto continente é de alguma forma geneticamente inferior, só posso me desculpar sem reserva. Não foi isso o que eu quis dizer. E o que é mais importante, do meu ponto de vista, é que não há base científica para tal crença".

Mas, no mesmo artigo, Watson sugere que são os genes ou sequências de DNA que determinam a capacidade intelectual e o comportamento moral das pessoas. Segundo ele, "ao descobrir o tamanho da influência dos genes no comportamento moral, também poderemos entender como os genes influenciam a capacidade intelectual". E prossegue afirmando que "o desejo esmagador da sociedade hoje é assumir que poderes iguais de raciocínio são uma herança universal da humanidade. Mas simplesmente desejar que seja esse o caso não basta. Isso não é ciência".

Na trilha de Watson, outras pessoas, menos célebres, expressam seus desejos incontroláveis de encontrar alguma coisa (qualquer coisa mesmo) no campo da genética ou da biologia que possa servir para estabelecer alguma diferença (qualquer diferença mesmo) entre etnias (brancos, amarelos, negros, mestiços) e, com isso, justificar a superioridade de umas sobre as outras. Cabe, apenas para reflexão, a seguinte pergunta: o comportamento moral (racista) dessas pessoas é genético ou cultural?

Os geneticistas contestam a existência de raças e confirmam que é impossível estabelecer a superioridade intelectual de um grupo étnico sobre outros. Os antropólogos entendem que as diferenças entre umas e outras nações se devem à cultura e não existe cultura superior ou inferior. Além disso, para os antropólogos, a cultura não é herdada biologicamente, mas assimilada, adquirida e até mesmo emprestada. É óbvio que existe certa originalidade nas culturas dos povos africanos, europeus, asiáticos ou americanos que permite estabelecer diferenças entre eles. Mas essa originalidade deve-se a circunstâncias geográficas, históricas, políticas e sociológicas, e não a aptidões distintas, ligadas às constituições anatômicas ou fisiológicas de negros, amarelos, brancos ou mestiços.

Ocorre, porém, que alguns indivíduos ainda persistem nessa confusão obstinada de enxergar na cultura uma qualidade inata, motivo pelo qual passam a avaliar as pessoas pela cor da pele e características faciais. No âmbito do direito penal, César Lombroso (DINIZ, 1988: 99) elaborou uma doutrina, uma espécie de determinismo biológico, que seria capaz de revelar o criminoso nato. Para ele, determinados indivíduos possuiriam caracteres anatômicos do tipo delinquente. O criminoso típico seria portador de caracteres do homem primitivo (ou selvagem), obtidos por atavismo. O atavismo significa o reaparecimento no indivíduo de certos caracteres físicos e morais dos antepassados. Assim, o delinquente nato seria uma cópia do homem primitivo ou selvagem, que aparece, na sociedade civilizada, por intermédio do atavismo. A herança atávica, portanto, explicaria a causa dos delitos.

Segundo Lombroso, os homicidas teriam olhar duro e cruel, com os globos oculares injetados de sangue, lábios finos, mandíbula enorme, nariz aquilino ou adunco sempre volumoso e os ladrões teriam olhar vivo, errante, nariz comprido, retorcido ou achatado. Também constituiria caracteres do delinquente nato: malformação das orelhas, maxilares proeminentes, cabelos abundantes, barba escassa, rosto pálido, uso da mão esquerda, daltonismo, estrabismo, preguiça, vaidade desmedida, uso de tatuagens etc.

Ainda se publicam livros nos quais seus autores afirmam ter encontrado "provas científicas" de que raça é uma realidade biológica com implicações no comportamento moral e no desenvolvimento intelectual das pessoas. Na sua totalidade, tais livros apresentam explicações estapafúrdias, destituídas de valor científico, tal qual as de Lombroso e Gobineau. Ocorre, porém, que alguns intelectuais, cuja produção filosófica e científica não pode ser ignorada, acolheram o nazismo, portanto comprometeram-se com a doutrina racista. O que motivou esses intelectuais parece ser algo incompreensível.

1.2. Cultura x civilização

Norbert Elias (in KUPER, 2002: 53 a 58) comparou as relações entre a noção alemã de cultura (*kultur*) e a ideia francesa de civilização (*civilisation*) para explicar por que alguns intelectuais alemães acolheram o nazismo. Ele constatou que na tradição francesa civilização era concebida como um todo complexo e multifacetado, que abrangia fatos políticos, econômicos, religiosos, técnicos, morais e sociais. Esse conceito amplo de civilização expressava o que a sociedade ocidental acreditava ser superior às sociedades anteriores ou às sociedades contemporâneas mais primitivas.

Para os alemães, contudo, civilização era algo exterior e utilitário, alheio, em muitos aspectos, aos valores nacionais. Entendiam que a civilização era aprimorada com o tempo e transcendia as fronteiras nacionais, em contraste com a cultura, limitada no tempo e no espaço e conforme com uma identidade nacional. Assim, quando os alemães expressavam orgulho por suas realizações, eles não falavam da sua civilização, mas sim da sua cultura. Esse termo referia-se essencialmente a fatos intelectuais, artísticos e religiosos. Os alemães geralmente traçam uma clara linha divisória entre fatos dessa natureza e fatos políticos, econômicos e sociais. A cultura não era só nacional, mas também pessoal; para os alemães todo indivíduo adquiria cultura por meio de um processo de educação e desenvolvimento espiritual. O que os franceses consideravam civilização transnacional os alemães consideravam fonte de perigo para a cultura local.

Elias observou que os intelectuais alemães não se identificavam com as aspirações da classe dominante (príncipes e aristocratas). Havia diferenças ideológicas. Para eles a classe dominante não possuía uma cultura autêntica porque os seus princípios morais advinham de um código de honra artificial. O crescimento espiritual era mais valorizado do que o *status* herdado e os sinais exteriores artificiais do estilo palaciano.

A antítese entre uma civilização aristocrática falsa e uma cultura nacional genuína foi projetada numa oposição entre França e Alemanha. Essa antítese ganhou nova força depois da derrota da Alemanha na Primeira Guerra Mundial, uma guerra que teria sido declarada contra a Alemanha em nome de uma civilização universal. A ideia de cultura entrou em jogo na luta subsequente para redefinir a identidade e o destino da Alemanha. Cultura e civilização resumiam os valores rivais que (na visão de alguns alemães) dividiam Alemanha e França: virtude espiritual x materialismo; honestidade x artifício; moralidade genuína x cortesia exterior.

Os nacionalistas de direita aprofundaram a antítese e passaram a entender que o crescimento da cultura é orgânico e o da civilização é artificial. Nesse sentido, cultura e civilização tendem a entrar em conflito na mesma medida em que divergem suas formas de crescimento. As nações não devem, portanto, permitir que seus valores singulares sejam engolidos por uma civilização comum, mesmo por que o mundo seria formado por culturas qualitativamente distintas. Essas concepções explicariam por que vários intelectuais alemães acolheram os nazistas como arautos de uma renovação cultural da raça e como inimigos de uma civilização artificial.

1.3. Diversidade de culturas

Mesmo com o apoio de alguns intelectuais, o projeto nazista fracassou, não apenas militarmente, mas, sobretudo, teoricamente. É certo que existe pluralidade ou diversidade de culturas, motivo pelo qual é até possível, com base no critério do desenvolvimento tecnológico, falar de uma cultura dominante ou hegemônica. Mas, ao contrário do que afirma a doutrina racista, não existem aptidões raciais inatas, tendo em vista que há muito mais culturas humanas do que "raças" humanas. Além disso, conforme observações de Lévi-Strauss (1993: 329), duas culturas elaboradas por homens pertencentes à mesma raça podem diferir tanto quanto ou mais que duas culturas provenientes de grupos radicalmente afastados.

Lévi-Strauss (1993: 329 a 332) constata que um aspecto importante da vida da humanidade é que esta não se desenvolve sob um regime uniforme, mas através de modos extraordinariamente diversificados. Essa diversidade das culturas humanas não deve ser concebida de maneira estática ou fragmentada, porque não se trata de uma amostragem inerte ou de um catálogo frio. Não se pode analisar cada sociedade ou cada cultura como se tivesse nascido e se desenvolvido isoladamente, porque jamais as sociedades humanas estiveram sós, pelo contrário, elas mantiveram e mantêm entre si contatos muito estreitos.

Existem, portanto, nas sociedades humanas, simultaneamente em elaboração, forças trabalhando em direções opostas: umas tendem à manutenção, e mesmo à acentuação do particularismo; outras agem no sentido da convergência e da afinidade. Pode-se dizer que existe um intercâmbio entre culturas (difusão, aculturação, transculturação), fato que explicaria a existência de uma multidão de sociedades com culturas diferentes. Por conseguinte, a diversidade de culturas é menos função do isolamento dos grupos que das relações que os unem.

No mundo contemporâneo, o fenômeno da globalização coloca em evidência essas situações, especialmente o movimento interno de cada cultura no sentido de absorver ou afastar os aspectos de outras culturas que atuam sobre si. O observador imparcial percebe que a resistência dos países árabes à ocidentalização da sua cultura não é absoluta. A resistência visa à manutenção de algumas instituições, cujo poder estaria ameaçado pela introdução de determinados elementos novos (morais, jurídicos, estéticos, econômicos etc.) provenientes da cultura ocidental.

Enfim, os problemas (recusa do estranho) detectados na pré-história da antropologia tornaram-se mais complexos (racismo, diferenças sociais, diferenças culturais) no mundo contemporâneo e podem ser usados para determinados propósitos (ocultos ou inconfessáveis) que implicariam perturbações sociais incontroláveis, conflitos armados e, por conseguinte, violência em grande escala.

2. DIFERENÇAS RACIAIS E SOCIAIS

No Brasil existe, por um lado, certa preocupação por parte dos antropólogos e seus aliados em proteger e preservar as comunidades indígenas e suas culturas; mas, por outro lado, é quase inexistente a preocupação em debater os problemas das imigrações e das diferenças culturais à semelhança do que ocorre na Europa e nos Estados Unidos.

A população brasileira é, na sua maioria, composta de mestiços, cuja cultura expressa uma espécie de sincretismo cultural. Talvez por causa disso o tema das diferenças culturais não tenha encontrado ressonância nos movimentos sociais. Vale dizer, a cultura brasileira (talvez em maior proporção do que outras culturas) possui um complexo de traços culturais emprestados de várias culturas (europeias, africanas, indígenas, asiáticas), o qual lhe imprime uma configuração própria. O padrão brasileiro é o mestiço, resultado da mistura não apenas de etnias, mas também de culturas. Isso certamente influencia o comportamento e provoca certa tolerância em relação e outras culturas e outras etnias.

Ocorre, porém, que uma parte da população brasileira, na sua maioria negros e mulatos, encontra-se excluída do mercado de emprego ou ocupa apenas posições subalternas. Esse fato tem motivado a divulgação da ideologia da supremacia de raça com fundamento no mito da igualdade de oportunidades. Nessa linha de raciocínio, as desigualdades sociais, não raras vezes, são explicadas como a expressão das diferenças raciais. Assim, a discussão mais ampla na sociedade brasileira gira em torno da desigualdade social, que, por sua vez, coloca em evidência o problema do racismo e seus desdobramentos nas relações sociais, especialmente no que diz respeito à posição social (renda e riqueza) de negros e mulatos.

Certamente por essas razões os legisladores constituintes fizeram constar no texto constitucional que a República Federativa do Brasil: a) tem como um dos objetivos fundamentais promover o bem de todos, sem preconceito de origem, raça, cor e quaisquer outras formas de discriminação (art. 3º, IV); b) nas suas relações internacionais rege-se, dentre outros, pelo princípio do repúdio ao racismo (art. 4º, VIII); c) tipifica a prática do racismo como crime inafiançável e imprescritível, sujeito, nos termos da lei, à pena de reclusão (art. 5º, XLII).

É preciso anotar, porém, que existe uma grande distância entre os direitos e garantias formalmente consagrados no texto constitucional e a realidade de fato a que se reportam, motivo pelo qual alguns juristas (por exemplo, o Ministro do STF Eros Roberto Grau) enxergam na Constituição um mito que funciona como instrumento de dominação que tanto mais prospera quanto mais seja acreditado. Para esses juristas, a Constituição é um mito na medida em que instala no seio da sociedade a convicção da igualdade de oportunidade e do combate à discriminação racial, apenas porque o documento formal expressa que o objetivo fundamental do Estado é este. A Constituição formal é, assim, mito que as pessoas acalentam, dotado de valor referencial exemplar, na medida em que contribui eficazmente para a preservação de uma estrutura social que não se pretendia *instaurar*, mas, simplesmente, *manter*.

A situação social de negros e mulatos na sociedade brasileira explica-se não em termos de raça, mas pela análise da estrutura social que herdamos dos tempos coloniais. Conforme relato de Fábio Konder Comparato, em artigo no jornal *Folha de S. Paulo* (7-7-2008), mais de 3,5 milhões de jovens africanos foram trazidos como escravos ao Brasil. Aqui desembarcados, eram conduzidos a um mercado público para serem arrematados em leilão. O preço de um escravo dependia da largura dos punhos e dos tornozelos. O enquadramento desses jovens no trabalho rural fazia-se pela violência contínua. Mal alimentados, eram obrigados a trabalhar até 16 horas por dia, motivo pelo qual o tempo de vida do escravo brasileiro no eito nunca ultrapassou 12 anos, e a mortalidade sempre superou a natalidade, daí o incentivo constante ao tráfico negreiro.

A violência contínua e extremada provocava a busca desesperada de libertação pela fuga ou suicídio. As punições faziam-se em público, geralmente pelo açoite. Era frequente aplicar a um escravo até 300 chibatadas, quando o Código Criminal do Império as limitava ao máximo de 50 por dia. Mas, em caso de falta grave, os patrões não hesitavam em infligir mutilações: dedos decepados, dentes quebrados, seios furados etc. Enfim, conforme palavras de Comparato, a escravidão de africanos e descendentes no Brasil foi o crime coletivo de mais longa duração praticado nas Américas e um dos mais hediondos que a história registra.

Observa Comparato que os senhores de escravos e seus descendentes não se sentiram minimamente responsáveis pelas consequências do crime nefando praticado durante quase quatro séculos. Essas consequências permanecem bem marcadas até hoje em nossos costumes, nossa mentalidade social e nas relações econômicas. Atualmente negros e mulatos representam mais de 70% dos 10% mais pobres da nossa população. No mercado de trabalho, com a mesma qualificação e escolaridade, eles recebem em média a metade do salário pago aos brancos. Na cidade de São Paulo, mais de 2/3 dos jovens assassinados entre 15 e 18 anos são negros. Na Universidade de São Paulo (USP), a maior da América Latina, os alunos negros não ultrapassam 2%, e, dos 5.400 professores, menos de dez são negros. Assim, o preconceito que tisna os brasileiros de origem africana não está neles marcado apenas fisicamente, como se fazia outrora com ferro em brasa. Ele aparece registrado como uma degradação social permanente, como atesta todos os levantamentos estatísticos.

Tudo isso denota que o racismo, consciente ou inconscientemente, está inserido nas relações sociais. Aliás, a tipificação do racismo como crime de certo modo significa o reconhecimento de que essa prática efetivamente existe na sociedade brasileira e por isso deve ser reprimida. Mas, além do aspecto repressivo (ou mitológico), as normas jurídicas são dotadas também de um aspecto promocional ou persuasivo que almeja as condutas tidas como desejáveis, úteis e convenientes, motivo pelo qual se acha em curso algumas medidas legislativas (ações afirmativas) de apoio à inserção de negros e mulatos no ensino superior e no mercado de trabalho. Cabe ressaltar que, nesse e em outros aspectos, as contribuições da antropologia ao direito são incomensuráveis, especificamente quando estabelece a alteridade como princípio orientador do estudo antropológico, decisão que implica uma posição contrária ao etnocentrismo e ao racismo.

Enfim, ao abordar a doutrina racista e as suas repercussões devastadoras, o fizemos por vários motivos, dentre os quais se destacam: a) primeiro, para mostrar que os fundamentos da doutrina racista são falsos e os desdobramentos que resultam da sua prática são inúteis e indesejáveis porque criminosos; b) segundo, para mostrar que, embora proibitivas pelo texto constitucional, práticas racistas estão enraizadas na cultura brasileira e atingem, preponderantemente, negros e mulatos; c) terceiro, para alertar que ainda persistem em pleno século XXI práticas racistas amparadas por leis escritas e que atingem basicamente imigrantes de países periféricos. Essa situação vem-se ampliando em países europeus mais desenvolvidos, fato que não condiz com a imagem europeia de protetora maior dos direitos humanos.

IV Antropologia e Direito

1. CONEXÕES

Alguns problemas surgidos na pré-história da antropologia e seus desdobramentos na sociedade contemporânea demonstram que o estudo do direito não pode restringir-se apenas ao aspecto dogmático, que implica meras sistematizações e classificações de normas jurídicas emanadas do Estado. O mundo jurídico é mais articulado e complexo do que aparece nesse tipo de estudo. A ciência do direito, como diz Tercio Sampaio Ferraz Jr. (1995: 92), envolve sempre um problema de decisão de conflitos sociais, motivo pelo qual tem por objeto central o próprio ser humano que, por seu comportamento, entra em conflito e cria normas para decidi-lo. O ser humano é, pois, o centro articulador não apenas do pensamento antropológico, mas também do pensamento jurídico.

As conexões do direito com a antropologia são evidentes, visto que o ser humano constitui objeto central dessas duas áreas do conhecimento, motivo pelo qual temas como *igualdade* e *diferença* são, ao mesmo tempo, jurídicos e antropológicos. Além disso, o direito constitui um dos aspectos da cultura, e esta constitui objeto específico da antropologia cultural. A antropologia, tal como o direito, também se interessa pelos conflitos sociais, principalmente no que diz respeito à intervenção normativa na decisão jurídica desses conflitos, bem como pelo desdobramento da ordem jurídica diante das transformações culturais, sociais, políticas e econômicas.

1.1. Aproximações e afastamentos

Não há acordo entre os teóricos do direito sobre o método e o objeto da ciência jurídica. Também não há acordo sobre a definição do conceito de direito. Dizer o que o direito é torna-se uma tarefa extremamente difícil e controversa. Há, entre os teóricos, uma preocupação no sentido de construir uma compreensão universal do fenômeno jurídico. Essa preocupação está presente nas definições que elaboram sobre o conceito de direito. Nessa atitude, que consiste em compreender o direito como um fenômeno universal, há, segundo Ferraz Jr. (1995: 34), algo de humano, mas sobretudo de cultural.

Podem-se colher entre os juristas dois tipos de definições: as genéricas e as restritivas. As definições genéricas, quando isoladas do contexto donde emanam, isto é, do complexo teórico que as fundamentam, são imprestáveis para traçar os limites daquilo que se define. Nesse sentido, uma definição inspirada nos jurisconsultos romanos expressa que o *direito é* a intenção firme e constante de dar a cada um o que é seu, não lesar os outros e realizar a justiça. Já as definições restritivas esbarram em dificuldades insuperáveis, porque, em virtude de serem muito circunstanciadas, perdem a sua pretendida universalidade. Nesse sentido, uma definição inspirada no positivismo jurídico estabelece que o *direito é* o conjunto das regras dotadas de coatividade e emanadas do poder constituído.

A universalidade dessas duas definições pode ser questionada. Há, entretanto, entre elas uma diferença acentuada no que diz respeito ao enfoque teórico adotado. Na primeira (definição genérica) predomina um *enfoque zetético*; enquanto na outra (definição restritiva) predomina um *enfoque dogmático*. Não há uma linha divisória entre zetética e dogmática, porque toda investigação jurídica sempre utiliza os dois enfoques. Mas a diferença é importante quando se aponta o predomínio de um enfoque sobre o outro.

O enfoque dogmático não questiona suas premissas (dogmas); predomina o sentido diretivo do discurso; visa, portanto, dirigir o comportamento de uma pessoa, induzindo-a a adotar uma ação. Nessa trilha, a dogmática jurídica enfoca mais as premissas técnicas (normas jurídicas), suas sistematizações, classificações, divisões e conceitos. O enfoque zetético preocupa-se com o problema especulativo; predomina o sentido informativo do discurso; visa, portanto, descrever certo estado das coisas. Nessa linha, a zetética jurídica enfatiza os aspectos antropológicos, filosóficos, históricos e sociológicos, insistindo sobre a inserção do direito no universo da cultura, da justiça, da história e dos fatos sociais.

Assim, numa perspectiva dogmática, o direito tende a se afastar da antropologia e de outras áreas do conhecimento; enquanto, numa perspectiva zetética, o direito se aproxima da antropologia e de outras áreas do conhecimento.

Conforme investigações de Boaventura de Sousa Santos (1988: 70, 71), mesmo entre os antropólogos não há acordo sobre a definição do conceito de direito. Essa tensão, segundo Santos, tem suas raízes nas obras de Malinowski e de Radcliffe-Brown, considerados os fundadores da antropologia jurídica. Malinowski propõe uma estratégia conceitual em que o objetivo da generalidade se sobrepõe ao da especificidade, motivo pelo qual conclui que, em todos os povos, qualquer que seja o grau de seu "primitivismo", existe direito. Radcliffe-Brown, ao contrário, segue uma estratégia conceitual em que o objetivo da especificidade tem precedência sobre o da generalidade, motivo pelo qual conclui que algumas sociedades "primitivas" não têm direito. Esse assunto será retomado por ocasião da análise das contribuições desses dois antropólogos.

1.2. O fenômeno jurídico

Para Ferraz Jr. (1995: 21, 22), o *direito é* um dos fenômenos mais notáveis na vida humana. Compreender o direito é compreender uma parte de nós mesmos. É saber por que obedecemos, por que mandamos, por que nos indignamos, por que aspiramos mudar em nome de ideais e por que em nome de ideais conservamos as coisas como estão. Ser livre é estar no direito e, no entanto, o direito também nos oprime e nos tira a liberdade. O *direito é* um mistério, o mistério do princípio e do fim da sociabilidade humana. O direito nos introduz num mundo fantástico de piedade e impiedade, de sublimação e de perversão.

O direito serve para expressar e produzir a aceitação da situação existente, mas aparece também como sustentação moral da indignação e da rebelião. Assim, de um lado, o direito nos protege do poder arbitrário exercido à margem de toda regulamentação, dá oportunidades iguais e ampara os desfavorecidos. Por outro lado, é também um instrumento manipulável que frustra as aspirações dos menos privilegiados e permite o uso de técnicas de controle e dominação.

O estudo do direito exige precisão e rigor científico, mas também abertura para o humano, para a história, para o social, numa forma combinada que a sabedoria ocidental, desde os romanos, vem esculpindo como uma obra sempre por acabar. Na medida em que o direito se abre para o humano, a história e o social, ele se depara com a antropologia, daí a ideia de uma antropologia jurídica.

1.3. Estudo do direito

A partir do século XIX, como resultado da positivação do direito, passa a predominar no estudo jurídico o enfoque dogmático e a ciência jurídica passa a ser concebida como ciência dogmática. Essa ciência enxerga seu objeto, o direito posto e dado previamente pelo Estado, como um conjunto compacto de normas que lhe compete sistematizar, classificar e interpretar, tendo em vista a decisão de possíveis conflitos. Assim, no mundo contemporâneo, o direito aparece fundamentalmente como um fenômeno burocratizado, um instrumento de poder, e a ciência jurídica, como uma tecnologia.

Sob a inspiração desse modelo, formou-se, entre os juristas, uma tendência bastante forte, que consiste em identificar a ciência jurídica com um tipo de produção técnica destinada apenas a atender às necessidades do profissional (advogado, promotor, juiz, delegado etc.) no desempenho imediato de suas funções. Sob o império dessa premissa, muitos desses profissionais ficam alienados em relação ao processo de construção do próprio direito positivo (sistema de normas); não percebem o direito como instrumento de gestão social; não visualizam a função social das normas jurídicas; não compreendem o direito como um saber que também serve à luta social exigida pelo mundo em que vivemos; não entendem o direito como instrumento de mudança; enfim, não enxergam o direito como uma prática virtuosa a favor do ser humano.

Há, entretanto, uma tendência no sentido de redirecionar o estudo do direito até como forma de evitar a alienação na qual a dogmática jurídica tende a colocar o profissional do direito. Essa tendência reconhece que o estudo do direito não se reduz a mera sistematização de normas, visto que, se as normas condicionam comportamentos, os comportamentos também condicionam as normas. Isso significa que não é possível isolar normas jurídicas de suas condicionantes situadas na antropologia, sociologia, economia, biologia, filosofia, ética, política etc.

Ferraz Jr. (1995: 28, 29) alerta que as sociedades estão em transformação e a complexidade do mundo está exigindo novas formas de manifestação do fenômeno jurídico. Segundo ele, é possível que no futuro (não tão distante) esse direito instrumentalizado, uniformizado e generalizado sob a forma estatal de organização venha a implodir, recuperando-se em manifestações espontâneas e localizadas, um direito de muitas faces, peculiar aos grupos e às pessoas que os compõem. Por isso, a consciência da nossa circunstância atual não deve ser entendida como um momento final, mas como um ponto de partida. Afinal, diz ele, a ciência não nos libera porque nos torna mais sábios, mas é porque nos tornamos mais sábios que a ciência nos libera.

2. ANTROPOLOGIA JURÍDICA

Para Norbert Rouland (2003: 405), a antropologia jurídica demonstra sua utilidade quando permite descobrir (e entender) o direito que se encontra encoberto pelos códigos. Essa utilidade também se evidencia quando prepara e alerta a sociedade para aceitar as evoluções jurídicas que estão em curso e que apontam para um direito mais maleável, punições flexíveis, transações ou mediações em vez de julgamentos, regras que mais formam modelos do que prescrevem ordens. Tudo isso, segundo ele, pode ser aceito mais naturalmente quando as pessoas tomam conhecimento de que há muito tempo ou que em algumas sociedades, homens e mulheres, aos quais chamamos primitivos, já reconheceram esses procedimentos, ou os empregam ainda.

De modo geral, a sociologia jurídica sempre se preocupou com o estudo do direito das sociedades complexas, sociedades metropolitanas e industriais, enquanto a antropologia jurídica investigava o direito das sociedades simples ou primitivas. A partir da década de 1960, contudo, houve, conforme observa Boaventura de Sousa Santos (1988), uma subversão dessa divisão de trabalho, de modo que a antropologia do direito também passou a se interessar pelo estudo das sociedades complexas ou metropolitanas. Deu-se assim origem a um sincretismo teórico e metodológico, ainda hoje em processo de evolução. Foi nesse contexto científico que o conhecimento antropológico saiu do seu "gueto primitivo".

Essa nova orientação da antropologia jurídica tem auxiliado a corrigir o desvirtuamento teórico que consistiu em suprimir dos estudos acadêmicos a produção jurídica não estatal. Nessa trilha, a antropologia jurídica tem colocado em evidência o fenômeno conhecido como pluralismo jurídico.

2.1. Pluralismo jurídico

O pluralismo jurídico pressupõe a existência de mais de um direito ou ordem normativa no mesmo espaço geográfico. No início do século XX, com o avanço das teses do positivismo jurídico, o pluralismo jurídico perdeu força e ficou praticamente esquecido; na segunda metade do século XX, entretanto, retorna com todo vigor para constituir tema da antropologia do direito, sendo hoje um dos problemas mais amplamente tratados por essa disciplina.

Conforme Boaventura de Sousa Santos (1988: 73), o pluralismo jurídico tem lugar sempre que as contradições se condensam na criação de espaços sociais, mais ou menos segregados, no seio dos quais se geram litígios ou disputas processados com base em recursos normativos e institucionais internos. Esses espaços sociais variam segundo o fator dominante na sua constituição (que pode ser socioeconômico, político ou cultural) e segundo a composição da classe social. Santos cita o espaço jurídico consuetudinário criado pelos comerciantes americanos, à revelia das normas do direito oficial (civil e comercial), com o objetivo de facilitar as transações e diminuir os custos. Também destaca os espaços onde se concentram as minorias e os imigrantes ilegais. Mas o exemplo de pluralismo jurídico que Santos investiga é o dado pelas associações de moradores de favelas do Rio de Janeiro.

No Rio de Janeiro, as associações de moradores de favelas passaram a assumir funções nem sempre previstas diretamente nos seus estatutos, como, por exemplo, a de arbitrar conflitos entre vizinhos. A associação de moradores transformou-se, assim, gradualmente num *fórum* jurídico, à volta do qual se foi desenvolvendo uma prática e um discurso jurídico, que possibilitou o surgimento de um direito novo: o direito da favela. Esse é um direito paralelo não oficial, cobrindo uma interação jurídica muito intensa à margem do sistema jurídico estatal.

O modelo jurídico da favela representa o traço de um movimento que parece ser mais amplo. Esse movimento ou tendência é detectável por múltiplos sinais, e os mais importantes são os que dizem respeito à criação, em certas áreas do controle social, de uma administração jurídica e judiciária paralela ou alternativa à administração estatal.

A administração paralela, segundo Santos (1988: 110, 111), recupera ou reativa, em novos moldes, estruturas administrativas de tipo popular ou participativo há muito abandonadas ou marginalizadas. Assim, em áreas como segurança, defesa do consumidor, relações entre vizinhos, questões de família, pequenos delitos criam-se tribunais sociais, comunitários ou de bairros presididos por juízes leigos, eleitos ou designados pelas organizações sociais, e em que a representação das partes por advogados não é necessária. O processamento das questões é informal e oral e, por vezes, nem sequer a sentença é reduzida a escrito. Esse modelo "marginal" tem inspirado reformas no âmbito do direito estatal, principalmente com os tribunais de pequenas causas e a aplicação das denominadas penas alternativas.

Apesar de toda a sua precariedade, o direito da favela representa a prática de uma legalidade alternativa e, como tal, um exercício alternativo de poder político, ainda que embrionário. Não é um direito revolucionário, nem tem lugar numa fase revolucionária de luta de classes. Visa decidir conflitos num espaço social "marginal". Mas, de qualquer modo, representa uma tentativa para neutralizar os efeitos da aplicação do direito capitalista de propriedade no seio da favela e, portanto, no domínio habitacional da reprodução social. E porque se centra à volta de uma organização eleita pela comunidade, o direito da favela representa, também por essa razão, a alternativa de uma administração democrática da justiça (SANTOS, 1988: 99).

2.2. Justiça estatal x justiça comunitária

No domínio da antropologia jurídica, os autores costumam utilizar o método comparativo. Assim, quando se compara o direito das sociedades simples com o direito das sociedades complexas, geralmente apontam que: a) as sociedades simples dispõem de um direito cujo processo é flexível, sem demarcação nítida da matéria relevante, e a reconciliação das partes tem primazia sobre tudo o mais na resolução dos litígios; b) as sociedades complexas dispõem de um direito formalista, dotado de um processo inflexível, e as decisões são baseadas na aplicação das leis sem qualquer preocupação com a reconciliação das partes.

Santos, ao comparar o direito da favela com o direito estatal, verifica que o direito estatal, por ser mais institucionalizado, com maior poder coercitivo e com discurso jurídico de menor espaço retórico, é concomitantemente mais profissionalizado, mais formalista e legalista, mais elitista e autoritário. Enfatiza que a práxis do direito estatal é revelada pela articulação de três componentes estruturais básicos: a *retórica*, a *burocracia* e a *violência*. Cada um desses componentes perfaz uma forma de comunicação e uma estratégia de decisão. A *retórica* baseia-se na produção de persuasão e de adesão voluntária através da mobilização do *potencial argumentativo* de sequências e artefatos verbais e não verbais socialmente aceitos. A *burocracia* baseia-se na imposição autoritária por meio da mobilização do *potencial demonstrativo* de conhecimento profissional das regras formais e dos procedimentos hierarquicamente organizados. A *violência* baseia-se no uso ou ameaça da força física. O funcionamento e a interação desses três componentes estruturais revelam o modelo jurídico estatal da sociedade capitalista. Ocorre, porém, que esse modelo, desde o século XIX, tem-se caracterizado pelo progressivo abandono da retórica e pela progressiva expansão da burocracia e da violência.

Paralelamente ao modelo tradicional de administração tecnocrática da justiça, Santos reconhece a possibilidade de modelos alternativos de administração da justiça, que a torne, em geral, mais rápida, mais barata e mais acessível. Nesse sentido cita a *justiça comunitária*, que pressupõe a mediação ou conciliação através de instâncias e instituições que sejam descentralizadas e informais e que possam substituir ou complementar o modelo tradicional. Essas reformas possibilitariam a construção de um direito novo, de um modelo jurídico capaz de limitar e restringir o espaço da dominação da *burocracia* (domínio da hierarquia normativa) e da *violência* (ordenação da legitimidade sob coação) e de promover a expansão da *retórica* como processo dialógico de negociação e de participação.

O direito da favela, como visto, favorece a emergência de um modelo jurídico dominado pela retórica, portanto, permite atingir formas de superar a crise do paradigma tradicional do direito. Tal direito faz uso de um modelo decisório de mediação, que, ao contrário do modelo de adjudicação, maximiza o potencial de persuasão para a adesão à decisão.

Segundo Santos (1988: 61), quanto mais elevado é o nível de institucionalização da função jurídica menor tende a ser o espaço retórico do discurso jurídico, e vice-versa; quanto mais poderosos são os instrumentos de coerção ao serviço da produção jurídica menor tende a ser o espaço retórico do discurso jurídico e vice-versa. Assim, nas sociedades em que o direito apresenta um baixo nível de institucionalização da função jurídica e instrumentos de coerção pouco poderosos, o discurso jurídico tende a caracterizar-se por um amplo espaço retórico.

Conforme foi destacado, a antropologia, nos seus primeiros momentos, interessa-se pelo estudo das sociedades ditas primitivas, especialmente pelo seu processo evolucionário. Essas sociedades, apesar de apresentar um baixo nível de institucionalização, despertou o interesse dos teóricos do direito, tanto que os primeiros antropólogos, os evolucionistas, que serão abordados nos capítulos seguintes, eram, na sua maioria, juristas.

V Nascimento da Antropologia

1. PROJETO ANTROPOLÓGICO

No século XVIII surge o projeto de fundar uma ciência do homem, ou seja, aparece o primeiro esboço daquilo que se tornará uma antropologia social e cultural.

Esse projeto antropológico supõe: a) **a construção de certo número de conceitos**: em especial o conceito de homem, não apenas como sujeito, mas também como objeto do saber; b) **a constituição de um saber pela observação**: é essencial observar, mas, além disso, é preciso que a observação seja esclarecida; c) **o rompimento com o cogito cartesiano**: fato que implica estabelecer o princípio da identificação com o outro e o da recusa de identificação consigo mesmo; d) **a adoção de um método de observação e análise**: adota-se o método indutivo, que consiste na observação dos fatos para extrair deles princípios gerais. Vários teóricos concorreram na elaboração desse projeto, mas foi Rousseau quem traçou, em seu *Discurso sobre a origem e os fundamentos da desigualdade entre os homens*, o programa que se tornará o da antropologia clássica (LAPLATINE, 2006: 55, 56).

1.1. Jean Jacques Rousseau (1712 – 1778)

Rousseau (1973: 307, 308) confessa que tem dificuldade de conceber como num século (XVIII) em que as pessoas se vangloriam de conhecimentos grandiosos não existem dois homens, um que sacrifique vinte mil escudos de seus bens, outro dez anos de sua vida para uma viagem de volta ao mundo, com a finalidade de estudar não só pedras e plantas, mas, pelo menos uma vez, os *homens e os costumes*. Para Rousseau, os homens de seu tempo se atrevem a julgar o gênero humano, conhecendo apenas os nomes das nações. Suponhamos, diz ele, um Montesquieu, um Diderot, ou homens dessa têmpera, viajando para instruir seus compatriotas, observando e descrevendo, como eles sabem, a África, o Peru, o Chile, o México, o Paraguai, o Brasil e todas as regiões selvagens; suponhamos que esses homens, de retorno dessas viagens, escrevessem a história natural, moral e política do que tivessem visto; veríamos nós mesmos sair da sua pena um mundo novo e aprenderíamos assim a conhecer o nosso.

Para Lévi-Strauss (1993: 42, 43), Rousseau é o fundador da antropologia: a) **no plano prático**: porque o *Discurso sobre a origem e os fundamentos da desigualdade entre os homens* constitui o primeiro tratado de antropologia clássica, no qual se coloca o problema das relações entre natureza e cultura; b) **no plano teórico**: porque, ao estabelecer, no *Ensaio sobre a origem das línguas*, a *regra metódica* segundo a qual, "quando se quer estudar os homens, é preciso olhar em torno de si, mas, para estudar o homem, importa que a vista alcance mais longe; impõe-se começar observando as diferenças, para descobrir propriedades", distingue, com clareza e concisão admiráveis, o objeto próprio do antropólogo dos objetos do moralista e do historiador.

Essa *regra metódica* marca o advento da antropologia porque permite estabelecer dois princípios fundamentais: a) **primeiro**: preconiza, simultaneamente, o estudo dos homens mais distantes e do mais próximo (ele mesmo); b) **segundo**: estabelece o *princípio da alteridade*, que consiste na identificação com o outro (mesmo o mais fraco e o mais humilde) e a recusa de identificação consigo mesmo.

1.2. Limitações do século XVIII

Conforme Laplatine (2006: 61, 62), o século XVIII teve um papel essencial na elaboração dos fundamentos de uma *ciência humana*, mas não podia ir mais longe. Segundo ele, o obstáculo maior ao surgimento de uma *antropologia científica* naquele século deve-se a dois motivos essenciais: a) **primeiro**: não se realiza uma distinção entre o saber científico e o saber filosófico; b) **segundo**: não ocorre a separação entre discurso antropológico e discurso histórico.

Em relação ao primeiro motivo, anota que, embora a distinção entre o saber científico e o saber filosófico tenha sido abordada, não é realizada.

Vale dizer, o conceito de homem tal como é utilizado no século XVIII permanece ainda muito abstrato, isto é, rigorosamente filosófico. Para a pesquisa antropológica, o objeto de observação não é o "homem", e sim indivíduos que pertencem a uma época e a uma cultura, e o sujeito que observa não é o sujeito da antropologia filosófica, e sim um outro indivíduo que pertence ele próprio a uma época e a uma cultura.

No que diz respeito ao segundo motivo, observa que o discurso antropológico do século XVIII é inseparável do discurso histórico desse período, isto é, de sua concepção de uma *história natural* liberada da teologia e animando a marcha das sociedades no caminho de um progresso universal. Restará um passo considerável a ser dado para que a antropologia se emancipe da história natural e conquiste sua autonomia. Paradoxalmente, esse passo será dado no século XIX a partir de uma abordagem igualmente historicista: o *evolucionismo*.

Entende-se por *evolucionismo* o conjunto de doutrinas que veem na evolução a característica fundamental de todos os tipos ou formas de realidade. A evolução é tida como o princípio adequado para explicar a realidade em seu conjunto. Durante o século XIX, o conceito de *evolução* aparece de forma ostensiva nas pesquisas e reflexões filosóficas, sociológicas, biológicas e antropológicas. Essas pesquisas possuem, cada uma delas, suas características próprias, motivo pelo qual é necessário distinguir os diversos tipos de evolucionismos. Na sequência, faz-se uma sucinta referência aos evolucionismos sociológico e biológico no intuito de distingui-los do evolucionismo antropológico.

2. EVOLUCIONISMO SOCIOLÓGICO

O evolucionismo sociológico tem por característica fundamental a ideia de progresso. Evolução significa progresso, portanto, trata-se de uma doutrina que divulga uma forma otimista de encarar a realidade humana. Esse evolucionismo alcança seu apogeu no século XIX, ligado aos nomes de: a) **Saint-Simon**: esse filósofo afirma que há uma sequência evolutiva através da qual deve passar toda a humanidade, distinguindo-se três fases de atividade mental: a conjetural, a semiconjetural e a positiva; b) **Augusto Comte**: para esse filósofo, todas as sociedades atravessam três etapas progressivas, indo da superstição religiosa (estado primitivo), passando pela metafísica e a teologia, para chegar à ciência positiva, ponto final do progresso humano; c) **Herbert Spencer**: no seu livro intitulado *Progresso*, estabelece que o progresso reveste todos os aspectos da realidade. Por conta disso, defende que todo desenvolvimento (quer se trate do desenvolvimento da Terra, da vida, da sociedade, do governo, da indústria, do comércio, da língua, da literatura, da ciência, da arte) significa progresso, e no fundo de todo progresso está sempre a mesma evolução, que, através de diferenciações sucessivas, vai da simples à complexa.

Para Lévi-Strauss (1993: 335, 336), o evolucionismo social ou cultural é um falso evolucionismo, porque consiste numa tentativa de suprimir a diversidade das culturas, fingindo reconhecê-las plenamente. "Pois ao tratar os diferentes estados em que se encontram as sociedades humanas, tanto antigas quanto longínquas, como *estágios* ou *etapas* de um desenvolvimento único que, partindo do mesmo ponto, deve fazê-lo convergir para a mesma meta, vê-se bem que a diversidade é apenas aparente. A humanidade se torna única e idêntica a si mesma; só que esta unidade e identidade podem realizar progressivamente, e a variedade das culturas ilustra os momentos de um processo que dissimula uma realidade mais profunda ou atrasa sua manifestação".

3. EVOLUCIONISMO BIOLÓGICO

O aparecimento do evolucionismo biológico é posterior ao evolucionismo sociológico, contudo não há influência de um sobre o outro. O termo *evolução* foi introduzido provavelmente por Spencer no seu ensaio sobre o *Progresso*, de 1857, mas a palavra e o conceito não teriam gozado de tanto sucesso sem o evolucionismo biológico estabelecido por Charles Darwin no livro *Origem das espécies*, de 1859 (ABBAGNANO, 2003: 393).

O evolucionismo biológico provocou muitas polêmicas ao se contrapor à teoria da substância formulada por Aristóteles e elevada à categoria de dogma religioso. Segundo a metafísica aristotélica, todas as formas substanciais são imutáveis porque necessárias. Isso significa que não podem ser criadas nem destruídas. Como formas substanciais, as espécies vivas compartilham de tais características. Esse ponto de vista aristotélico (*doutrina da substância*) prevaleceu na filosofia e na ciência antiga e medieval. A doutrina tradicional da imutabilidade das espécies foi, portanto, o reflexo da doutrina aristotélica da substância (ABBAGNANO, 2003: 393).

O *evolucionismo biológico* ou *teoria da evolução* rompe com a tradição aristotélica e tem como precursores Jean-Baptiste Lamarck e Charles Darwin.

3.1. Jean-Baptiste Lamarck (1744 – 1829)

Lamarck foi o primeiro a apresentar a teoria da evolução biológica. A hipótese básica da sua teoria consiste em afirmar que a *função cria o órgão*. As mudanças (evolução) produzidas nos organismos devem-se ao maior ou menor uso dos órgãos, e que depois teriam sido fixadas pela hereditariedade. Assim, para Lamarck, a necessidade cria o órgão necessário e o uso o fortifica e o aumenta; a falta de uso, ao contrário, conduz à atrofia, ao desaparecimento do órgão inútil. De acordo com essa teoria, uma mudança de circunstâncias provoca uma mudança de hábitos e de atos e, por conseguinte, uma mudança de forma. Não se trata de uma ação direta do meio ambiente sobre o ser; trata-se de uma ação indireta, que provoca uma reação do organismo no sentido de adaptar-se às circunstâncias externas.

Os exemplos dados por Lamarck ajudam a compreender sua teoria: a girafa teve seu pescoço aumentado pela necessidade de alcançar os ramos altos das árvores; os morcegos têm olhos atrofiados porque passaram a viver na escuridão e, portanto, os olhos perderam sua função. Com base na teoria de Lamarck alguns antropólogos afirmam que as diferenças étnicas são apenas reações adaptativas a determinado meio ambiente; assim, a pele dos negros escureceu para suportar o sol dos trópicos, ou seja, uma reação adaptativa contra os raios violetas.

Hoje, a biologia entende que as mudanças nascidas dos hábitos não podem ser herdadas; portanto, o mérito de Lamarck não é o de ter descoberto o princípio da evolução, mas o de ter insistido na doutrina geral e em alguns aspectos importantes dela, como o da adaptação ao ambiente.

3.2. Charles Darwin (1809 – 1882)

Em 1859 Darwin publica *A origem das espécies*, na qual expõe a *teoria da seleção natural*, isto é, o conjunto de suas ideias a respeito da evolução das espécies. A *teoria da seleção natural* explica a luta pela existência e fixa os conceitos de evolução, de sobrevivência e de função. Em sentido lato, *seleção natural* é a persistência do mais apto à conservação das diferenças e das variações individuais favoráveis e a eliminação das variações nocivas. Em sentido estrito, *seleção natural* significa que na luta pela existência sobrevive o mais apto. Para Darwin, as variações insignificantes, aquelas que não são nem úteis nem nocivas ao indivíduo, não são afetadas pela seleção natural.

A teoria de Darwin admite duas ordens de fatos: a) existência de pequenas variações orgânicas que se verificam nos seres vivos em intervalos irregulares de tempo e que, pela lei da probabilidade, podem ser vantajosas para os indivíduos que as apresentam; b) luta pela vida entre indivíduos vivos, que se deve à tendência de cada espécie a multiplicar-se segundo uma progressão geométrica. Dessas duas ordens de fatos resulta que os indivíduos nos quais se manifestam mudanças orgânicas vantajosas têm maiores probabilidades de sobreviver na luta pela vida, e, em virtude do princípio da hereditariedade, haverá neles acentuada tendência a deixar os caracteres acidentais como herança aos seus descendentes.

Sabe-se, hoje, que ambas as teses, adaptação ao ambiente (de Lamarck) e seleção natural (de Darwin), exercem funções importantes na evolução da vida e que uma tese não exclui a outra.

Para Lévi-Strauss (1993: 336), o evolucionismo biológico, diferentemente do evolucionismo sociológico, é uma teoria cientifica porque estabelece uma hipótese de trabalho fundada em observações em que a parte deixada à interpretação é muito pequena. Assim, a noção de evolução biológica corresponde a uma hipótese dotada de altos coeficientes de probabilidade que se podem encontrar no domínio das ciências naturais; ao passo que a noção de evolução social ou cultural só traz, no máximo, um procedimento sedutor, mas perigosamente cômodo, de apreensão dos fatos.

Embora a ideia de evolução tenha dominado o debate científico do século XIX, o evolucionismo antropológico não significa um prolongamento do evolucionismo biológico. Certamente os antropólogos evolucionistas tomaram conhecimento da teoria da evolução de Darwin, mas isso não significa que a orientação evolucionista que imprimiram nos seus trabalhos possua a mesma base teórica do evolucionismo biológico. De qualquer modo, é certo que na segunda metade do século XIX, o conceito de evolução deu à antropologia o seu primeiro impulso e sua unidade. É importante frisar que algumas figuras de destaque da antropologia evolucionista, como Morgan, Bachofen, Maine e Mac Lennan, eram juristas.

4. EVOLUCIONISMO ANTROPOLÓGICO

Segundo Laplatine (2006: 63 a 66), no século XIX a antropologia realiza o que antes era apenas empreendimento programático. É a época durante a qual se constitui a antropologia como disciplina autônoma, uma ciência das sociedades primitivas em todas as suas dimensões: econômica, religiosa, técnica, biológica, linguística, psicológica. Em relação ao século XIX, merecem destaque duas mudanças que contribuíram para o nascimento da antropologia: a) **muda o contexto econômico e político**: a revolução industrial inglesa e a revolução política francesa introduzem mudanças conjunturais inéditas nas relações sociais, políticas, jurídicas e econômicas; b) **muda o contexto geopolítico**: é o auge do período da conquista colonial.

É no movimento da conquista colonial que se constitui a antropologia moderna, ou seja, quando o antropólogo começa a acompanhar de perto os passos do colono. Nessa época, os imigrantes europeus começam a povoar os territórios coloniais (África, Austrália, Nova Zelândia, Índia, América). Uma rede de informação se instala mediante questionários enviados por pesquisadores das metrópoles para os quatro cantos do mundo e cujas respostas constituem os materiais de reflexão das primeiras grandes obras de antropologia: a) **Bachofen**: publica, em 1861, o *Direito materno*; b) **Fustel de Coulanges**: publica, em 1864, *A cidade antiga*; c) **Mac Lennan**: em 1865, publica *O casamento primitivo*; d) **Edward Tylor**: em 1871, publica *A cultura primitiva*; e) **Lewis Morgan**: publica, em 1877, *A sociedade antiga*; f) **James Frazer**: em 1890, publica os primeiro volumes de *Ramos de ouro*.

Todas essas obras citadas caracterizam-se por uma mudança radical de perspectiva: nelas o *indígena* não é mais o *selvagem*; tornou-se o *primitivo*, isto é, o ancestral do civilizado. Assim, a antropologia, conhecimento do primitivo, fica indissociavelmente ligada ao conhecimento da origem da sociedade, isto é, das formas simples de organização social que *evoluíram* para formas mais complexas de organização social, motivo pelo qual essa antropologia é qualificada de evolucionista.

VI Evolucionismo

1. ANTROPÓLOGOS EVOLUCIONISTAS

O *evolucionismo antropológico*, em linhas gerais, entende que existe uma espécie humana idêntica, mas que se desenvolve em ritmos desiguais de acordo com as populações. As sociedades ou populações passam pelas mesmas *etapas* para alcançar a etapa mais avançada, que é a *civilização*. A civilização europeia aparece como a expressão mais avançada da evolução das sociedades humanas, e os grupos primitivos como "sobrevivência" de etapas anteriores.

Embora a preocupação dos evolucionistas fosse estabelecer as linhas gerais do progresso material, espiritual e científico das sociedades, acreditavam que, voltando os olhos ao passado, teriam subsídios para determinar como a história da cultura humana se comportaria. A evolução humana era considerada um dado; restava, portanto, a tarefa de descobrir como isso ocorria. Não procuravam exatamente comprovar a existência do progresso humano; mais que isso, procuravam descobrir as leis gerais da evolução cultural do homem (MELLO, 1982: 204). Não negavam a influência de determinados fatores como o ambiente geográfico (o clima e o solo) na transformação da cultura; contudo alguns (Morgan, por exemplo) elegeram como fator determinante as invenções e as descobertas resultantes do desenvolvimento técnico e econômico. Procuravam, assim, explicar as razões que levaram determinada comunidade a passar de uma etapa para outra.

Em suas investigações, os antropólogos evolucionistas fizeram uso do *método comparativo*, que consiste em comparar padrões, costumes, objetos, culturas do passado e do presente, verificando semelhanças e diferenças. No uso desse método, o material coletado é classificado, organizado e interpretado de acordo com uma ordem cronológica. Morgan, por exemplo, ao realizar um estudo comparativo dos sistemas de parentesco, distinguiu três etapas sucessivas da evolução: selvageria, barbárie e civilização.

O evolucionismo antropológico encontra sua formulação e sistematização nos autores e nas obras citadas no final do capítulo anterior, que se tornaram os documentos de referência adotados pela maioria dos antropólogos a partir da segunda metade do século XIX. Na sequência faz-se uma breve referência a Bachofen (*Direito materno*) e Tylor (*Cultura primitiva*). A obra de Morgan será abordada em capítulo separado.

1.1. Bachofen (1815 – 1887)

Segundo Engels (1976: 12 a 15), até ao início da década de 1860, não se poderia sequer pensar numa história da família. As ciências históricas ainda se encontravam, nesse domínio, sob a influência dos Cinco Livros de Moisés. A forma patriarcal da família, mostrada com muitos detalhes nesses cinco livros, era admitida sem reservas.

O estudo da história da família, diz Engels, começa, de fato, em 1861, com o *Direito materno* de Bachofen. Nesse livro, o autor formula as seguintes teses: a) primitivamente, os seres humanos viveram em promiscuidade sexual; b) essas relações excluíam toda a possibilidade de estabelecer, com rigor, a paternidade, portanto, a filiação apenas podia ser contada por linha feminina, segundo o direito materno, e isso ocorreu em todos os povos antigos; c) como consequência desse fato, as mulheres, como mães, como únicos progenitores conhecidos da jovem geração, gozavam de grande apreço e respeito, motivo pelo qual detinham a posição mais elevada na hierarquia do grupo; d) a monogamia, em que a mulher pertence a um só homem, incidia na transgressão de uma lei religiosa muito antiga (direito imemorial que os outros homens tinham sobre aquela mulher), transgressão que devia ser castigada, ou cuja tolerância se compensava com a posse da mulher por outros durante determinado período.

Bachofen procurou provas dessas teses em numerosos trechos da literatura clássica. A passagem da poligamia à monogamia e do direito materno ao paterno, segundo ele, processa-se – especialmente entre os gregos – em consequência do desenvolvimento das concepções religiosas, da introdução de novas divindades, representativas de ideias novas, no grupo dos deuses tradicionais, que eram a encarnação das velhas ideias; pouco a pouco os velhos deuses vão sendo relegados a segundo plano. Assim, para Bachofen, o que determinou as transformações históricas na situação social recíproca do homem e da mulher não foi o desenvolvimento das condições reais de existência das pessoas, mas o reflexo religioso dessas condições no cérebro delas. De acordo com esse ponto de vista, interpreta a *Oréstia* de Ésquilo como um quadro dramático da luta entre o velho direito (materno) e o novo direito (paterno).

1.1.1. Direito materno x direito paterno

Na *Oréstia*, Clitemnestra, levada pela sua paixão por Egisto, seu amante, mata seu marido Agamêmnon, quando este regressava da guerra de Tróia; mas Orestes, filho dela e de Agamêmnon, vinga o pai, matando a mãe. Isso faz com que se veja perseguido pelas Erínias, seres demoníacos que protegem o velho direito materno, segundo o qual o matricídio é o mais grave e imperdoável de todos os crimes. Apolo, no entanto, que, por intermédio do seu oráculo, havia incitado Orestes a matar sua mãe, e Palas Atena, que intervém na qualidade de juiz (as duas divindades que representam o novo direito paterno), protegem Orestes.

Todo o litígio está resumido na discussão de Orestes com as Erínias. Atena ouve ambas as partes. Orestes diz que Clitemnestra cometeu um duplo crime ao matar quem era seu *marido* e *pai* de seu filho. Por que razão as Erínias o perseguiam, o visavam, em especial, se ela, a morta, tinha sido muito mais culpada? A resposta é surpreendente: "Ela não estava *unida por vínculo de sangue* ao homem que assassinou".

O assassinato de uma pessoa com a qual não houvesse vínculo de sangue, mesmo que fosse o marido da assassina, era falta que podia ser expiada, e isso não era, absolutamente, tarefa das Erínias. A sua missão era a de punir o homicídio entre os consanguíneos e, segundo o direito materno, o *matricídio* era o pior e o mais imperdoável dos crimes. Nesse ponto, contudo, intervém Apolo, defensor de Orestes, e em seguida Atena submete o caso ao Areópago (Tribunal do Júri ateniense); há o mesmo número de votos pela condenação e pela absolvição. Atena, como presidente do Tribunal, vota a favor de Orestes e o absolve. O direito paterno vence o direito materno. Os "*deuses da jovem geração*", assim denominados pelas próprias Erínias, são mais poderosos que elas, pelo que só lhes resta a resignação e, finalmente convencidas, aceitam colocar-se a serviço do novo estado de coisas.

Engels reconhece que essa maneira como Bachofen interpreta a *Oréstia* é inteiramente correta, representa uma das melhores e mais belas passagens do seu livro *Direito materno*. Não concorda, entretanto, com essa forma de mostrar a passagem do direito materno para o direito paterno. Isto, no entanto, diz Engels (1976: 15), "não diminui os seus méritos de pioneiro, já que foi o primeiro a substituir as frases sobre um desconhecido e primitivo estágio de promiscuidade sexual, pela demonstração de que, na literatura clássica grega, há muitos vestígios de que entre os gregos existiu realmente, antes da monogamia, um estado social em que não somente o homem mantinha relações sexuais com várias mulheres, mas também a mulher mantinha relações sexuais com diversos homens, sem que com isso violassem a moral estabelecida".

1.2. Edward Tylor (1832 – 1917)

Tylor procurou mostrar a evolução pela qual passou a humanidade e o fez com a utilização do método ou modelo comparativo. Considerou a humanidade um todo em crescimento através dos tempos, indo da infância à maturidade, estando as sociedades primitivas situadas no estágio infantil. Teve o mérito de proceder à sistematização dos aspectos não materiais da cultura (costumes, ideias) e entendia que estes eram transmitidos por força do hábito. Foi o primeiro a definir o conceito *cultura* e o fez nos seguintes termos: "cultura é um conjunto complexo que inclui conhecimento, crença, arte, moral, lei, costume e várias outras aptidões e hábitos adquiridos pelo homem como membro de uma sociedade" (in MELLO, 1982: 40). Assim estabeleceu o *conceito de cultura* como objeto de estudo da antropologia em contraposição ao *conceito de raça*.

Para Tylor, um dos principais objetivos da comparação consiste em descobrir a *aderência cultural*, ou as correlações necessárias entre dois ou mais fenômenos culturais, tais como uma regra de comportamento de parentesco e uma regra de terminologia de parentesco. Mediante o uso de um modelo comparativo, ao qual denominou *aritmética social*, procurou organizar os costumes em tabelas e estabelecer relacionamentos entre eles. O método comparativo o levou a afirmar que as instituições humanas eram distintamente estratificadas, tal como as diferentes camadas da Terra, que se sucedem em séries uniformes por todo o globo, independentemente das raças ou da linguagem.

Tylor também se interessou pelos estudos mágico-religiosos e elaborou uma das mais curtas definições de religião: "uma crença no sobrenatural". Segundo Mello (1982: 390), nessa definição encontram-se dois elementos presentes em todas as religiões: a) **a crença**, que é antes de tudo um ato de fé, de confiança, de respeito e reconhecimento pelo sistema de mitos que representa a religião; e b) **o sobrenatural**, que é o objeto da fé, portanto, é tudo aquilo que escapa ao entendimento humano.

Tylor elaborou uma teoria sobre o *animismo*, que é entendido como uma crença dos povos primitivos, segundo a qual não só as criaturas, mas também os objetos materiais estão dotados de vida, personalidade e alma. Evans Pritchard (in MELLO, 1982: 397), ao analisar a teoria de Tylor sobre a crença dos povos primitivos na existência de almas, entende que tal teoria "conta com duas teses principais, a primeira concernente ao problema da origem, e a segunda referindo-se ao desenvolvimento da alma". Vale dizer, as reflexões do homem primitivo a respeito de determinadas experiências, como morte, doença, transes, visões e, acima de tudo, sonhos, levaram-no à conclusão de que tais fenômenos se devem à presença ou ausência de alguma entidade imaterial, a alma. Por essas razões, tanto a teoria do fantasma quanto a teoria da alma poderiam ser consideradas como versões de uma teoria ideal da origem da religião.

Assim, para Tylor, as primeiras noções religiosas conhecidas pelos homens teriam sido as de almas, seres que transcendem a matéria. Essas noções teriam surgido da própria consciência humana pela necessidade de compreender determinados fenômenos (sonho, morte, doença, visões), que teriam despertado os sentimentos do sagrado e da outra dimensão da vida.

2. TEMAS DO EVOLUCIONISMO

São considerados características da antropologia evolucionista os seguintes temas: a) estudo das sociedades simples ou primitivas e das sociedades antigas; b) estudo do parentesco; c) estudo da religião. Parentesco e religião são, nessa época, as duas grandes áreas da antropologia, ou, mais especificamente, as duas grandes vias de acesso privilegiado ao conhecimento das comunidades primitivas e das sociedades antigas.

2.1. Sociedades simples ou primitivas

Os antropólogos evolucionistas foram os primeiros a considerar as sociedades primitivas como temas interessantes por si mesmos. Extraíram informações acerca dessas sociedades mediante a ampla seleção de escritos das mais diversas classes; apresentaram essas informações de forma sistemática e estabeleceram assim as bases da antropologia social. No estudo das sociedades primitivas interessaram-se pela natureza de suas instituições sociais, especialmente as familiares e as religiosas. Ocuparam-se também de instituições jurídicas e dos aspectos da cultura material. Em qualquer dos temas a preocupação central consiste em demonstrar como a cultura obedece a uma evolução universal e unilinear. A história do gênero humano, dizia Morgan, é única em sua origem, única em sua experiência e única em seu progresso.

Dentre as comunidades primitivas destaca-se o estudo dos grupos australianos. Segundo Elkin (in LAPLATINE, 2006: 67), a Austrália ocupa um lugar de primeira importância na constituição da antropologia, porque é lá que se pode apreender o que foi a origem das nossas instituições. Desde a época de Morgan, diz ele, a Austrália continua sendo objeto de muitos escritos; várias gerações de pesquisadores expressaram sua estupefação diante da *simplicidade da cultura material* desses povos, os mais "primitivos" do mundo, vivendo na idade da pedra *sem* metalurgia, *sem* cerâmica, *sem* tecelagem, *sem* criação de animais e a *extrema complexidade de seus sistemas de parentesco* baseados nas relações minuciosas entre aquilo que é localizado na natureza (animal, vegetal) e aquilo que atua na cultura (o totemismo).

O estudo das sociedades primitivas não visa apenas revelar o primitivo por trás do civilizado. As sociedades primitivas facilitam os estudos dos antropólogos porque permitem perceber, com mais facilidade, o modelo por trás da realidade, ou construir com menos esforços o modelo a partir da realidade. Além disso, permitem comparações mais precisas e possibilitam descobrir em que se distinguem umas das outras. Permitem, sobretudo, a análise comparativa e a reflexão crítica em relação às sociedades complexas.

2.2. Parentesco

No estudo do sistema de parentesco, os pesquisadores do século XIX procuram principalmente demonstrar a anterioridade histórica dos sistemas de filiação matrilinear sobre os sistemas de filiação patrilinear.

Segundo Engels (1976: 24), a descoberta da primitiva *gens* de direito materno, como etapa anterior à *gens* de direito paterno dos povos civilizados, tem, para a história primitiva, a mesma importância que a teoria da evolução de Darwin para a biologia e a teoria da mais-valia, enunciada por Marx, para a economia política.

Franz Boas (in LÉVI-STRAUSS, 2003: 22), entretanto, entende que os fatos não autorizam nenhuma reconstrução histórica tendente a afirmar a anterioridade histórica das instituições matrilineares sobre as patrilineares. Segundo ele, se é possível, e mesmo provável, que a estabilidade inerente às instituições matrilineares as tenha frequentemente conduzido, onde existem, a se transformarem em instituições patrilineares, disso não resulta de nenhuma maneira que, sempre e por toda parte, o direito materno tenha representado a forma primitiva.

Ainda que contestada, permanece em evidência a ideia de um direito materno ou matriarcado primitivo que antecedeu ao direito paterno. Essa ideia exerceu e ainda exerce uma grande influência, tanto que muitas pessoas continuam inspirando-se nela, como é o caso de Evelyn Reed em *Feminismo e antropologia*, um dos textos de referência do movimento feminista nos Estados Unidos (LAPLATINE, 2006: 67).

2.3. Religião e magia

Os antropólogos do século XIX, especialmente Fustel de Coulanges, Edward Tylor e James Frazer, foram os primeiros a realizar estudos sobre magia e religião dos povos antigos e primitivos e sua influência não só na evolução das religiões mundiais, mas também na construção das instituições e do direito. Aliás, é certo que as crenças dos antigos gregos e romanos persistiram durante muito tempo e exerceram grande influência na construção e solidificação da religião, das instituições e do direito que ainda moldam a sociedade contemporânea.

Religião é a crença no sobrenatural. Magia implica a crença na existência de causas (ato mágico) sobrenaturais. Religião e magia, portanto, consistem em sistemas de crenças. Todas as populações estudadas pelos antropólogos demonstraram possuir um sistema de crenças, que pode ser classificado como magia, religião ou mágico-religioso. Para os evolucionistas, a magia é uma etapa que antecede à religião, porém, existem diferenças entre uma e outra; outros antropólogos, entretanto, não estabelecem diferenças e por isso denominam o sistema de crenças mágico-religioso.

Tylor considerou a magia uma pseudociência, em que o homem primitivo, incorretamente, afirma uma relação direta de causa e efeito entre o ato mágico e o acontecimento desejado. Frazer também considerou falsa a relação de causa e efeito entre a magia e os efeitos naturais e analisou os princípios que governam essa relação. Além disso, investigou o relacionamento da magia com a religião e a ciência e estabeleceu um quadro evolutivo entre elas.

Para Laplatine (2006: 68), Frazer, em sua obra *Ramos de ouro*, realiza a melhor síntese de todas as pesquisas do século XIX sobre *crenças* e *supertições*. Segundo ele, nessa obra gigantesca (publicada em doze volumes, de 1890 a 1915), o autor retraça o processo universal que conduz, por etapas sucessivas, da magia à religião, e, depois, da religião à ciência. Para Frazer, a magia representa uma fase anterior, mais grotesca da história do espírito humano, pela qual todas as raças da humanidade passaram, ou estão passando, para dirigir-se para a religião e a ciência. Frazer tratou de vários tipos de magia e penetrou fundo no intricado campo das instituições religiosas, inclusive nos estudos sobre o totemismo.

3. CRÍTICAS AO EVOLUCIONISMO

Os teóricos evolucionistas, como visto, entendem que a ciência e a sociedade evoluem e progridem. Conforme Chauí (2002: 51, 84), para esses teóricos, o tempo seria uma sucessão contínua de instantes, momentos, fases, etapas, períodos, épocas, que iriam somando-se uns aos outros, acumulando-se de tal modo que o que acontece depois é o resultado melhorado do que acontece antes. Enfim, ao longo do tempo haveria um processo de aperfeiçoamento das sociedades e suas instituições.

Evolução e progresso, diz a autora, exprimem uma crença na superioridade do presente em relação ao passado e do futuro em relação ao presente. Evolução e progresso também supõem uma série linear de momentos ligados por relações de causa e efeito, em que o passado é causa e o presente, efeito, vindo a tornar-se causa do futuro. Na ideia de evolução e progresso encontra-se uma concepção segundo a qual o futuro já está contido no ponto inicial de uma sociedade, cuja história ou cujo tempo nada mais é do que o desdobrar ou o desenvolver pleno daquilo que já era potencialmente motivo pelo qual se fala de sociedades primitivas (inferiores) que precisam evoluir para sociedades civilizadas (superiores), sociedades subdesenvolvidas que devem tornar-se desenvolvidas.

No século XX, alguns filósofos, analisando as mudanças científicas, passaram a negar as ideias de evolução e progresso. Nesse sentido, quando compararam a geometria euclidiana (que opera com o espaço plano) com a geometria topológica (que opera com o espaço tridimensional), perceberam que não se tratava de duas etapas ou de duas fases sucessivas da mesma ciência geométrica, e sim de duas geometrias diferentes, com princípios, conceitos, objetos completamente diferentes. Enfim, não houve evolução e progresso de uma para a outra, pois são duas geometrias diversas e não geometrias sucessivas. O mesmo foi observado quando se comparou a física de Newton com a física de Einstein e em outras áreas do saber.

De acordo com essa análise, não é possível estabelecer uma continuidade progressiva das culturas. Isso implica afirmar que não há uma única cultura em progresso, o que existe é uma pluralidade de culturas diferentes. Cada cultura inventa seu modo de relacionar-se com o tempo, de criar sua linguagem, de elaborar seus mitos e suas crenças, de organizar o trabalho e as relações sociais, de criar obras de pensamento e de arte. Cada uma, em decorrência das condições históricas, geográficas e políticas em que se forma, tem seu modo próprio de organizar o poder e de produzir seus valores. Essa concepção abalou alguns princípios do evolucionismo antropológico, cujo método já vinha sendo, desde o século XIX, alvo de críticas por parte de alguns antropólogos.

3.1. Críticas ao evolucionismo antropológico

No final do século XIX, Franz Boas contestou os métodos utilizados pelos antropólogos evolucionistas ao estabelecer como decisivo na antropologia a pesquisa de campo. Segundo Boas, a ausência de pesquisa de campo comprometia o rigor metodológico e científico que deveria fundamentar os estudos antropológicos.

Os evolucionistas, como visto, adotaram o *método comparativo*, porém as falhas metodológicas não repousavam no fato da comparação em si, mas na falta de rigor no seu emprego. Alguns antropólogos utilizaram indistintamente informações bíblicas, mitológicas e históricas, portanto, estavam sujeitos à crítica de que tentavam explicar o conhecido pelo desconhecido. Morgan, como se verá adiante, teve o mérito de iniciar a aplicação do método comparativo de maneira correta, quando passou a estudar as sociedades primitivas ainda existentes, realizando, assim, o que se denomina pesquisa de campo.

Para Laplatine (2006: 68, 69), as objeções ao pensamento antropológico evolucionista podem ser organizadas em torno de duas séries de críticas. A primeira afirma que o evolucionismo seria uma justificação dos valores da sociedade europeia do século XIX. Segundo essa crítica, o evolucionismo mede o atraso das sociedades primitivas tomando como critério de avaliação a sociedade europeia. Com esse critério, o progresso técnico e econômico dessa sociedade é considerado como a prova da evolução histórica da qual se procura simultaneamente acelerar o processo e reconstituição de estágios. Nessa trilha, o evolucionismo define o acesso à civilização em função dos valores da época: produção econômica, religião monoteísta, propriedade privada, família monogâmica, moral vitoriana. A segunda crítica afirma que o evolucionismo seria uma justificação do colonialismo. Isso porque o pesquisador, efetuando, de um lado, a definição de seu objeto de pesquisa através do campo empírico das sociedades ainda não ocidentalizadas, e, de outro lado, identificando as vantagens da civilização à qual pertence, faz do evolucionismo uma justificação teórica da prática do colonialismo.

Conforme Laplatine (2006: 70), os evolucionistas do século XIX não se importam em compreender a antropologia como prática *intensiva* de conhecimento de determinada cultura. O que importa é a tentativa de compreensão, a mais *extensa* possível, de todas as culturas, em especial das "mais longínquas" e das "mais desconhecidas". É preciso ter em conta que os pesquisadores do século XIX não tinham nenhuma formação antropológica (Morgan, Bachofen, Maine, Mac Lennan eram juristas), mas colocaram o problema maior da antropologia: explicar a universalidade e a diversidade das técnicas, das instituições, dos comportamentos e das crenças, comparar as práticas sociais das populações infinitamente distantes umas das outras tanto no espaço como no tempo.

O mérito maior dos evolucionistas foi o de ter extraído essa hipótese mestra sem a qual não haveria antropologia, mas apenas etnologias regionais: *a unidade da espécie humana*. Foram eles que mostraram, pela primeira vez, que as disparidades culturais entre os grupos humanos não eram de forma alguma a consequência de predisposições congênitas, mas apenas o resultado de situações técnicas e econômicas.

VII Evolucionismo e Direito

1. RELIGIÃO E DIREITO

As mais antigas concepções religiosas dos romanos dizem respeito ao culto dos espíritos dos mortos e às *crenças animistas* em forças sobrenaturais (*numina*), multidão de divindades que presidem a natureza: os reinos animal, vegetal e mineral. Essas divindades são os gênios ou espíritos protetores (*lares*) de cada família, que perpetuam a unidade familiar e cujo culto transmite-se de geração para geração. A casa de um patrício romano possui sempre um altar, onde é conservado o *fogo sagrado*. Trata-se de uma antiga crença em nada insignificante. Não é permitido alimentar esse fogo com qualquer espécie de madeira; ele deve estar sempre puro. Não pode ser lançado sobre ele nenhum objeto salgado e nenhuma ação culpável deve ser cometida na sua presença (COULANGES, 1929: 33).

Com o aumento da complexidade social, a religião doméstica dos romanos transforma-se em religião da cidade, com um corpo hierarquizado de sacerdotes, um calendário religioso que estabelece os dias fastos e os nefastos, de modo que as práticas religiosas, antes realizadas pelas famílias, tornam-se públicas e formais. Os cultos passam a ser celebrados por sacerdotes iniciados, agrupados em colégios, dos quais o mais importante é o Colégio dos Pontífices, presidido pelo Pontífice Máximo. Os sacerdotes são organizados em três categorias: a) **os augures**: interpretam a vontade dos deuses pela observação da natureza ou leitura dos presságios; b) **os flâmines**: encarregam-se do culto individual de cada deus; e c) **os feciais**: pedem às divindades o êxito nas relações exteriores de Roma.

Em Roma, até meados do século V antes de Cristo, as atribuições da Justiça são confiadas ao Colégio dos Pontífices, uma organização religiosa aristocrática formada apenas por cidadãos patrícios, descendentes dos fundadores da cidade, que detêm o monopólio do conhecimento, interpretação e aplicação do direito costumeiro (*ius quirites*). Os sacerdotes ou pontífices encarregam-se de administrar a Justiça, guardam as regras dos procedimentos judiciais, dos quais apenas eles sabem as fórmulas legais e os dias em que podem ser aplicadas (dias fastos) ou não (dias nefastos). Os sacerdotes desempenham, portanto, um papel relevante na formação do direito arcaico (*ius quirites*) porque eles constituem e neles se desenvolve o centro do saber jurídico.

Os sacerdotes são responsáveis pela preservação da tradição religiosa (velam e guardam o culto dos antepassados) e jurídica (guardam as regras e as fórmulas do direito arcaico). Além disso, eles interferem na vida político-social ao sugerirem o curso dos acontecimentos pela interpretação dos auspícios (manifestações dos deuses), que consiste na leitura da natureza através do voo ou canto dos pássaros, a queda da folha de uma árvore e outros eventos naturais.

Nessa sociedade, direito, religião e política não se diferenciam, de modo que os pontífices espalham o seu prestígio para além da esfera religiosa. O processo de dessacralização, que consiste em separar direito e religião, é lento e demorado, de modo que esses diferentes aspectos da cultura permanecem unidos por um longo período. Por esse motivo o Colégio dos Pontífices, além de ser uma instituição religiosa, aparece também como uma instituição jurídica e política que passa a conviver ao lado de outras, como as assembleias, o Senado e demais magistraturas.

Enfim, alguns antropólogos entendem que a ordem social estabelecida nas sociedades antigas e primitivas não permite diferenciar direito de religião e magia. Aliás, Michel Foucault (1996) anota que, na sociedade grega antiga, o juramento constituiu uma maneira singular de produzir a verdade, de estabelecer a verdade jurídica; observa que essas provas mágico-religiosas do juramento também estavam presentes no antigo direito germânico e prevaleceu na Europa por um longo período.

Em algumas sociedades primitivas é possível observar certas práticas mágico-religiosas, que também vigoraram na Europa medieval por intermédio do antigo direito germânico, com a denominação de *ordálias*. Uma das características das *ordálias* é o método ritualístico para comprovar um testemunho. De modo geral, o chefe religioso, para saber se uma acusação é verdadeira ou falsa, submete o litigante a provas corporais, físicas. Nesse sentido, um exemplo retirado do direito germânico consistia em fazer o acusado andar sobre ferro em brasa e, dois dias depois, se ainda tivesse cicatrizes, era considerado culpado.

1.1. Casamento religioso

A aproximação entre direito e religião ainda pode ser observada em alguns institutos jurídicos contemporâneos. No direito brasileiro, por exemplo, essa aproximação pode ser notada no casamento religioso com efeitos civis. Nesse sentido, o Código Civil estabelece que o casamento religioso equipara-se ao casamento civil, desde que escrito no registro próprio, produzindo efeitos a partir da data de sua celebração (art. 1.515).

Há quem entenda que o casamento religioso para gerar efeito civil deve ser "oficiado por ministro de confissão religiosa reconhecida (católica, protestante, muçulmano, israelita). Não se admite, todavia, o que se realiza em terreiro de macumba, centros de baixo espiritismo, seitas umbandistas, ou outras formas de crendices populares, que não tragam a configuração de seita religiosa reconhecida como tal" (PEREIRA in VENOSA, 2006: 32).

Essa tendência reducionista do conceito de religião afronta as garantias constitucionais e pode provocar sérias perturbações sociais. A Constituição Federal prescreve que é inviolável a liberdade de crença, assegura o livre exercício dos cultos religiosos e garante, na forma da lei, a proteção aos locais de cultos e as suas liturgias (art. 5º, VI). Negar às manifestações religiosas advindas da cultura africana um lugar no conceito de religião e nomear essas manifestações de forma pejorativa, além de violar um princípio constitucional, expressa um desejo de restabelecer dogmas da ideologia colonialista, que, como visto, forneceu justificativas para negar humanidade aos negros e aos índios.

Contra essa ideologia que se manifesta como recusa do estranho, a antropologia construiu o *princípio da alteridade*, que significa a necessidade de colocar-se na posição do outro para poder compreendê-lo. Há, portanto, na base da liberdade religiosa constitucionalmente garantida o *princípio da alteridade*, que estabelece que cada homem deve reconhecer sua liberdade religiosa como a expressão direta da liberdade religiosa do outro. Onde não existe liberdade religiosa, o *princípio da alteridade* mostra de forma cabal que o privilégio de um é a expressão direta da privação do outro.

O aumento da complexidade social decorrente do intercâmbio cultural e das imigrações revela que no Brasil coexistem inúmeras religiões. A proteção constitucional alcança todas elas, sem exceção. A interpretação das normas do Código Civil, no que diz respeito ao casamento religioso, não pode restringir o que a Constituição Federal não restringe. Assim, além da religião cristã, da judaica, da mulçumana, é necessário considerar outras manifestações religiosas, como as provenientes de culturas africanas, orientais e de outras partes do mundo, inclusive de culturas de sociedades ditas "primitivas", porque não há, em absoluto, qualquer restrição jurídica que impeça o índio ou aborígine de trazer consigo seu ritual de casamento.

Religião é um vínculo que liga o mundo profano ao mundo sagrado. Nas várias culturas, essa ligação é simbolizada de maneiras diferentes. Religião é, portanto, um conceito antropológico (cultural), motivo pelo qual estabelecer um conceito jurídico para religião significa excluir da proteção constitucional as diversas manifestações religiosas de uma sociedade cosmopolita como é a sociedade contemporânea. Casamento religioso é o celebrado conforme os rituais de uma religião, e não o celebrado conforme os rituais de determinada ou determinadas religiões eleitas pelo legislador ou pelo intérprete como as *melhores*. Mesmo os religiosos conscientes têm o cuidado de afirmar que não existe uma religião melhor que a outra. Religião boa é aquela em que a pessoa se sente bem, portanto, a melhor religião é uma (a sua) e todas (as dos outros).

Enfim, a Constituição Federal não define o conceito de religião nem autoriza o legislador ordinário a defini-lo porque é um conceito antropológico, mas coíbe práticas atentatórias à dignidade da pessoa humana, mesmo quando revestidas de rituais religiosos.

2. JURISTAS E EVOLUCIONISMO

Os estudos realizados pelos antropólogos evolucionistas a respeito das populações antigas e primitivas, dos sistemas de parentesco, do mito, da magia e da religião influenciaram e ainda influenciam os estudos jurídicos. Mas, além dessas contribuições, é possível destacar outras.

Influenciados pelos movimentos evolucionistas, os juristas do século XIX passaram a divulgar uma regra técnica de interpretação denominada *método histórico-evolutivo*, que permanece nos manuais de hermenêutica jurídica até os dias atuais. Segundo essa regra, ao intérprete cumpre fazer uma interpretação atualizadora. Isso deve ser assim porque, se a as relações sociais evoluem e as leis se mantêm estáticas, o direito perde a sua força e, em vez de promover o bem social, passa a criar problemas cujas consequências são as de atravancar o progresso.

Mais recentemente, alguns teóricos têm destacado que a interpretação histórico-evolutiva ou sociológica é necessária para resolver os problemas semânticos que se interpõem no ato interpretativo. Herbert Hart, por exemplo, aponta, como modalidade de imprecisão semântica, a denominada *textura aberta*, que constitui um vício potencial que afeta todas as palavras da linguagem natural. Vale dizer, no direito moderno, as normas jurídicas são expressas em palavras, e estas são sempre vagas e ambíguas. Por causa disso, geram imprecisões significativas. É difícil, portanto, estabelecer o real alcance e sentido de uma norma jurídica expressa na linguagem natural, ou seja, por causa dos problemas semânticos (vaguidade e ambiguidade) os juristas entendem que não é possível uma interpretação unívoca (ASSIS: 1995: 156, 157).

Os problemas semânticos da linguagem constituem objeto da *regra de interpretação histórico-evolutiva* ou *sociológica*. De acordo com essa regra, o significado das palavras e expressões estaria condicionado aos momentos cultural, político e econômico, motivo pelo qual destaca a influência da atmosfera cultural na interpretação e aplicação do direito.

De modo geral, os juristas entendem que, embora não seja determinante, o intérprete deve averiguar os motivos (comportamentos) que condicionaram a edição da norma jurídica. Deve, portanto, verificar as condições históricas do momento do nascimento da lei (o projeto, sua justificativa ou exposição de motivos) e as circunstâncias fáticas ou necessidades que induziram o órgão legislativo a elaborá-la. O mais importante, porém, consiste em proceder a um levantamento das circunstâncias atuais com o fito de verificar as funções do comportamento e das instituições sociais no contexto existencial em que ocorrem. Assim, a palavra ou expressão vaga e ambígua, sob a luz da interpretação histórico-evolutiva ou sociológica, deverá ser entendida em conformidade com as condições (culturais, sociais, políticas e econômicas) atuais. O intérprete, portanto, deve descrever o significado da norma jurídica em conformidade com o contexto existencial. O intérprete, nessa trajetória, produz redefinições de velhos conceitos. Essas redefinições podem ser denotativas ou conotativas sempre baseadas em dados (culturais, sociológicos) atuais, o que torna a interpretação evolutiva.

Também sob a influência do evolucionismo, vários teóricos do direito procuraram entender o fenômeno jurídico sob o prisma da evolução, principalmente no que diz respeito ao estabelecimento das causas que provocam tal evolução. Esses teóricos, em geral, consideram que os fatores da evolução jurídica são os mesmos da evolução social em geral, portanto, o direito evolui em conformidade com a evolução do sistema social. Dentre esses teóricos, destaca-se Henry Lévy-Bruhl.

2.1. Henry Lévy-Bruhl

Lévy-Bruhl (2000: 79 a 85), ao investigar as causas da evolução do direito, destaca três fatores (econômicos, políticos e culturais), que atuam sobre o direito e provocam mudanças. Em relação aos *fatores econômicos*, constata que a estrutura econômica de uma sociedade traduz-se de maneira inelutável em seu direito. O direito arcaico romano, por exemplo, era perfeitamente adaptado a uma sociedade de pequenos agricultores. Com a expansão romana e o subsequente surgimento de uma classe de comerciantes, novas mudanças foram introduzidas no direito para atender às necessidades dessa classe. O mesmo fenômeno pode ser constatado na época moderna, em decorrência da criação de grandes indústrias e do fortalecimento da classe burguesa. Em relação aos fatores políticos anota que o fato mais característico nessa matéria é a conquista, a anexação pela força armada. Sucede quase sempre que o vencedor imponha ao vencido sua legislação, seu direito privado tanto quanto sua constituição política. Em relação aos fatores culturais, entende que há uma harmonia necessária entre os fatos jurídicos e os fatos de cultura. A cultura atua sobre o direito e, segundo ele, basta anotar que a conquista da Grécia exerceu influência não só sobre as artes e literatura dos romanos como sobre suas instituições jurídicas.

Para Lévy-Bruhl, o direito está em constante evolução, mas o ritmo evolutivo não é o mesmo em todas as sociedades. Nesse sentido, destaca três modalidades de ritmos evolutivos: estagnação, evolução regular e mutações bruscas. A *estagnação* do direito pode ser observada nas sociedades primitivas, que vivem para si mesmas e não oferecem ao observador senão variações quase imperceptíveis no transcurso dos séculos. Essa estagnação que levou as sociedades primitivas a conservar quase imutáveis suas instituições ancestrais, segundo ele, decorre das condições geográficas e demográficas e também do ambiente místico em que vivem tais sociedades. A *evolução regular* pode ser observada na maioria das sociedades. É preciso, porém, distinguir entre as instituições privadas e as instituições públicas. Estas últimas, segundo ele, são mais frágeis que as primeiras, isto porque, afetando mais vivamente os sentimentos coletivos, sua mudança acompanha-se quase sempre de violência. Ao contrário, as instituições de direito privado, em geral, atravessam sem grandes modificações períodos conturbados. As *mutações bruscas* são provocadas por revoluções porque estas introduzem novos valores e, por conseguinte, produzem mudanças no sistema jurídico. Nesse sentido, cita como exemplo a Revolução de 1789 na França e a de 1917 na Rússia.

2.2. Outras manifestações

Os juristas evolucionistas, de modo geral, entendem que a evolução do direito está subordinada à realidade social subjacente, ou seja, à presença de determinados fatores que influenciam a evolução da sociedade e define as suas diversas estruturas. Paulo Nader (1999: 59 a 66), por exemplo, entende que o direito, para ser instrumento eficaz do progresso social, deve estar adequado à realidade, refletindo as instituições e a vontade coletiva, portanto, a evolução do direito deve expressar um esforço do legislador em realizar a adaptação de suas normas ao momento histórico. Assim, os fatores que influenciam a vida social, provocando-lhe mutações, vão produzir igual efeito no setor jurídico, determinando alterações no direito positivo. Esses fatores, chamados *sociais* e também *jurídicos*, funcionariam como motores da vida social e do direito.

Os *fatores jurídicos* ou *sociais* são, assim, elementos que condicionam os fenômenos sociais e, em consequência, induzem transformações no direito. Nader aponta dois grandes grupos de fatores jurídicos responsáveis pela evolução do direito: *fatores naturais* e *fatores culturais*. Os diversos *fatores naturais* que influenciam o comportamento humano são agrupados nos seguintes tipos: a) **geográfico**: diz respeito ao clima, aos recursos naturais e às características do território; b) **demográfico**: diz respeito a maior ou menor concentração humana por quilometro quadrados, em um território; c) **antropológico**: abrange o grau de desenvolvimento das pessoas de determinada sociedade, de acordo com a sua constituição fisiológica e mental, abrange também o caráter étnico, pelas aptidões, tendências e características peculiares a cada raça. Dentre os *fatores culturais*, também denominados *históricos*, destacam-se os seguintes: econômico, de invenção, moral, religioso, ideológico e educacional.

Ao tratar do *fator natural geográfico*, Nader, com base nas informações de Marcel Mauss, relata que um exemplo da influência do fator climático sobre a organização social é representado pela cultura esquimó. Durante o verão essa sociedade é patriarcal e se forma à base de pequenas famílias, que não mantêm maiores vínculos sociais. No inverno a família é grande e não possui caráter patriarcal; a chefia é entregue a um homem velho e bom caçador ou pai de um bom caçador. Seus membros, conforme narra Marcel Mauss, vivem em um comunismo econômico e sexual. Assim, expressando as peculiaridades de uma estação e de outra, há um *direito de inverno* e um *de verão.*

Ao tratar do *fator cultural relativo às invenções*, Nader lembra que as invenções provocam novos hábitos e costumes, determinam a evolução nas instituições jurídicas, visto que estas devem ser um reflexo da realidade social subjacente. Anota que Jean Cruet deu grande realce à importância das invenções na vida do direito ao observar que "o sábio, sem que o suspeite, é um tanto legislador, porque, muito mais que o jurista pelos seus raciocínios, prepara pelas suas descobertas o direito de amanhã". De um lado, as invenções envelhecem o direito, e, de outro, geram a necessidade social de novos instrumentos jurídicos.

Percebem-se nessas manifestações de Jean Cruet as influências de Lewis Morgan, uma vez que, para esse antropólogo e jurista, a causa principal da evolução está ligada às invenções e descobertas. Antes de encerrar a parte dedicada ao evolucionismo, merecem ser destacadas algumas noções estabelecidas por Lewis Morgan a partir da análise que fez das sociedades primitivas, principalmente pela influência que tais noções exerceram sobre o marxismo e pela contribuição que deram para a compreensão do fenômeno jurídico. Dentre essas noções destacam-se a análise do sistema de parentesco e do sistema de produção, os quais serão expostos tomando como base o livro de Friedrich Engels: *A origem da família, da propriedade e do Estado.*

VIII Lewis Morgan (1818 - 1881)

1. ANTROPOLOGIA SOCIAL E PARENTESCO

Para Lévi-Strauss (1993), Morgan fundou simultaneamente a antropologia social e os estudos de parentesco, explicando por que a primeira deve atribuir tanta importância aos segundos. De acordo com Morgan, de todos os fatos sociais, os que dizem respeito ao parentesco e ao casamento manifestam, no mais alto grau, esses caracteres duráveis, sistemáticos e contínuos, que dão ocasião à análise científica.

Morgan elege como objeto da antropologia a análise dos processos de evolução, que compreendem as ligações entre as relações sociais, jurídicas e políticas. A ligação entre esses diferentes aspectos do campo social estabelece as características de determinado período da história humana. No estudo da *sociedade arcaica* introduz duas novidades: a) **primeira**: toma as sociedades arcaicas como objeto de estudo e as reintegra pela primeira vez na humanidade inteira e, ao focar o desenvolvimento material dessas sociedades, o conhecimento da história começa a ser posto sobre bases totalmente diferentes das do idealismo filosófico; b) **segunda**: os elementos da análise comparativa não são mais costumes considerados bizarros, e sim redes de interação formando *sistemas*, termo que utiliza para as relações de parentesco (LAPLATINE, 2006: 73).

Como observa Mello (1982: 213, 218), Morgan teve ainda o mérito de distinguir no seu estudo a respeito da organização social (sistemas de parentesco) três aspectos da cultura: a) o equipamento técnico (aspecto material da cultura); b) a organização social; e c) a nomenclatura ou equipamento simbólico. Para Morgan, os equipamentos técnicos constituem o fator dinâmico que, quando mudado, provoca transformações na própria organização social e, ato contínuo, nos equipamentos simbólicos. Morgan não desprezou a importância das ideias como o princípio motor das mudanças, mas viu no arcabouço tecnológico (invenções e descobertas) o responsável imediato pela organização social e pelo conjunto simbólico.

Morgan foi um dos primeiros a realizar pesquisa de campo (etnografia), fato que lhe possibilitou estabelecer o caminho seguido pela organização familiar através dos vários estágios de desenvolvimento. Nesse sentido, distinguiu três períodos ou estágios de evolução da humanidade: a) selvageria; b) barbárie; e c) civilização. O período denominado *selvageria* caracteriza-se pelo matrimônio por grupos; nesse período predomina a apropriação de produtos da natureza, prontos para serem utilizados, e as produções artificiais do homem são, sobretudo, destinadas a facilitar essa apropriação. O período denominado *barbárie* caracteriza-se pelo matrimônio sindiásmico (monogamia apenas para a mulher); nesse período aparecem a criação de gado, a agricultura por meio do trabalho humano, a cerâmica e a fundição do ferro. O período denominado *civilização* caracteriza-se pelo matrimônio monogâmico; nesse período o homem continua a elaborar os produtos naturais, mas também é o período da indústria propriamente dita e da arte.

2. MORGAN E O MARXISMO

Morgan exerceu grande influência nos autores marxistas, principalmente em Friedrich Engels, quando este escreve *A origem da família, da propriedade e do Estado*. No prefácio à primeira edição (1884) desse livro, Engels (1976: 7) diz que Karl Marx queria expor, pessoalmente, os resultados das investigações de Morgan em relação às conclusões da sua análise materialista da história, para esclarecer assim, e somente assim, todo o seu alcance. Na América, diz Engels, Morgan descobriu, à sua maneira, a concepção materialista da história – formulada por Marx, quarenta anos antes – e, baseado nela, chegou, contrapondo barbárie e civilização, aos mesmos resultados essenciais de Marx. No prefácio à quarta edição (1891), Engels diz que o trabalho de Morgan, *A sociedade antiga*, constitui a base de seu livro *A origem da família, da propriedade e do Estado*.

Para Engels, Morgan organiza a investigação das sociedades arcaicas em conformidade com a concepção materialista, segundo a qual o fator decisivo na história é, em última instância, a produção e a reprodução da vida imediata. Isso significa que a ordem social de uma época está determinada por duas espécies de produção: a) **pelo grau de desenvolvimento do trabalho**: quanto menos desenvolvido é o trabalho, mais restrita é a quantidade dos seus produtos e, por consequência, a riqueza da sociedade; b) **pelo grau de influência da família**: quanto menos desenvolvido é o trabalho, com maior força se manifesta a influência dominante dos laços de parentesco sobre o regime social.

Contudo, no quadro dessa estrutura da sociedade baseada nos laços de parentesco, a produtividade do trabalho aumenta sem cessar, e, com ela, desenvolvem-se a propriedade privada e as trocas, as diferenças de riqueza, a possibilidade de empregar força de trabalho alheia. Surge assim a base dos antagonismos de classe. Os novos elementos sociais procuram, no transcurso das gerações, adaptar a velha estrutura da sociedade às novas condições, até que, por fim, a incompatibilidade entre os novos elementos sociais e a velha estrutura da sociedade leva a uma revolução completa. Em consequência do choque das classes sociais recém-formadas, a sociedade antiga, baseada nas uniões gentílicas, desagrega-se; dá lugar a uma nova sociedade organizada em Estado, cujas unidades inferiores já não são gentílicas e sim unidades territoriais – uma sociedade em que o regime familiar está completamente submetido às relações de propriedade e na qual têm livre curso as contradições de classe e a luta de classes, que constituem o conteúdo de toda história escrita, até os nossos dias (Engels, 1976: 8, 9).

Para Engels (1976: 41), o grande mérito de Morgan "é o de ter descoberto e restabelecido nos seus traços essenciais esse fundamento pré-histórico da nossa história escrita e o de ter encontrado, nas uniões gentílicas dos índios norte-americanos, a chave para decifrar importantíssimos enigmas da história antiga da Grécia, Roma e Alemanha (...). A família – diz Morgan – é o elemento ativo; nunca permanece estacionária, mas passa de uma forma inferior a uma forma superior, à medida que a sociedade evolui de um grau mais baixo para outro mais elevado. Os sistemas de parentesco, pelo contrário, são passivos; só depois de longos intervalos, registram os progressos feitos pela família, e não sofrem uma modificação radical senão quando a família já se modificou radicalmente (...). Karl Marx acrescenta: 'O mesmo acontece, em geral, com os sistemas políticos, jurídicos, religiosos e filosóficos'".

Tomando como ponto de partida as noções estabelecidas por Morgan, conforme especificadas na obra de Engels, faz-se, na sequência, uma breve análise de alguns princípios forjados na aurora da humanidade (comunidades gentílicas) e suas repercussões no âmbito do direito.

3. COMUNIDADE GENTÍLICA

O primeiro fato histórico que se pode visualizar na aurora da humanidade é a produção dos meios necessários à sobrevivência, que consiste no suprimento das necessidades básicas e vitais: comer, beber, vestir-se e ter um abrigo. O primeiro fato histórico é, portanto, a produção da própria vida material.

À medida que as criaturas são incapazes, por si mesmas, de garantir a produção da própria vida material, isto conduz à formação de uma *horda*, um *grupo familiar*. A associação, assim constituída, desenvolve formas de ajuda mútua e mantém-se unida para que todos obtenham os meios de subsistência. Os fatos humanos originários são, portanto, as relações dos homens com a natureza na luta pela sobrevivência, e essas relações são as de trabalho, que dão origem à primeira instituição social, a família. Uma vez satisfeitas as primeiras necessidades vitais, a ação e os instrumentos utilizados para tal engendram novas necessidades, que vão tornando a organização social mais complexa. Daí vem a tese de Marx, segundo a qual os homens fazem sua própria história, mas não a fazem em condições escolhidas por eles. São historicamente determinadas pelas condições que produzem suas vidas.

No primeiro estágio da *família primitiva* predomina o período de apropriação de produtos da natureza prontos para serem utilizados. As produções artificiais do homem são, sobretudo, destinadas a facilitar essa apropriação. Posteriormente, com a invenção do arco e da flecha, os animais caçados tornam-se um alimento regular e a caça uma das ocupações costumeiras. O trabalho coletivo é realizado no âmbito da família, tendo nele homens e mulheres a mesma importância. Esse trabalho desenvolve a intercomunicação e permite levar adiante a realização de tarefas mais complexas, como a produção dos próprios alimentos. Surge a agricultura e com ela a criação de animais e o arado.

O primeiro estágio do grupo primordial é a família consanguínea. Nesta todos os avôs e avós, nos limites da família, são maridos e mulheres entre si. O mesmo ocorre com seus filhos e, assim, sucessivamente. Num segundo estágio ou progresso na organização familiar, são excluídos das relações sexuais recíprocas os irmãos; essa exclusão acontece gradativamente; começa pela exclusão dos irmãos uterinos até atingir os "irmãos colaterais", ou seja, os primos, conforme denominação atual.

"Uma vez proibidas as relações sexuais entre todos os irmãos e irmãs – inclusive os colaterais mais distantes – por linha materna, o grupo transforma-se num *genos*, isto é, constitui-se num círculo fechado de parentes consanguíneos por linha feminina, que não podem casar-se uns com os outros. E, a partir de então, este círculo consolida-se cada vez mais por meio de instituições comuns, de ordem social e religiosa, que o distingue dos outros *genos* da mesma tribo" (ENGELS, 1976: 56).

A comunidade gentílica é, assim, um grupo ligado por laços de solidariedade que mantêm organizada a totalidade da vida social. Com a desagregação da comunidade gentílica, esses laços de solidariedade se diluem. O rompimento do *princípio da solidariedade* significa, portanto, uma enorme perda para a organização humana, daí a importância de investigar a sua formação e posterior dissolução.

3.1. Princípio da solidariedade

A comunidade gentílica (*genos*) "consiste em uma forma de associação, em que os membros que a compõem estão unidos pelo vínculo do parentesco ou da descendência comum; parentesco e descendência efetiva e real ou simplesmente presumida e fictícia, interiormente caracterizado por uma estreita solidariedade dos membros entre si" (VANNI, 1916: 112).

No *genos* não existe propriedade privada; a propriedade da terra é coletiva. Em virtude dessa estrutura, os vínculos de solidariedade são fortalecidos. Nesse tipo de organização a complexidade é bastante reduzida, porque "todas as funções sociais encontram sua base natural, sua sustentação social e sua legitimação na proximidade do parentesco. Isso é válido para as funções econômicas do auxílio mútuo e da compensação de necessidades. Se a unidade de parentesco extravasa o tamanho máximo do convívio familiar, ocorre a fragmentação segmentária, principalmente no sentido de formação de outras famílias, cuja coesão em uma tribo é mantida com base na ascendência e na história comum" (LUHMANN, 1983: 184).

O poder de estabelecer o equilíbrio social está dominado pelo elemento organizador, fundado no princípio do parentesco, que se caracteriza pela sua autossuficiência (as pessoas simplesmente são parentes) e pela ausência de alternativas (já estão determinados o grau e a proximidade ou distância desse parentesco). Essa característica limita a complexidade que não pode ser ampliada, mas apenas repetida. Uma organização em que a complexidade é reduzida, as situações objetivamente dadas são pobres em alternativas, e isso, de certa forma, limita a ação e a criatividade do pensamento, motivo pelo qual as mudanças nas comunidades gentílicas ocorrem de forma lenta, às vezes imperceptíveis.

A solidariedade representa uma espécie de mútuo ou troca que envolve a paz e a defesa. Assim, em toda ofensa ou lesão que tenha recebido um dos membros do grupo, intervém todo grupo, solidário com ele, para obter reparação (VANNI, 1916: 114). A reação coletiva inspira-se na noção segundo a qual os membros do grupo garantem reciprocamente a paz e a defesa. Quem pratica um ato perturbador infringe a paz e, portanto, deve ser posto fora dela.

Em épocas de guerra, os *genos* unem-se em grupos maiores chamados *fratias*; as *fratias* aparentadas formam a *tribo*. A solidariedade dos *genos*, contudo, não está adstrita somente às questões militares. A *fratia* incorpora também direitos e deveres recíprocos, especialmente os que consistem na comunidade de certos ritos religiosos (cerimônias sacras periódicas).

3.2. Solidariedade e costume

A convivência humana produzida pelo grupo é geradora de regras, portanto, ao longo de sua história, o grupo primitivo estabelece regras de conduta e passa a ser organizado conforme elas. "O fato do repetir constante e uniforme de certos atos constitui e já implica uma autoridade: a autoridade do precedente. O costume transmite-se de geração em geração; a tradição com o correr do tempo se torna memorável e induz ao respeito e à observância" (VANNI, 1916: 114).

Assim, certos comportamentos e certas maneiras de agir, pela repetição constante, vão-se tornando regras gerais de conduta. Essas regras passam a representar uma ordem sagrada que obriga o homem e a divindade, por isso o comportamento contrário acarreta uma desilusão muito acentuada à expectativa consagrada pelas regras. Pertencer a um grupo social e nele conviver é estar em conformidade com o direito desse grupo, isto é, em conformidade com as regras do grupo, que também são as regras queridas pela divindade. A ideia de pertinência ao grupo social se fortalece por intermédio dessa prática. "O direito do grupo é sentido como o único direito possível, até porque o indivíduo não possui nenhum acesso independente de sua parentela ao desencadeamento de outras possibilidades" (LUHMANN, 1983: 187). "No horizonte do direito arcaico só ha lugar para uma única ordem: a existente" (FERRAZ JR., 1988: 53).

O direito arcaico perde consistência com a fragmentação da comunidade gentílica em famílias menores (família monogâmica) e o consequente aparecimento de formas mais complexas de relacionamento social: propriedade privada, classes sociais, escravidão etc. Com a fragmentação do *genos*, o *princípio do parentesco* migra para a organização menor em processo de construção (família monogâmica), imprimindo-lhe autonomia em relação ao próprio *genos*. O processo histórico mostra que a evolução da família consiste numa redução constante do círculo de pessoas que a compõe e, com isso, também se reduz o círculo de abrangência do *princípio da solidariedade*.

Apesar da constante redução do círculo familiar no decorrer do processo histórico, alguns aspectos da comunidade gentílica permanecem na sociedade moderna. Nesse sentido, a ONU reconhece que quando a economia familiar está baseada na agricultura ou noutra atividade própria ao meio rural e existe a tradicional família ampliada, podem-se confiar tarefas úteis a todas as pessoas. Porém, à medida que a agricultura se torna mecanizada e mais comercializada, que as transações monetárias substituem o sistema de trocas e a família ampliada se desintegra, as pessoas abandonam as regiões rurais e se dirigem aos centros urbanos e passam a conviver com a falta de trabalho. Nos bairros pobres das cidades a concorrência para conseguir trabalho é grande e, por esse motivo, muitas pessoas residentes nessas zonas veem-se forçadas à inatividade e são obrigadas a recorrer à mendicância (PAM/ONU, 1982: 27).

É possível perceber que nas comunidades primitivas ainda existentes (grupos indígenas) os indivíduos compartilham o mesmo destino, motivo pelo qual todos se sentem responsáveis uns pelos outros. Essa noção de solidariedade forjada na aurora da humanidade e presente em todas as comunidades parece que ficou em um passado distante, longínquo, por isso irrecuperável.

4. FIM DA SOLIDARIEDADE

A cidade (*polis*) surge a partir da crise que se instaura na organização gentílica. A *polis* representa um domínio político localizado num centro de administração diferenciado da organização familiar. Com o advento da *polis* ocorre um aumento considerável da complexidade da vida social e da contingência das relações humanas. O mundo se torna mais problemático pela ampliação do horizonte de possibilidades, pelo aparecimento de um universo mais amplo em alternativas, conflitos e contradições. No âmbito do direito isso significa que um número maior de comportamentos mais variados torna-se juridicamente possível (LUHMANN, 1983: 167).

Rousseau (1973: 241), ao abordar a origem e os fundamentos das desigualdades entre os homens, aponta duas espécies de desigualdades: a) uma que ele denomina desigualdade natural ou física, porque é estabelecida pela natureza e consiste na diferença das idades, da saúde, das forças corporais e das qualidades do espírito ou da alma; b) outra que ele denomina desigualdade moral ou política, porque consiste nos diferentes privilégios desfrutados por alguns em prejuízo dos demais, como o de serem mais ricos e mais poderosos.

Na comunidade gentílica, a *desigualdade natural* ou *física* é neutralizada pelas relações de parentesco e pelo princípio de solidariedade que visam à preservação do grupo. Nessa mesma comunidade a *desigualdade moral* ou *política*, quando não é desconhecida, é pouco desenvolvida, porque a estrutura social dessas comunidades é apenas uma extensão da estrutura familiar, em que predomina o regime de propriedade coletiva dos meios de produção. A sociedade, portanto, ao alcançar um estágio superior de crescimento econômico e complexidade social, introduziu uma inevitável mazela social: a desigualdade na riqueza.

4.1. Desigualdade econômica

O descobrimento de novas técnicas e invenções e sua aplicação à agricultura, à criação de gado e aos ofícios manuais elevaram a produção a um nível maior do que o necessário para o consumo: surge, assim, o excedente. Alguns homens, em virtude das funções que exercem no grupo (administram os negócios comuns e cuidam das funções religiosas), apropriam-se das terras mais férteis e consequentemente do excedente comunal, passam a controlar o intercâmbio comercial e, aos poucos, acumulam riquezas que lhes permitem impor-se aos demais membros da comunidade como dirigentes, instaurando a desigualdade econômica no seio da comunidade gentílica.

Assim, à desintegração do *genos* segue-se a desigualdade social com o aparecimento de uma oligarquia que congrega grandes proprietários.

Esses proprietários passam a exercer o domínio político e, no intuito de acumular mais riquezas, chegam ao limite de reduzir alguns membros do *genos* à condição de escravo. A unidade produtiva passa a ser o *oikos* (propriedade privada), uma instituição social bem menor que o *genos*, no qual vivem os parentes mais afins e os escravos. Essa unidade produtiva é dirigida e administrada diretamente pelo chefe da família.

As novas condições provocam o desaparecimento das práticas dos velhos costumes; quer dizer, a transformação da base material da vida comunitária, originada pelo surgimento de novas técnicas e novas formas de produção, provoca um profundo efeito no âmbito das relações sociais. Nas palavras de Ferraz Jr. (1988: 54): "com o desenvolvimento das sociedades, quer pelo aumento quantitativo, quer pelo aumento da complexidade das interações humanas possíveis, o princípio do parentesco, pela sua pobreza, é, pouco a pouco, diferenciado e substituído como base da organização social".

Na comunidade gentílica, como dito, a propriedade dos meios de produção é coletiva, a família se confunde com o próprio grupo e todos no *genos* consideram-se ligados por laços de parentesco. Com o surgimento da propriedade privada, a família, que inicialmente é a única relação social, transforma-se numa relação subalterna. Isso ocorre quando o acréscimo das necessidades engendra novas relações sociais, e a descoberta ou invenção de novas técnicas, aliada ao crescimento da população, dá origem a novas necessidades. A sociedade antiga, baseada nas uniões gentílicas, desagrega-se; surge no seu lugar a nova sociedade (*polis* ou Estado), cujas unidades inferiores já não são gentílicas e sim unidades territoriais; uma sociedade em que o regime familiar está totalmente submetido às relações de propriedade e na qual têm livre curso as contradições de classe.

O homem, na comunidade gentílica que era governado por um complexo de regras costumeiras emanadas da vida coletiva, não tinha outros meios coercitivos além da "opinião pública". "Acabava de surgir, no entanto, uma sociedade que, por força das condições econômicas gerais de sua existência, tivera que se dividir; uma sociedade em que os referidos antagonismos não só não podiam ser conciliados como ainda tinham que ser levados aos seus limites extremos. Uma sociedade desse gênero só podia subsistir no seio de uma luta aberta e incessante das classes entre si, ou sob o domínio de um terceiro poder que, situado aparentemente por cima das classes em luta, suprimisse os conflitos entre estas e só permitisse a luta de classes no campo econômico, numa forma dita legal" (ENGELS, 1976: 24).

Morgan (in ENGELS, 1976: 236) constata que, "desde o advento da civilização, chegou a ser tão grande o aumento da riqueza, assumindo formas tão variadas, de aplicação tão extensa, e tão habilmente administrada no interesse de seus possuidores, que ela, a riqueza, se transformou numa força incontrolável, oposta ao povo. A inteligência humana vê-se impotente e desnorteada diante da sua própria criação".

Alguns teóricos entendem que não há conhecimento científico possível sem que se constitua uma teoria servindo de *paradigma*, isto é, de modelo organizador do saber. A teoria da evolução cumpriu esse papel decisivo, ao imprimir um grande impulso na construção da antropologia como saber científico. Não obstante, os antropólogos do século XX introduzirão uma ruptura em relação ao paradigma do evolucionismo, criando novos modelos de construção do saber antropológico. Um dos primeiros antropólogos a se posicionar contrário ao evolucionismo foi Franz Boas, cujas ideias expõe-se na sequência.

IX Franz Boas (1858-1942)

1. ANTROPOLOGIA NO SÉCULO XX

No século XX concretiza-se o sonho de Rousseau. O estudo antropológico põe fim à repartição de tarefas, até então habitualmente divididas entre o observador (viajante, missionário, administrador), entregue ao papel subalterno de provedor de informações, e o pesquisador, que, tendo permanecido na metrópole, recebia, analisava e interpretava essas informações. A profissionalização do trabalho etnográfico levou o antropólogo para o campo. Assim, a partir do século XX a etnografia passa a ser parte inseparável da antropologia, na medida em que o próprio antropólogo toma para si a tarefa de colher informações, realizando o que se denomina *pesquisa de campo* ou *trabalho de campo.*

A nova geração de antropólogos (Malinowski, Radcliffe-Brown, Margaret Mead e outros) realiza missões de pesquisas etnográficas com estadias prolongadas entre as populações do mundo inteiro. Franz Boas é considerado o responsável por essa mudança, razão pela qual é tido como o pioneiro da etnografia.

Dentre as contribuições de Franz Boas à antropologia, destacam-se: a) a crítica à noção de estágios; e b) a exigência da união do teórico e do observador. Boas, ao formular a crítica às noções de origem e de reconstituição dos estágios, mostra que um costume só tem significado se for relacionado ao contexto particular no qual se insere, portanto, as histórias locais não se enquadram num padrão universal, motivo pelo qual cada sociedade adquire o estatuto de uma totalidade autônoma. Para

Boas, o antropólogo deve ser, ao mesmo tempo, o teórico e o observador, portanto, não pode contentar-se apenas em coletar materiais à maneira do viajante, missionário ou administrador, mas deve procurar detectar o que faz a unidade da cultura que se expressa através desses diferentes materiais. Por essas razões, acreditava que apenas o antropólogo podia elaborar uma *monografia*, isto é, o estudo científico de uma microssociedade, apreendida em sua totalidade e considerada em sua autonomia.

2. ETNOGRAFIA

No decorrer do século XIX apareceram na Europa várias revistas e numerosas associações científicas que esboçavam algumas preocupações em relação ao destino das sociedades primitivas. Essas revistas e associações colocaram em evidência a necessidade de proteger tais sociedades, porque a ação de grupos capitalistas e religiosos representava uma ameaça à cultura daqueles povos e ao próprio objeto de estudo da antropologia. Vale dizer, algumas pessoas perceberam que a ação capitalista e religiosa provocaria o desaparecimento das culturas primitivas e comprometeria, de modo irreversível, os estudos antropológicos.

A preocupação com o desaparecimento das culturas primitivas fez com que alguns dos antropólogos se empenhassem na tarefa de coletar e registrar o maior número possível de informações. Esse trabalho, conhecido como etnografia (trabalho de campo), consiste basicamente na descrição dos costumes dos povos. Trata-se de uma tarefa aparentemente de menor importância, porque não exige uma elaboração teórica. O trabalho etnográfico, contudo, implica certo revestimento teórico, porque o registro dos elementos da cultura pesquisada requer uma sistematização. Esta, por sua vez, exige uma compreensão do fenômeno cultural, ou seja, uma teoria a respeito da cultura. Franz Boas forneceu os princípios da pesquisa etnológica, que foram aproveitados principalmente pelas escolas antropológicas norte-americanas conhecidas como difusionismo e configuracionismo.

No campo, ensina Boas, tudo deve ser anotado nos mínimos detalhes, desde os materiais constitutivos das casas até as notas das melodias. Tudo deve ser objeto de descrição meticulosa. Nesse sentido, é preciso anotar detalhadamente as diferentes versões de um mito, ou os mais diversos ingredientes da composição de um alimento. Para Boas não há objeto nobre nem objeto indigno da ciência. As piadas são tão importantes quanto a mitologia que expressa o patrimônio metafísico do grupo. Em especial, deve ser levada em consideração a maneira pela qual as sociedades tradicionais, na voz dos mais humildes entre eles, classificam suas atividades mentais e sociais. Boas foi um dos primeiros a mostrar não apenas a importância mas também a necessidade, para o antropólogo, do acesso à língua da cultura na qual trabalha. As tradições que estuda não poderiam ser-lhe traduzidas. Ele próprio deve recolhê-las na língua de seus interlocutores (LAPLATINE, 2006: 77, 78).

2.1. Reconstrução da cultura

Franz Boas reconhecia que mesmo o antropólogo dedicado à pesquisa de campo encontraria dificuldades na coleta, organização e interpretação do material necessário à reconstrução de determinada cultura. Segundo ele, o material para a reconstrução de cultura é sempre mais fragmentário porque os mais amplos e mais importantes aspectos de cultura (linguagem, religião, organização social) não deixam traços na terra, desaparecem com a vida de cada geração. Assim, a informação histórica é avaliada apenas através das fases mais recentes da vida cultural e é restrita àqueles povos que possuem a arte de escrever e cujos registros é possível ler. Mas mesmo essa informação é insuficiente, porque muitos aspectos da cultura não encontram expressão em literatura (MELLO, 1982: 231 e 232). Como se nota, Franz Boas exige um critério de validade bastante rígido no que diz respeito às reconstruções históricas das culturas. Vale dizer, os estudos etnográficos não permitem, em muitos casos, estabelecer tais reconstruções.

Para Boas (in LÉVI-STRAUSS, 2003: 22), os fatos não autorizam nenhuma reconstrução tendente, por exemplo, a afirmar a anterioridade histórica das instituições matrilineares sobre as patrilineares. Segundo ele, "tudo o que se pode dizer é que fragmentos de desenvolvimentos históricos arcaicos não podem deixar de subsistir, mas, se é possível, e mesmo provável, que a estabilidade inerente às instituições matrilineares as tenha frequentemente conduzido, onde existem, a se transformarem em instituições patrilineares, disto não resulta de nenhuma maneira que, sempre e por toda parte, o direito materno tenha representado a forma primitiva" em relação ao direito paterno.

Diante dessas dificuldades em estabelecer um padrão universal, Boas entende que o estudo antropológico deve concentrar-se na abordagem de culturas particulares, cada uma vista como uma unidade singular e como um problema individual, pois a cultura é por demais complexa para permitir um levantamento histórico completo e de caráter universal. Com isso o uso do termo *cultura* no plural passa a identificar a ideia antropológica moderna, ou seja, em vez de cultura, os antropólogos, seguindo Boas, começaram a escrever sobre culturas, reconhecendo que elas não constituem sistemas integrados.

Boas alerta que a pesquisa, para ser legítima, deve restringir-se a uma pequena região com fronteiras nitidamente definidas; e as comparações não devem ser estendidas além da área escolhida como objeto de estudo. A recorrência de costumes ou instituições análogos não pode ser sustentada como uma prova de contato entre culturas; para isso é necessário estabelecer uma cadeia contínua de fatos do mesmo tipo que permitem ligar os fatos extremos por toda uma série de intermediários. Para compreender a história, dizia ele, não basta saber como são as coisas, mas como chegaram a ser o que são (in LÉVI-STRAUSS, 2003: 20, 21).

Para Boas, o estudo detalhado dos costumes, e de seu lugar na cultura global da tribo que os pratica, acrescido de um inquérito que tenha por objeto sua repartição geográfica entre as tribos vizinhas, talvez pudesse determinar, de uma parte, as causas históricas que conduziram à sua formação, e, de outra parte, os processos psíquicos que os tornaram possíveis. Mas, segundo Ruth Benedict (in LÉVI-STRAUSS, 2003: 22), Boas dizia que o problema era determinar as relações entre o mundo objetivo e o mundo subjetivo do homem tal como se configura nas diferentes sociedades.

De qualquer modo, para Boas, a diversidade de processos históricos que constituem as sociedades implica estabelecer para a antropologia o estudo e conhecimento de grupos sociais localizados no espaço e no tempo. Assim, o conhecimento antropológico, quando muito, só consegue alcançar a história de cada grupo, portanto, uma micro-história, bastante diferente da concepção de história (macro-história) do evolucionismo.

Enfim, as investigações de Boas estabeleceram a questão de saber se "a análise mais penetrante de uma cultura única, que compreenda a descrição de suas instituições e de suas relações funcionais, e o estudo dos processos dinâmicos pelos quais cada indivíduo age sobre sua cultura, e a cultura sobre o indivíduo, pode adquirir todo seu sentido sem o conhecimento do desenvolvimento histórico que resultou nas formas atuais" (LÉVI-STRAUSS, 2003: 23). Essa questão ainda constitui tema polêmico na antropologia, tanto que Lévi-Strauss lembra que a quase totalidade da escola americana contemporânea renunciou-se a *compreender a história* para fazer, do estudo das culturas, uma análise sincrônica das relações entre seus elementos constitutivos no presente.

3. CULTURA E RAÇA

Conforme relata Kuper (2002: 32 a 34), Ernst Haeckel, o mais proeminente darwinista da Alemanha, apresentou argumentos segundo os quais a teoria de Darwin podia ser usada para demonstrar a superioridade da raça prussiana. Rudolf Virchow mostrou-se hostil em relação a esse determinismo racial e ao nacionalismo cultural com o qual estava associado. Para Virchow raças eram categorias instáveis com fronteiras móveis, e a mistura racial era amplamente disseminada, portanto, provavelmente universal. Traços biológicos passavam por cima das classificações raciais convencionais, que em todos os casos eram influenciados por fatores ambientais locais. Diferença cultural, portanto, não apresentava indícios de diferença racial. Raça, cultura, língua e nacionalidade, dizia Virchow, não coincidem necessariamente, visto que os refugiados huguenotes estão germanizados, assim como os numerosos judeus que vieram da Polônia e da Rússia contribuíram sobremaneira para o progresso da cultura alemã.

Adolf Bastian, colega de Virchow, tentou demonstrar que, assim como as raças, as culturas são híbridas. Não existem culturas puras, distintas e permanentes. Toda cultura recorre a diversas fontes, depende de empréstimo e está em constante mudança. Para Bastian, as diferenças culturais eram causadas pelo desafio apresentado pelo ambiente natural local e pelo contato entre populações, portanto, o empréstimo é o mecanismo primário da mudança cultural. E, como as mudanças culturais são resultados de processos locais imprevistos – pressões ambientais, migrações, comércio –, consequentemente, a história não tem um padrão fixo de desenvolvimento.

Franz Boas, aluno de Bastian, absorveu as teses do seu professor ao afirmar que as mudanças culturais resultavam de contatos casuais ou eram geradas pela reação criativa de indivíduos diante da tradição herdada, estimulada pelo desafio ambiental. Assim, a tese fundamental boasiana consiste em afirmar que a raça não determina a cultura. É a cultura que molda os homens e não a biologia. Os homens se tornam o que são ao crescer em determinado ambiente cultural. Raça não implica condições naturais imutáveis. Isso quer dizer que o homem pode transformar-se em algo melhor e talvez aprendendo a ser tolerante e equilibrado como o povo de Samoa ou de Bali. Nessa trilha, Magareth Mead, aluna de Boas, estudando o comportamento dos adolescentes das ilhas Samoa, entendeu que seus estudos deveriam permitir a instauração de uma sociedade melhor, e, mais especificamente, a aplicação de uma pedagogia menos frustrante à sociedade americana.

3.1. Cultura e segregação

Em outra passagem, Kuper (2002: 14 e 17) observa que as conclusões de Boas foram manipuladas no sentido de justificar o *apartheid*, política coercitiva de segregação racial praticada na África do Sul até o final do século XX. Nesse país as doutrinas oficiais sobre raça e cultura (*apartheid*) invocavam autoridade científica com fundamentos numa teoria antropológica cultural. A antropologia, portanto, poderia justificar uma ordem normativa (jurídica) que estabelecesse a segregação racial.

Essa articulação, no sentido de justificar a segregação por intermédio de uma teoria antropológica cultural, tem origem na década de 1930, quando alguns intelectuais africânderes, entre eles Eiselen, passaram a repudiar os preconceitos torpes disseminados entre os brancos sul-africanos. Para Eiselen não havia provas de que a inteligência variava com a raça, tampouco que uma raça ou nação privilegiada deveria conduzir o mundo rumo à civilização. Não era, segundo Eiselen, a raça, mas sim a cultura que constituía a verdadeira base da diferença entre negros e brancos. As diferenças culturais deveriam ser avaliadas. Se a integridade das culturas tradicionais fosse minada, haveria uma desintegração social, motivo pelo qual Eiselen achava que o governo deveria estimular uma "cultura negra (*banto*) mais elevada, e não produzir europeus negros". Mais tarde o *slogan* "*desenvolvimento separado*" passou a ser usado. A segregação, segundo alguns, era o curso adequado para a África do Sul, pois só assim as diferenças culturais seriam preservadas.

Desse modo, os argumentos boasianos segundo os quais raça e cultura são independentes entre si, que a cultura é o que torna as pessoas o que elas são e que o respeito pelas diferenças culturais deveria constituir a base da sociedade justa, passaram a ser manipulados pela antropologia cultural africânder como uma justificativa desesperada para manter a legalidade do *apartheid*.

3.2. Cultura e símbolos

Para Lévi-Strauss (2003: 35, 36), cabe a Boas o mérito de ter, com lucidez admirável, definido a natureza inconsciente dos fenômenos culturais. Após ter mostrado que a estrutura da língua permanece desconhecida daquele que fala até o surgimento de uma gramática científica, e que, mesmo então, ela continua a modelar o discurso fora da consciência do sujeito, impondo ao seu pensamento quadros conceituais que são tomados por categorias objetivas, acrescentava: "a diferença essencial entre os fenômenos linguísticos e outros fenômenos culturais é que os primeiros jamais emergem à consciência clara, ao passo que os segundos, se bem que tendo a mesma origem inconsciente, se elevam frequentemente até o nível do pensamento consciente, produzindo assim raciocínios secundários e reinterpretações".

Mas, na opinião de Boas, essa diferença de grau não diminui o valor exemplar do método linguístico para as pesquisas etnológicas. Ao contrário, "a grande vantagem da linguística a este respeito é que, no conjunto, as categorias da linguagem permanecem inconscientes; por esta razão, pode-se seguir o processo de sua formação sem que intervenham, de maneira falaz e incômoda, as interpretações secundárias, tão frequentes em etnologia, que podem obscurecer irremediavelmente a história do desenvolvimento das ideias". Essas teses, segundo Lévi-Strauss, foram formuladas por Franz Boas oito anos antes da publicação do *Curso de linguística geral* de Ferdinand de Saussure.

Segundo Kuper (2002: 89), a partir de 1930, Boas passa a apresentar oficialmente uma concepção antropológica moderna da cultura como um sistema integrado de símbolos, ideias e valores.

Cabe anotar que Franz Boas é considerado o mentor das escolas antropológicas norte-americanas conhecidas como *difusionismo* e *configuracionismo*, às quais se ligam os nomes de Edward Sapir, Ruth Benedict e Margaret Mead.

4. DIFUSIONISMO

A *teoria difusionista* preocupa-se em compreender o processo de transmissão dos elementos de uma cultura para outra, motivo pelo qual postula a existência de centros de difusão de cultura, a qual se transmite por empréstimo. Assim, diante de vários agrupamentos culturais, escolhe o mais rico e mais complexo como representando a forma primitiva da sociedade, e consigna sua origem à região do mundo em que se encontra arquitetado de maneira melhor, considerando todas as outras formas como resultado de migrações ou empréstimo a partir daquele foco comum.

O difusionismo, também denominado historicismo, engloba várias tendências da antropologia cultural; podem-se, entretanto, apontar as seguintes características gerais pertinentes a esse movimento (MELLO, 1982: 222 a 224):

a) **Reação ao evolucionismo**: O difusionismo é visto como um movimento de reação à orientação evolucionista dominante na antropologia do século XIX. Essa reação atinge não só a orientação geral teórica, mas também os procedimentos metodológicos. Ele, entretanto, não rejeita completamente os conceitos básicos constituídos e construídos pelo evolucionismo; existem, evidentemente, pontos divergentes, mas também pontos convergentes, já que ambos, de certa forma, repousam em bases teóricas comuns. Há, nesse sentido, uma preocupação em explicar a cultura como fenômeno universal e humano pela variável tempo, motivo pelo qual ressaltam-se o aspecto diacrônico e não sincrônico da cultura.

b) **Interesse pelos traços culturais semelhantes**: A teoria difusionista proclama que a essência dos fenômenos da sociedade e da cultura consiste no seu caráter dinâmico e desenvolvimentista. É uma teoria da sociedade e da cultura que destaca a realidade humana e o trabalho humano. Busca, sobretudo, uma explicação histórica para entender as semelhanças existentes entre as culturas particulares. Nesse sentido, dá relevo ao fenômeno da difusão e dos contatos entre os povos, motivo pelo qual advoga uma mudança nos métodos da antropologia.

c) **Rigor metodológico**: O difusionismo preocupa-se em tornar os métodos da antropologia cultural mais rigorosos, mais científicos. Essa preocupação possibilitou o desenvolvimento da pesquisa de campo com intensidade considerável, dando grande impulso à etnografia. Para alguns era urgente coletar dados e informações sobre os povos primitivos antes que os mesmos desaparecessem ou fossem absorvidos pela civilização; em virtude disso a coleta de dados tornou-se mais importante do que a explicação do fenômeno cultural.

d) **Desenvolvimento de técnicas de pesquisa**: Ao elevar a pesquisa de campo como fator fundamental da pesquisa antropológica, o difusionismo desenvolveu várias técnicas de pesquisa, principalmente, a observação participante, que possibilitou aos antropólogos aprender vários idiomas antes desconhecidos. Esse fato favoreceu o incremento da linguística como ramo específico da antropologia.

e) **Interesse pelas culturas particulares**: A abordagem difusionista não só possibilitou uma nova interpretação do fenômeno cultural, mas também deslocou o foco de estudo para as sociedades particulares. Isso ocorreu principalmente com a escola norte-americana, que passou a dar importância ao estudo das culturas particulares e não à cultura universal. Para essa escola, o importante não é o estudo da cultura nas suas origens e em todas as partes, formando uma grande unidade comum a todos os povos; mas sim o estudo das culturas particulares, que permite maior segurança nas informações e conhecimento de fenômenos até então desconhecidos.

4.1. Difusionismo norte-americano

Como dito, Franz Boas foi o principal mentor da escola difusionista norte-americana. Essa escola, além de imprimir uma nova interpretação ao fenômeno cultural, passou a se concentrar no estudo das culturas particulares, delimitando o campo de estudo da antropologia.

Para os difusionistas norte-americanos, a cultura é por demais complexa para permitir um levantamento histórico completo e de caráter universal, motivo por que optam pelo estudo de áreas delimitadas e, de preferência, pequenas, o qual permite interpretar com maior segurança as informações colhidas. Entendem que dessa forma torna-se mais fácil e seguro o estudo histórico-cultural. Foi essa consciência que levou a um aperfeiçoamento metodológico, dando preferência às informações colhidas com a pesquisa de campo. A delimitação do estudo antropológico, transformando cada povo primitivo (clã, tribo) em unidade de estudo, possibilitou a ampliação e o aprofundamento dos temas a serem investigados, fato que contribui para a valorização, ampliação e intensificação da produção de pesquisas de campo e do material coletado (MELLO, 1982: 230, 231).

Convém salientar que os representantes dessa escola perceberam que a difusão não é um processo mecânico, pelo contrário, supõe uma elaboração complexa por parte do povo que adota certos traços culturais de outros povos. A propósito, Franz Boas (in MELLO, 1982: 233) esclarece que "a importância da difusão foi tão firmemente estabelecida pela investigação da cultura material norte-americana, cerimônias, arte, mitologia, assim como pelo estudo das formas culturais africanas e pelo da pré-história da Europa, que não podemos negar sua existência no desenvolvimento de qualquer tipo cultural local. Não só se provou objetivamente por meio de estudos comparativos, como também o investigador de campo tem amplas provas das maneiras de atuar da difusão... A introdução de novas ideias não se deve de forma alguma considerar como resultante puramente mecânica de adições ao padrão cultural, mas ao mesmo tempo como um importante estímulo de novos desenvolvimentos internos. Um estudo puramente indutivo dos fenômenos étnicos leva à conclusão de que tipos culturais mesclados geográfica ou historicamente situados como intermediários entre dois extremos fornecem provas da difusão".

Segundo Margaret Mead (in KUPER, 2002: 96), Boas "achava que vários trabalhos haviam demonstrado que as pessoas faziam empréstimos entre si, que nenhuma sociedade evoluía em isolamento, mas sim que seu desenvolvimento era permanentemente influenciado por outros povos, outras culturas e outros níveis de tecnologia. Ele decidiu que chegara a hora de enfrentar os problemas que ligavam o desenvolvimento dos indivíduos aos elementos característicos da cultura em que eles foram criados". Isso implicaria o desdobramento da tese segundo a qual a cultura não é determinada nem pela raça nem pelo meio ambiente. Cultura seria aquilo que Tylor afirmara: a herança não biológica das espécies. A cultura, portanto, desenvolve-se principalmente por empréstimo decorrente de contatos casuais. Nesse sentido, as culturas europeias, e, mais ainda, a norte-americana seriam, em maior proporção do que outras, um complexo de traços emprestados, uma configuração que influenciaria os comportamentos dos indivíduos.

Nessa trajetória, alguns alunos de Franz Boas, como Ruth Benedict, Edward Sapir e Margareth Mead, desenvolveram uma abordagem antropológica da cultura, que ficou conhecida como configuracionismo, um desdobramento do difusionismo. Ruth Benedict e Edward Sapir perceberam que um mesmo traço cultural tomado por empréstimo por duas culturas distintas pode sofrer transformações nesse fenômeno de adoção.

4.1.1. Ruth Benedict (1887 – 1948)

Ruth Benedict introduziu a ideia de configuração cultural na antropologia moderna. Segundo ela, "uma cultura é um modelo mais ou menos consistente de pensamento e ação. Não é apenas a soma de todas as suas partes, mas o resultado de um único arranjo e única inter-relação das partes, do que resultou uma nova entidade" (in MARCONI e PRESOTTO, 2006: 36). Nessa trilha, a cultura deve ser vista como um todo, cujas partes estão de tal modo entrelaçadas que a mudança em uma das partes afetará as demais, motivo pelo qual, ao estudar uma cultura, deve-se ter visão conjunta de suas instituições, costumes, usos, normas etc., e suas influências recíprocas. Com essa concepção, é possível perceber que duas ou mais sociedades, com a mesma soma de elementos culturais, podem apresentar configurações totalmente diferentes, dependendo do modo como esses elementos estão organizados e relacionados.

Uma das características do trabalho de Ruth Benedict e a de ter tomado de empréstimo os conceitos de Nietzsche e classificado as culturas em dois tipos principais: a) **apolíneo**: corresponderia àquelas culturas extrovertidas, acentuando formas externas de comportamento, ritualistas, conformistas, desconfiadas do individualismo, evitando excessos, mostrando comedimento; e b) **dionisíaco**: corresponde às culturas introvertidas, intensamente individualistas, agressivas, apreciadoras de experiências violentas, motivadas mais pelo indivíduo do que pelo grupo.

Para Benedict, as culturas têm suas próprias personalidades e imprimem nos indivíduos nelas criados os caracteres dessas personalidades. "A história de vida do indivíduo é, sobretudo, uma acomodação aos padrões e modelos tradicionalmente transmitidos por sua comunidade. Desde seu nascimento, os costumes moldam suas experiências e sua conduta. Quando começa a falar, ele é um produto da sua cultura, e, quando cresce e pode tomar parte nas atividades coletivas, faz dos hábitos da comunidade os seus hábitos, das crenças da comunidade as suas crenças e das impossibilidades, as suas impossibilidades" (in KUPER, 2002: 95).

Benedict desenvolve uma espécie de determinismo cultural, na medida em que estabelece que as características dos indivíduos devem ser idênticas às características da cultura a que pertencem. Assim como, no indivíduo, não existem separadamente princípios religiosos, econômicos, políticos, jurídicos etc., mas uma resultante, uma configuração de todos os princípios, também, na cultura, existe um todo harmonioso, uma configuração, um estilo de ser que dirige e conforma o comportamento de todos os membros de determinada cultura.

Em 1951, a pedido da UNESCO, uma comissão composta por cinco geneticistas e seis antropólogos, dentre eles Ruth Benedict, elaborou uma declaração sobre raças, na qual foram expostos alguns princípios que merecem destaque. Segundo a citada comissão: a) não existe nenhuma raça "ariana" ou "nórdica"; b) não há qualquer prova de que raça ou diferenças raciais exerçam algum tipo de influência nas manifestações culturais ou nas possibilidades de desenvolvimento da cultura em geral; c) não existem provas de que os grupos em que pode ser dividido o gênero humano diferem em sua capacidade inata de desenvolvimento intelectual ou emocional; d) também não existem provas de que as misturas raciais produzam resultados biológicos prejudiciais; e) os estudos científicos mostram que as diferenças genéticas são insignificantes na determinação de diferenças sociais e culturais entre grupos humanos diferentes (ABBAGNANO, 2003: 823).

4.1.2. Edward Sapir (1884 – 1939)

Sapir ocupou-se do estudo da linguagem e descobriu que cada língua possui uma maneira de ser, uma forma integrada ou uma habilidade característica que lhe permite expressar certas coisas melhor do que outras. Segundo ele, a cultura também forma um todo com uma configuração inconsciente que, geralmente, não é comunicada à mente. Essa configuração corresponde a um arranjo que lhe é próprio e lhe fornece uma maneira típica de ser (Mello, 1982: 237).

Para Sapir (KUPER, 93, 94), é difícil definir e explicar de forma satisfatória o real alcance e sentido do termo *cultura*. Talvez por isso, diz ele, aqueles que o usam raramente conseguem dar uma ideia perfeitamente clara do que eles mesmos entendem por cultura. Embora a cultura seja concebida como herança de um grupo, refere-se em particular aos elementos tradicionalmente enfatizados pelos humanistas, "os bens espirituais de um grupo", alguns dos quais são, num sentido espiritual, mais valiosos, mais característicos e mais significativos do que outros. E como insistiam os grandes humanistas, são esses elementos espirituais que dão significado à vida dos indivíduos.

Concebida dessa forma, é a cultura que dá a determinado povo o seu lugar característico no mundo. Ela pode, então, ser definida de modo sucinto como civilização, na medida em que corporifica a capacidade criativa e intelectual nacional. Para Sapir era exatamente essa a visão popular do significado de cultura, e admitia que essa associação de cultura e nação poderia suscitar chauvinismo ou racismo.

Sapir, porém, fazia distinção entre cultura autêntica e cultura espúria. Para ele, uma cultura autêntica é ricamente variada, porém unificada e coerente, onde nada é desprovido de sentido cultural. Ela é harmoniosa como a cultura de Atenas na época de Péricles, e não um híbrido espiritual de retalhos contraditórios. A cultura autêntica não está ligada ao progresso técnico, portanto, é uma ilusão pensar que o progresso científico pode ajudar o homem a alcançar uma vida mais harmoniosa, uma cultura mais profunda e mais satisfatória. Lembra que os etnólogos reconhecem a vitalidade das culturas, até mesmo daquelas que possuem tecnologia rudimentar. Além do mais, arte, religião e vida econômica estão entrelaçadas nas sociedades primitivas. Nas sociedades industriais, os extremos da vida foram fragmentados e as funções separadas. Para Sapir, a cultura autêntica do indivíduo precisa crescer organicamente no solo fértil de uma cultura comunal.

Esse era, segundo ele, o sentido de cultura que deveria ter-se tornado objeto de estudo da antropologia. Sapir, segundo Kuper, estava propondo que os etnólogos abandonassem o estudo do que ele denominava civilização, tema tradicionalmente abordado por eles, e adotassem uma ideia humanista clássica de cultura.

5. CRÍTICAS AO DIFUSIONISMO

Alguns autores destacam as seguintes críticas ao difusionismo: a) excesso no tratamento unitário da cultura, relegando os seus aspectos universais; b) manipulação estatística dos traços culturais, levando a pensar que as distribuições da cultura ocorrem de modo mecânico; c) determinismo cultural, visto que considera o indivíduo o elemento passivo no qual a cultura, elemento ativo, seria impressa (MARCONI e PRESOTTO, 2006: 255, 256). Além disso, os críticos alertam que o empenho em demasia na pesquisa de campo, dando ênfase ao aspecto meramente descritivo das informações, pode transformar a antropologia em etnografia.

Lévi-Strauss (2003: 23, 24), ao analisar a *organização dualista* nas sociedades primitivas, faz uma critica ao difusionismo. Segundo ele, a interpretação difusionista da organização dualista escolhe um dos tipos observados, habitualmente o mais rico e complexo, como representando a forma primitiva da instituição, e consigna sua origem à região do mundo em que se encontra mais bem ilustrado, considerando todas as outras formas como resultado de migrações e empréstimos a partir de um foco comum. Com esse procedimento, diz Lévi-Strauss, o difusionismo designa arbitrariamente um tipo, entre todos os fornecidos pela experiência, e faz desse tipo o modelo, ao qual se experimenta, por um método especulativo, reduzir todos os outros.

Sobre a crítica segundo a qual a escola norte-americana se teria tornado uma antropologia meramente descritiva, Mello (1982: 236) alerta que é preciso levar em conta as seguintes considerações. Em primeiro lugar, é plenamente válido o intento dos antropólogos de coletar o máximo de documentação, mesmo em forma predominantemente descritiva; afinal, diz ele, o melhor é coletar material e documentá-lo bem, sem teorizar, do que teorizar em profusão sem nenhum dado ou fato à mão. Em segundo lugar, o fato de muitos estudiosos se lançarem à coleta de dados culturais levou-os a apresentá-los de maneira sistemática; isso permitiu, e o tempo encarregou-se de provar, que a escola de Franz Boas fosse, antes de tudo, uma antropologia estimulante e sugestiva. A coleta intensiva de informações sobre culturas diferentes fez surgir outras abordagens e possibilitou a ampliação das fronteiras do conhecimento.

6. DIFUSIONISMO E DIREITO

Como visto, a *teoria difusionista* preocupa-se em compreender o processo de transmissão dos elementos de uma cultura para outra, portanto, reconhece que qualquer agrupamento social, com raríssimas exceções, jamais está absolutamente isolado. Os grupos sociais entram em relação com grupos vizinhos, ou mesmo afastados, geralmente em razão de necessidades econômicas ou culturais a que não podem atender com seus próprios recursos. Esses contatos às vezes ocorrem de modo pacífico mediante trocas comerciais, às vezes resultam de guerras e conquistas. De qualquer modo, quando os grupos sociais entram em contato, ocorre o processo de difusão de cultura. O direito é, indubitavelmente, um dos aspectos da cultura de um grupo social, motivo pelo qual também está submetido a esse processo de difusão cultural.

Roma foi, sem dúvida, o grande centro de difusão da cultura jurídica na Antiguidade. Mesmo após o desaparecimento do Império, o direito romano continuou a ser objeto de estudo por parte dos juristas medievais. Esse estudo se intensificou a partir do século XI com os glosadores e depois se alastrou por toda a Europa. Nessa trilha, o direito romano acabou influenciando toda a construção do edifício jurídico da modernidade, ou seja, a cultura jurídica moderna, principalmente com o renascimento da atividade comercial e o advento dos grandes Estados nacionais, constituiu-se com base no direito romano. Enfim, a cultura jurídica das sociedades ocidentais modernas resultou, em grande parte, de difusão ou empréstimos da jurisprudência romana. Aliás, os alemães fizeram do direito romano o seu direito até o final do século XIX. Não deixa de ser surpreendente o fato de uma cultura de uma sociedade extinta ressurgir com tanta força e vigor, influenciando o pensamento jurídico e a organização social de toda a Europa continental e suas colônias.

O direito romano sempre foi, portanto, uma referência para os juristas, desde os glosadores da Idade Média, como Arcúsio e Bartolo, responsáveis pelo renascimento dos estudos do direito romano nos cursos jurídicos de Bolonha, passando pelos juristas alemães do século XIX, como Savigny e Ihering, até os teóricos contemporâneos como Viehweg, Perelman e Ferraz Jr. O estilo dos *jurisconsultos* e os conceitos por eles elaborados influenciam até hoje a tecnologia jurídica e as decisões dos Tribunais. O estilo dos jurisconsultos romanos não foi superado, pelo contrário, tem sido constantemente renovado e retorna com todo vigor nos tempos atuais, constituindo uma alternativa para superar os limites impostos pelo positivismo jurídico.

A cultura jurídica europeia, com suas bases gregas e romanas, difundiu-se para as colônias, motivo pelo qual a cultura jurídica brasileira tem sido construída conforme os parâmetros estabelecidos no direito europeu. É preciso lembrar também a difusão da cultura jurídica norte-americana, especialmente no âmbito do direito comercial. Essa difusão é evidente na própria nomenclatura das novas figuras contratuais que emergem do direito empresarial brasileiro: *leasing*, *factoring*, *franchising*, *software*, *know-how* etc.

6.1. Difusão da tópica

Theodor Viehweg (1979), numa excelente e inovadora tese, analisa o fenômeno jurídico à luz da experiência grega e romana. Para ele as teorias jurídicas exercem uma função social e, para exercer essa função, utilizam-se não de um método, mas de um estilo de pensamento denominado *tópico*. A tópica é uma técnica de pensar por problemas, desenvolvida pela retórica, que migra da filosofia grega para a jurisprudência romana e desta para o direito moderno.

Viehweg procura demonstrar as influências da tópica grega na jurisprudência romana. Inicia pela obra de Gian Batista Vico, porque, segundo ele, esse filósofo foi o primeiro a destacar a estrutura prevalecente da cultura antiga que corresponde à tópica. Para Vico, o método científico da Antiguidade é o método retórico. A característica fundamental desse método é ter como ponto de partida o *sensus communis*, que manipula o verossímil, contrapõe pontos de vista e, sobretudo, trabalha com uma rede de silogismos.

Na sequência de sua tese Viehweg analisa a tópica aristotélica. Acentua que ela se localiza no terreno do raciocínio dialético e não do analítico. Observa que, do ponto de vista formal, os raciocínios dialéticos não se distinguem em nada dos analíticos; a distinção está na índole de suas premissas, que são opiniões acreditadas e verossímeis que devem contar com a aceitação de todos ou dos mais sábios e ilustres.

No restante da tese, Viehweg analisa a tópica em Cícero; examina o *ius civile* e o *mos italicus* em seus caracteres tópicos e mostra a influência renovada da tópica na civilística moderna. Para Viehweg, a estrutura da jurisprudência romana corresponde à tópica, porque os juristas romanos partem de um problema e procuram encontrar os argumentos que a ele possam ser aplicados. Movem-se em um espaço cultural que é comum, pelo menos em seus fundamentos, ao dos retóricos. A tópica é esse estilo de pensar difundido pelos gregos entre os jurisconsultos romanos.

A tópica, como dito, é uma técnica do pensamento que se orienta para o problema, motivo pelo qual possui característica essencialmente operacional, e, sem prescindir do sistema, coloca ênfase no problema. Problema é uma questão para a qual se busca determinada resposta e sistema é um conjunto normativo previamente dado, a partir do qual se infere uma resposta. Assim, para encontrar uma resposta, o problema se articula dentro de um sistema. Há, portanto, um inter-relacionamento necessário entre problema e sistema. A tópica tem certeza do seu sistema, ainda que não chegue a ter dele uma concepção.

A tópica coleciona pontos de vista (*topoi*) de considerável força persuasiva: interesse público, boa-fé, igualdade de direitos etc. Esses conceitos guardam um sentido vago que somente se determina em função de problemas a serem decididos. Vale dizer, esses conceitos não são formalmente rigorosos nem podem ser formulados na forma de axiomas lógicos; são apenas fórmulas, variáveis no tempo e no espaço, de reconhecida força persuasiva ou princípios com caráter problemático, que assumem significações em função de problemas a resolver.

Viehweg assinala que os *topoi*, em determinada cultura, constituem repertórios mais ou menos organizados conforme outros *topoi*. Assim, por exemplo, a noção de *interesse* permite construir uma série do tipo: interesse público, interesse privado, interesse legítimo, interesse protegido, interesse coletivo etc. Os *topoi*, tomados isoladamente, constituem, para a argumentação, o que ele chama de tópica de primeiro grau. Quando organizados, formam uma tópica de segundo grau.

A tópica é essencialmente uma técnica de disputa em que os problemas são postos em função das opiniões, com o fito de ataque e defesa. A discussão revela-se, nesse sentido, como uma instância de controle das próprias premissas que serão admitidas ou rechaçadas. Mas, de qualquer modo, será sempre um conjunto de premissas que irá presidir a resposta ou decisão. Viehweg demonstra, assim, que um traço da cultura grega influenciou de modo decisivo a construção da jurisprudência romana. Esta, a partir do século XII, difundiu-se para a Europa e depois para as colônias e mantém-se em evidência até os dias atuais.

Conforme observações de Santos (1988), a antropologia do direito reconhece o papel da tópica retórica no discurso jurídico oficial; reconhece, inclusive, que o processamento oficial dos litígios só em parte é guiado por normas jurídicas. Santos também observa que, nas sociedades simples ou primitivas, as decisões dos conflitos são, comumente, orientadas por *topoi*. Um discurso jurídico dominado pelo uso de *topoi* é necessariamente um discurso aberto e permeável às influências de discursos afins. É o tipo de discurso que deve funcionar, por exemplo, nos juizados especiais, porque neles o que se busca é a conciliação.

6.2. Casos problemáticos

Alguns teóricos, com base em pesquisas antropológicas, recolheram informações sobre as culturas de sociedades primitivas que lhes permitiram propor novas abordagens no estudo do direito. Roscoe Pound (in GOYARD-FABRE, 2002: 167), por exemplo, ao reconhecer a vocação funcional das regras jurídicas, utilizou exemplos extraídos do *direito dos cheyennes*, para afirmar que o direito deriva dos esforços para combater a desordem e para aplanar os distúrbios e as dificuldades, e isso com um mínimo de atritos e de estragos. Também é comum ser destacado o método de estudo de *casos problemáticos* ou *casos difíceis* proposto por N.

Llewellyn e E. Adamson Hoebel a partir das investigações que realizaram sobre o "*direito cheyenne*" (*The cheyenne way: conflict and case law in primitive jurisprudence*), do qual Pound retirou seus exemplos.

O estudo de *casos*, desenvolvido pela antropologia jurídica, é um método considerado como um dos melhores, principalmente porque um *caso* representa o registro detalhado de uma disputa particular e de sua resolução, constituindo uma unidade de análise em si mesma. Inicialmente os *casos* serviam apenas como ilustração, depois foram utilizados para examinar a estrutura interna do direito tribal e suas relações com costumes e crenças. Posteriormente, o *método de casos* desenvolveu-se em uso específico de *casos problemáticos*. Foi esse o método proposto por Llewellyn e Hoebel em seu clássico estudo sobre o "*direito cheyenne*".

A contribuição de Llewellin e Hoebel à metodologia e à antropologia jurídica repousa, portanto, na formulação dos *casos problemáticos* inspirada no direito de grupos ditos primitivos. Esse enfoque indica que para ver a lei em ação, para estudar suas implicações práticas, suas consequências e as profundas influências dos costumes normativos na mente das pessoas, é preciso investigar os *casos problemáticos*. Segundo os autores, o *método de casos* conduz a uma jurisprudência realista e permite estabelecer que uma norma que nunca é transgredida não passa de uma regra inoperante ou onipotente.

Os *casos problemáticos* revelam uma grande quantidade de informações empíricas e possibilitam ver a lei ou o direito operando em sua matriz cultural, ou seja, permite ver o direito em ação. A análise dos *casos* revela as linhas recorrentes da ação, as quais podem ser chamadas *normas reais* porque efetivamente aplicadas. Ademais, o estudo de *casos problemáticos*, desde a origem de uma disputa até que esta seja resolvida, permite a análise dos eventos que seguem a qualquer intento de resolução, dos costumes e normas que deveriam ser respeitadas, dos comportamentos dos árbitros ou juízes e das pessoas que são afetadas pelas regras e pelas decisões.

Enfim, o método de estudo de *casos problemáticos* pode ser aplicado a qualquer sistema, primitivo (simples) ou contemporâneo (complexo), fato que lhe concede características universais. Nesse sentido, pode ser apontada a obra *Levando os direitos a sério* de Ronald Dworkin, em que o autor inverte a trajetória habitual do pensamento jurídico, acostumado a ir da teoria à prática, ao adotar a linha interpretativa, que vai da prática jurídica às raízes teóricas que lhe conferem sentido e valor. Já se tornou famosa a diferença por ele estabelecida entre *princípios jurídicos* e *regras de direito*. As *regras de direito* são determinadas pelo legislador; são válidas somente quando aplicadas aos casos concretos. Já os *princípios jurídicos* enunciam razões que agem em favor de uma orientação geral; servem de guia para aplicar tal ou qual regra. A importância dos princípios reside justamente na análise de *casos problemáticos* ou *casos difíceis*, porque nestes os princípios aparecem como motivadores das decisões (sentenças, acórdãos), portanto, de maneira geral, na produção das decisões judiciais, os princípios desempenham considerável papel.

Os *casos problemáticos* ou *casos difíceis* são, assim, exemplos de que a cultura jurídica está em constante mudança, recorre a diversas fontes, depende de empréstimo de outras culturas, inclusive das antigas e das primitivas. O empréstimo, conforme o difusionismo, é o mecanismo primário da mudança cultural e, nos exemplos citados (tópica e casos problemáticos), as teorias jurídicas tomaram de empréstimo traços das culturas antigas (tópica) e primitivas (casos) para construir e operacionalizar o direito das sociedades modernas.

Paralelamente ao *difusionismo*, outras orientações estavam sendo desenvolvidas na antropologia com os nomes de *funcionalismo* e *estruturalismo*, que também repercutirão nos modelos da ciência jurídica. Aliás, a análise de *casos problemáticos* se enquadra não apenas numa orientação difusionista, mas também numa orientação funcionalista. O nome de destaque do funcionalismo na antropologia é Bronislaw Malinowski, cujas contribuições serão analisadas no capítulo seguinte.

X BRONISLAW MALINOWSKI (1884-1942)

1. FUNCIONALISMO

Malinowski é considerado o fundador da antropologia social e o principal expoente da teoria antropológica denominada *funcionalismo*, que imprimiu ao estudo da antropologia uma nova orientação. Ao contrário de outras teorias antropológicas (evolucionismo, difusionismo) que defendem a necessidade de uma reconstrução histórica da cultura para bem compreendê-la, o funcionalismo entende dispensável essa reconstrução e afirma ser possível o conhecimento de cada cultura através de uma análise de sua situação presente. Assim, enquanto o evolucionismo e o difusionismo preocupam-se com as origens e os problemas das transformações socioculturais, o funcionalismo preocupa-se em estudar e explicar o funcionamento da cultura em dado momento (MELLO, 1982: 237).

Para o funcionalismo, uma sociedade, bem como sua cultura, deve ser estudada enquanto uma totalidade, tal como *funciona* no momento em que é observada. Nessa trilha, a sociedade e a cultura são vistas como um todo cujas partes estão intimamente interligadas, numa integração funcional, tal como o organismo biológico e seus respectivos órgãos. No organismo não existem órgãos dispensáveis; todos têm uma função a desempenhar. O funcionalismo imprime, portanto, uma visão sistêmica na análise da cultura.

O funcionalismo procura explicar a maneira de ser de cada cultura buscando as razões não mais na história, mas na lógica do sistema assumido pela cultura em exame, motivo pelo qual entende que o antropólogo deve analisar de forma intensiva e contínua uma sociedade sem se referir a sua história. Assim, do ponto de vista do funcionalismo, o antropólogo não se preocupa em saber como uma sociedade chegou a ser o que é. Ele se preocupa em saber o que é uma sociedade dada em si mesma e o que a torna viável para os que a ela pertencem, observando-a no presente através da interação dos aspectos que a constituem. O funcionalismo, portanto, contrapõe-se: a) **à teoria evolucionista**, porque esta distingue estágios de desenvolvimento das sociedades, das formas mais simples para as mais complexas; e b) **à teoria difusionista**, que postula a existência de centro de difusão de cultura, a qual se transmite por empréstimo.

Malinowski, conforme Durham (1978: X), ao apontar a deficiência das categorias de análise e dos conceitos evolucionistas e difusionistas, propõe um novo método de ordenação e interpretação da evidência empírica. Para ele a comparação realizada pela antropologia clássica entre sociedades diversas é feita por um desmembramento inicial da realidade em itens culturais tomados como elementos autônomos; com fragmentos assim obtidos, os autores procedem a um rearranjo arbitrário, agrupando-os de acordo com categorias tomadas de sua própria cultura e fabricando com isso instituições, complexos culturais e estágios evolutivos que não encontram correspondência em qualquer sociedade real.

A preocupação funcionalista com a adequação das categorias à realidade estudada está estritamente associada ao empenho em reconhecer e preservar a especificidade e particularidade de cada cultura. Assim, para os funcionalistas, os elementos culturais não podem ser manipulados e compostos arbitrariamente porque fazem parte de sistemas definidos, próprios de cada cultura, e que cabe ao investigador descobrir. Essa noção se expressa no postulado de integração funcional, que assume importância fundamental em toda a análise funcionalista. O conceito de função aparece como o instrumento que permite reconstruir, a partir dos dados aparentemente caóticos que se oferecem à observação de um pesquisador de outra cultura, os sistemas que ordenam e dão sentido aos costumes nos quais se cristaliza o comportamento dos homens.

Segundo Leslie White (in MARCONI e PRESOTTO, 2006: 257), "a essência, a natureza fundamental ou característica do funcionalismo pode ser exposta com rapidez e simplicidade: as sociedades humanas e suas respectivas culturas existem como todos orgânicos, constituídos de partes interdependentes. As partes não podem ser plenamente compreendidas separadamente do todo, e o todo deve ser compreendido em termos de suas partes, suas relações umas com as outras e com o sistema sociocultural em conjunto". Qualquer traço cultural ou costume, qualquer objeto material ou ideia que existe no interior das sociedades tem funções específicas e mantém relações com cada um dos outros aspectos da cultura para a manutenção do seu modo de vida total. Cada costume é socialmente significativo, já que integra uma estrutura, participando de um sistema organizado de atividades. Uma cultura não é simplesmente um organismo, mas um sistema.

Para Laplatine (2006: 79, 80), Malinowski dominou incontestavelmente a cena antropológica, de 1922, ano de publicação de sua primeira obra, *Argonautas do Pacífico Ocidental*, até sua morte, em 1942. Além de fundador da antropologia social e expoente do funcionalismo, é tido como o mais metódico no uso da pesquisa de campo.

2. PESQUISA DE CAMPO

Malinowski rompe os contatos com o mundo europeu, passa a viver com as populações as quais estuda e a recolher seus materiais de seus idiomas. Faz da alteridade o princípio maior de suas pesquisas, uma vez que ninguém antes dele tinha se esforçado tanto em penetrar na mentalidade dos habitantes das sociedades simples; procura reviver nele próprio os sentimentos do outro, interiorizando suas reações emotivas, ou seja, procura penetrar na cultura que estuda e em compreender de dentro o que sentem os homens e mulheres que pertencem a essa cultura. Escreve: "Um dos refúgios fora dessa prisão mecânica da cultura é o estudo das formas primitivas da vida humana, tais como existem ainda nas sociedades longínquas do globo. A antropologia, para mim, pelo menos, era uma fuga romântica para longe de nossa cultura uniformizada" (in LAPLATINE, 2006: 51).

Depois de Malinowski, a antropologia apoiou de modo tão decisivo na pesquisa de campo que ficou sendo comum, a quantos desejassem enveredar na carreira acadêmica da antropologia, iniciá-la junto aos povos primitivos, numa espécie de estágio. Só após esse *batismo* é que o profissional se sentia animado a penetrar no magistério. Malinowski alerta, porém, que o investigador etnográfico não pode fazer observações, a menos que saiba o que é relevante e essencial e esteja, desse modo, capacitado a desprezar os acontecimentos fortuitos (MELLO, 1982: 242).

A ênfase no trabalho de campo provoca uma ruptura ideológica. Conforme Laplatine (2006: 82, 83), os antropólogos da era vitoriana identificavam-se totalmente com a sua sociedade, isto é, com a *civilização industrial europeia*. Em relação a esta, os costumes dos povos "primitivos" eram vistos como aberrantes. Malinowski inverte essa relação. Para ele a antropologia supõe uma identificação com a alteridade, portanto, a sociedade "primitiva" não pode ser considerada como forma social anterior à civilização, e sim como forma contemporânea, capaz de mostrar em sua pureza aquilo que faz falta ao homem moderno: a autenticidade. A aberração, portanto, não está mais do lado das sociedades "primitivas" e sim do lado da sociedade ocidental.

A grande inovação de Malinowski no trabalho de campo consistiu na prática de uma técnica denominada *observação participante*. Essa técnica exige longas estadias do observador junto às comunidades que serão pesquisadas. O fundamento dela reside num processo de *aculturação* do observador que consiste na assimilação das categorias inconscientes que ordenam o universo cultural investigado. Os princípios fundamentais dessa prática estão relatados na "Introdução" do livro *Argonautas do Pacífico Ocidental*. Aliás, Boaventura de Sousa Santos reconhece que a sua pesquisa (*O discurso e o poder*), realizada em uma favela do Rio de Janeiro, consiste num trabalho de campo que investiga o pluralismo jurídico segundo o método antropológico da observação participante.

3. FATO E TOTALIDADE

Paul Mercier (in MELLO, 1982: 254) esclarece que Malinowski, sem empregar a palavra, utiliza a noção de *fato social total*, motivo pelo qual foi capaz de desenvolver pesquisas muito mais intensas do que as realizadas até então. De acordo com a teoria do fato social total, a cultura deve ser encarada como uma totalidade coerente, e todos os aspectos que apresenta, parentesco, economia, política, religião, direito etc., não podem, de maneira alguma, ser interpretados separadamente. Tudo é significativo e nada pode ser desprezado.

Malinowski estabelece a noção segundo a qual é possível mostrar a totalidade de uma cultura, a partir da análise de um único costume, ou mesmo de um único objeto aparentemente muito simples (uma canoa, por exemplo). Vale dizer, para alcançar a totalidade cultural ou o homem em todas as suas dimensões, é preciso dedicar-se à observação de fatos sociais aparentemente minúsculos e insignificantes. Nessa trilha apresentou exemplos, que se tornaram clássicos, sobre a maneira como, analisando o aspecto de uma cultura, chega-se a evocá-la por inteiro. Um desses exemplos são as *canoas trobriandesas.* Elas são descritas em relação ao grupo que as fabrica e utiliza, ao ritual mágico que as consagra e às regulamentações que definem sua posse. As canoas, transportando de ilha em ilha colares de conchas vermelhas e pulseiras de conchas brancas, mostram um processo de troca generalizado (*kula*), que não pode ser reduzido apenas à dimensão econômica, visto que nele é possível encontrar significados jurídicos, políticos, mágicos, religiosos e estéticos do grupo inteiro.

Na sua obra mais apreciada, *Argonautas do Pacífico Ocidental,* Malinowski mostra que a partir de uma única instituição (o *kula*) é possível desvendar todos os aspectos de uma cultura.

3.1. "Kula"

Malinowski (1978: 71, 72) diz que o *kula* é um sistema de comércio e o descreve nos seguintes termos. Trata-se de uma instituição dotada de enorme variedade de aspectos associados a um sem-número de atividades. É um fenômeno complexo com ramificações e inter-relações. É uma forma de troca e tem caráter intertribal bastante amplo; é praticado por comunidades localizadas num extenso círculo de ilhas que formam um circuito fechado do extremo oriental da Nova Guiné. Ao longo dessa rota, artigos de dois tipos viajam constantemente em direções opostas. No sentido horário movimentam-se os colares feitos de conchas vermelhas. No sentido oposto, movem-se braceletes feitos de conchas brancas. Esses artigos, viajando em seu próprio sentido no circuito fechado, ao se encontrarem no caminho são trocados uns pelos outros. Cada movimento desses artigos, cada detalhe das transações é fixado e regulado por uma série de regras e convenções tradicionais; alguns dos atos do *kula* são acompanhados de elaboradas cerimônias públicas e rituais mágicos.

Em cada ilha e em cada aldeia, um número mais ou menos restrito de homens participam do *kula,* ou seja, recebem os artigos, conservam-no consigo durante algum tempo e, por fim, passam-no adiante. Cada um dos participantes recebe periodicamente um ou vários braceletes de concha ou colar de conchas que deve entregar a um de seus parceiros, do qual recebe em troca o artigo oposto. Assim, ninguém jamais conserva nenhum artigo consigo por muito tempo. O fato de que uma transação seja consumada não significa o fim da relação estabelecida entre os parceiros: a regra é "uma vez no *kula*, sempre no *kula*".

Nesse sistema de comércio, a troca cerimonial dos artigos um pelo outro é o aspecto fundamental e central. Mas, associadas a ele, e realizadas à sua sombra, existem numerosas características e atividades secundárias. Vale dizer, paralelamente à troca ritual dos colares pelos braceletes, os nativos realizam o comércio comum, indispensável à sua economia. Além disso, há outras atividades que precedem ao *kula* ou a ele se acham associadas como, por exemplo, a construção das canoas para navegação em alto-mar, a prática de certos tipos de cerimônias mortuárias de grande pompa, e tabus preparatórios. O *kula* é uma *instituição* enorme e extraordinariamente complexa não só em extensão geográfica, mas também na multiplicidade de seus objetivos. Ele vincula um grande número de tribos e abarca um enorme conjunto de atividades inter-relacionadas e interdependentes de modo a formar um todo orgânico.

Segundo Durham (1978, XVI), a escolha da análise institucional constitui a solução encontrada por Malinowski para reconstituir, na descrição etnográfica, a integração e a coerência, ou seja, a totalidade integrada que a técnica de investigação lhe havia permitido captar no trabalho de campo. Vale dizer, se a cultura constitui uma totalidade integrada, não é, entretanto, um todo indiferenciado, mas apresenta núcleos de ordenação e correlação que são as instituições.

4. NATUREZA HUMANA E CULTURA

Para Malinowski, a antropologia é uma ciência da alteridade, voltada para os estudos das lógicas de cada cultura. Os costumes dos povos têm significação e coerência; são sistemas lógicos perfeitamente conectados e não vestígios de uma cultura que não evoluiu. Para explicar essa coerência lógica interna, Malinowski elabora uma teoria (funcionalista) que tira seu modelo das ciências da natureza e que pode ser assim sintetizada: o indivíduo sente certo número de necessidades, e cada cultura tem precisamente como *função* satisfazer à sua maneira essas necessidades fundamentais. Cada cultura realiza essa função criando instituições (jurídicas, econômicas, políticas, educativas), fornecendo respostas coletivas organizadas, que constituem, cada uma a seu modo, soluções originais que permitem atender às necessidades dos indivíduos (LAPLATINE: 1982).

Os seres humanos, segundo Malinowski (1970: 42), estão sujeitos a condições elementares que têm de ser atendidas para que possam sobreviver. A satisfação das necessidades orgânicas ou básicas do homem é um conjunto mínimo de condições impostas a cada cultura. Os problemas apresentados por suas necessidades nutritivas, reprodutivas e higiênicas devem ser resolvidos, e a solução deles advém da construção de um ambiente secundário ou artificial. Esse ambiente secundário, que é a cultura propriamente dita, tem de ser permanentemente reproduzido, mantido e administrado. Isso cria um novo padrão de vida, que depende do nível cultural da comunidade, do ambiente e da eficiência do grupo.

Um padrão cultural, contudo, significa que novas necessidades se impõem e novos imperativos ou determinantes são inculcados ao comportamento humano. A tradição cultural tem de ser transmitida de geração para geração. Os métodos e mecanismos de caráter educacional devem existir em toda cultura. A ordem e a lei têm de ser mantidas, uma vez que a cooperação é a essência de toda realização cultural. O substrato da cultura tem de ser renovado e mantido em condições de funcionamento. Por isso algumas formas de organização econômica e jurídica são indispensáveis, mesmo nas culturas mais primitivas.

4.1. Ambientes: primário e secundário

A teoria funcionalista, conforme Malinowski a expõe em *Uma teoria científica da cultura*, estabelece como ponto de partida o conceito de *natureza humana*. A expressão *natureza humana* significa que todos os homens têm, necessariamente, de realizar funções corporais, como comer, beber, respirar, dormir, procriar e eliminar a matéria rejeitada por seus organismos onde quer que vivam e qualquer que seja o tipo de civilização que pratiquem. A expressão *natureza humana*, portanto, exprime o *determinismo biológico* que impõe a todos os indivíduos a realização de funções corporais. As necessidades orgânicas do homem (alimentação proteção, reprodução) fornecem os imperativos fundamentais que conduzem ao desenvolvimento da vida social.

Esse conjunto de necessidades biológicas, que precisam ser satisfeitas, constitui o *ambiente primário*, a situação concreta do ser humano, que é a sua natureza humana. As culturas poderão assumir as formas mais diversas, mas deverão, necessariamente, ser aptas a satisfazer as necessidades biológicas básicas. No esforço para atender às necessidades decorrentes do *ambiente primário*, os homens criam um *ambiente secundário*. Esse ambiente secundário se denomina cultura. Como os homens só podem satisfazer as necessidades básicas através da cultura, surgem necessidades derivadas relacionadas à manutenção, reprodução e transmissão do próprio equipamento cultural. Essas necessidades derivadas são subdivididas em *imperativos instrumentais* (organização econômica, legal e educacional da sociedade) e *imperativos integrativos* (magia, religião, ciência, arte). Assim, com Malinowski, a concepção de cultura é sempre referida à capacidade de satisfazer os diversos tipos de necessidades humanas.

Cultura é, portanto, um ambiente artificial e deve ser entendida como um todo vivo e interligado, de natureza dinâmica, em que cada elemento ou traço tem uma função específica a desempenhar no esquema integral. Enfim, o conceito de *cultura* (ambiente secundário) apoia-se no conceito de *natureza humana* (ambiente primário). Trata-se de dois ambientes conjugados, um básico e primário, que é sucedido por outro secundário ou derivado. Ambos criam condições de sobrevivência humana.

Na teoria funcionalista de Malinowski está presente o problema ainda hoje debatido que trata do binômio natureza e cultura. O homem está indubitavelmente ligado à natureza, ao mundo natural, pertence a uma espécie animal, portanto, é portador de necessidades biológicas primárias que não podem ser descartadas. Mas o homem é também um animal cultural que produz um mundo artificial. A cultura é um mundo artificial criado pelo homem, mas é também uma extensão do mundo natural. Há, assim, uma conexão ou relação tão inexorável entre natureza e cultura que não é possível falar em determinismo biológico sem considerar o determinismo (padrão) cultural.

Malinowski, porém, entendia que era pretensioso o projeto da antropologia de estudar o homem como um todo. Para ele, a antropologia não devia ocupar-se do estudo da natureza humana e, por extensão, também da cultura. Entendia que era necessário delimitar o objeto da antropologia, motivo pelo qual considerou a *instituição* como unidade básica do estudo antropológico.

5. INSTITUIÇÕES

Malinowski (1970: 147) elege a instituição como unidade básica da sua análise funcionalista. Diz ele: "A unidade funcional que chamei de instituição difere do complexo de cultura ou complexo de traços, quando definido como composto de elementos que não se situam em qualquer relação necessária. Com efeito, a unidade funcional é concreta, ou seja, pode ser observada como um agrupamento social definido". Segundo Mello (1982: 249), a escolha da *instituição* como unidade básica de estudo se deve, acima de tudo, a um procedimento metodológico, ou seja, era necessário criar um modelo concreto de análise (a instituição) que permitisse servir como guia na pesquisa de campo.

Não há, em Malinowski, uma análise de sistemas econômicos, políticos, religiosos etc. em si mesmos. As instituições, como o *kula*, representam totalidades complexas que incluem a multiplicidade do real. A instituição aparece como uma projeção parcial da totalidade da cultura, não como um dos seus aspectos. A descrição sempre as desenvolve no sentido de mostrar, simultaneamente, como a instituição em apreço permeia toda a cultura e, inversamente, como toda a cultura está presente na instituição.

Conforme interpretação de Durham (1978: XVII), a instituição é sempre uma unidade multidimensional. Ela compreende uma constituição ou código, que consiste no sistema de valores em vista dos quais os seres humanos se associam; um grupo humano organizado e cujas atividades realizam a instituição. Essas atividades se processam de acordo com normas e regras, que constituem mais um elemento dessa totalidade. Finalmente, ela compreende um equipamento material que o grupo manipula no desempenho de sua atividade. Esses diferentes elementos definem a estrutura da instituição.

Enfim, mediante análise das atividades efetivamente desempenhadas pelos membros dos grupos e de seus resultados, o investigador pode encontrar instrumentos para superar a consciência restrita e deformada que os membros de uma sociedade possuem de sua própria cultura. Essa análise permite verificar que os diferentes aspectos da instituição não possuem todos a mesma relevância explicativa, ou seja, é no comportamento humano real que se encontra o elemento verdadeiramente sintético que fornece a chave para a apreensão da instituição na totalidade de seus aspectos.

5.1. Instituição e função

Há, na teoria funcionalista, uma relação necessária entre instituição e função, ou seja, a instituição desprovida de função tende a desaparecer. Por essa razão, Malinowski apresenta uma lista de *tipos institucionais*, cujo critério de classificação se fundamenta no *princípio de integração*. Por exemplo: a) o princípio de integração fundado na *reprodução* implica determinados tipos de instituição: *família*, *grupo doméstico extenso*, *clã* etc.; b) o princípio de integração fundado na *unidade territorial*, implica outros tipos de instituição: *tribo*, *aldeia*, *província*, *cidade* etc.

A instituição é composta analiticamente dos seguintes elementos: *estatuto*, *normas*, *pessoas*, *aparelhagem material*, *atividades* e *função*. Assim, para descobrir os vários tipos de instituição ou para saber se dada realidade social se enquadra ou não na categoria de instituição basta verificar se ela possui todos aqueles elementos. O *estatuto* corresponde a um conjunto de motivos, a um objetivo comum consubstanciado na tradição ou concedido pela autoridade tradicional. O estatuto, nesse sentido, pode ser considerado um conjunto de *regras gerais* extensivas a todos os grupos. Além disso, o estatuto estabelece ligações entre as diferentes instituições de determinada sociedade. As *normas* devem ser entendidas como *regras particulares* da instituição, uma espécie de operacionalização das regras gerais do estatuto. As *pessoas*, ao mesmo tempo que se sentem premidas a pôr em prática o estatuto, encontram necessidades específicas e concretas a satisfazer e, por isso, como parte dinâmica da instituição, tendem a elaborar suas normas particulares (MELLO, 1982: 250, 251).

A família, por exemplo, é considerada uma instituição que tem por princípio de integração a reprodução. A família, portanto, deve respeitar o *estatuto familiar* (casamento institucionalizado com todas as regras gerais). O marido, a mulher, os filhos e outros parentes vivem sob *normas concretas* que possibilitam o cumprimento do estatuto e permitem o desempenho da *função* de fornecer cidadãos à comunidade. Para tanto, possuem *aparelhagem material* (ferramentas, utensílios, objetos, bens de consumo etc.). Na prática essas pessoas vivem em *atividade*, reproduzindo o seu ambiente, entrando em contato com outras famílias, lutando para conseguir seu objetivo: reprodução e sobrevivência de novos cidadãos.

O conceito de função envolve primordialmente a satisfação de necessidades básicas e derivadas. Por isso, a abordagem funcionalista consiste numa explicação teleológica da ação como meio à objetivação de fins e metas. O esquema teórico do funcionalismo é baseado nesse pressuposto de que a ação sociocultural é teológica, tem por finalidade alcançar determinados objetivos. Não importa se a ação é ou não intencional, consciente ou inconsciente; o fato é que ela está sempre direcionada para satisfação de necessidades. Esse tipo de análise funcional, como diz Malinowski (1970: 158), está sujeito à acusação de tautologia e vulgaridade assim como à crítica de que representa um círculo lógico, pois, obviamente, se definimos função como satisfação de uma necessidade, é fácil suspeitar que a necessidade a ser satisfeita foi apresentada a fim de atender à necessidade de satisfazer uma função.

Com base no estudo de Malinowski, pode-se dizer que as funções básicas ou fundamentais da família, encontradas em todos os agrupamentos humanos, são as seguintes: a) **de reprodução**: visa à perpetuação por meio da prole; a procriação é regulamentada com normas e sanções que legitimam a reprodução; mesmo em sociedades em que há liberdade sexual, a procriação raramente é aprovada fora da família; b) **sexual**: atende às necessidades sexuais permitidas por meio da institucionalização da união ou casamento, que estabelece pai legal para os filhos; c) **econômica**: assegura o sustento e a proteção da prole; essa obrigação pode ser estendida aos parentes; d) **educacional**: visa transmitir à prole a herança cultural e social (língua, usos, costumes, valores, crenças), principalmente durante os primeiros anos de vida.

5.2. Disfunção das instituições

Função pode ser entendida como a correspondência entre uma instituição e as necessidades de determinada organização social, vale dizer, pode ser entendida como a atividade pela qual uma instituição contribui para a manutenção do organismo social. Com esse conceito de função, a teoria funcionalista coloca em evidência o aspecto conservador, a harmonia ou o equilíbrio do sistema social. Mas em qualquer sistema social operam-se mudanças que implicam o desaparecimento ou o surgimento de instituições. A teoria funcionalista reconhece que a instituição desprovida de função tende a desaparecer. Nesse sentido, pode-se dizer que as tribos indígenas tendem a desaparecer quando perdem o seu território, uma vez que o princípio de integração de uma tribo está fundado na integridade territorial.

Em virtude das mudanças a que estão sujeitas as organizações sociais ou sistemas sociais, a teoria funcionalista permitiu o desenvolvimento de outras noções. Assim, ao lado das funções claras e patentes conhecidas pelos membros do grupo, alguns teóricos levantaram a hipótese de existência de funções outras menos evidentes e até encobertas que poderiam comprometer a harmonia do sistema ou continuidade da organização social, daí a introdução do conceito de disfunção, ou seja, de perturbações decorrentes de inovações culturais no sistema. Nesse sentido, a disfunção das instituições colocaria em risco determinada organização social.

6. DIREITO E COSTUME

Malinowski, em *Direito e costume na sociedade primitiva*, afirma que os teóricos europeus consideram o direito e o costume dos povos ditos primitivos como sendo a mesma coisa, algo indiferenciado na mente dos nativos. Para esses teóricos, não existem regras jurídicas nas sociedades simples, e por isso enfatizam o apego rígido e automático dos nativos aos costumes. Nessa trilha entendem que os direitos e deveres na sociedade primitiva estão determinados por aquilo que os costumes prescrevem. Isso, segundo Malinowski, representa uma imagem etnocêntrica da cultura europeia que vê a si mesma como juridicamente evoluída, enquanto a cultura jurídica das sociedades primitivas é tida como impregnada de religião e magia.

Para Malinowski, essa postura etnocêntrica dos teóricos europeus influenciou a antropologia jurídica, de tal modo que esta passou a considerar como verdadeiras as afirmações segundo as quais na sociedade primitiva há uma submissão automática aos costumes e não existe um corpo de regras de obrigações mútuas que possam ser tidas como normas jurídicas. Ele entende que essas afirmações são destituídas de valor científico, visto que não estão fundamentadas na pesquisa de campo. Contra tais afirmações, lembra que entre os trobiandeses existem certos deveres ou compromissos que geram obrigações mútuas, são conscientemente percebidas e estão baseadas na satisfação de necessidades recíprocas, como é o caso do intercâmbio de alimentos.

Malinowski observa que os trobiandeses concedem certas quantidades de coisas a pessoas específicas, não apenas por generosidade baseada no costume, mas também na expectativa de devolução dos mesmos favores ou coisas. Isso, segundo ele, significa que tais situações geram obrigações mútuas. Essas obrigações recíprocas podem ser diferenciadas de outros costumes e definidas como um corpo de regras de comportamento socialmente impostas e sancionadas através da ação da comunidade sobre as pessoas que as infringem. Como essas regras controlam a vida social e facilitam a cooperação mútua, Malinowski ressalta que elas são semelhantes ao conjunto de regras de um Código Civil moderno.

Ele ressalta ainda que, pelo fato de as sociedades primitivas não possuirem um conjunto de leis que especifiquem sanções aos infratores, o escândalo e o escárnio público, o temor e a ira do chefe e a bruxaria tornaram-se os principais meios que essas sociedades encontraram para sancionar e forçar o respeito pelas regras de comportamento social, as quais comumente são denominadas *leis* nas sociedades ocidentais. Há, portanto, na sociedade primitiva certo conjunto de regras costumeiras (legais) que se distingue de outros conjuntos de regras costumeiras (os costumes religiosos, as formas de interação social etc.). Assim, as regras legais destacam-se e diferenciam-se das demais regras costumeiras pelo fato de estabelecer obrigações para uma pessoa e direitos para outra.

Em *Argonautas do Pacífico Ocidental* (1978: 23, 24), Malinowski afirma que as sociedades nativas (primitivas) têm uma organização bem definida e são governadas por leis, autoridades e ordem em suas relações públicas e particulares. De fato, diz ele, podemos constatar nas sociedades nativas a existência de um entrelaçado de deveres, funções e privilégios intimamente associados a uma organização tribal, comunitária e familiar bastante complexa. As suas crenças e costumes são coerentes, e o conhecimento que os nativos têm do mundo exterior é suficiente para guiá-los em suas diversas atividades e empreendimentos. Por esses motivos, insiste que apesar de não existir códigos de leis, escritos ou expressos explicitamente, toda a tradição tribal e sua estrutura social inteira estão incorporadas ao mais alusivo dos materiais: o próprio ser humano. Segundo ele, os nativos obedecem às normas e ordens do código tribal, mas não as entendem, tal qual acontece com os membros mais humildes de qualquer instituição moderna.

Para Malinowski, "deve existir em todas as sociedades um conjunto de regras demasiado práticas para serem apoiadas por sanções religiosas, demasiado pesadas para o seu cumprimento ser deixado à boa vontade dos indivíduos, demasiado vitais para as pessoas para serem aplicadas por uma agência abstrata. É esse o domínio das regras jurídicas e aventuro-me a antecipar que a reciprocidade, a incidência sistemática, a publicidade e a ambição virão a ser consideradas os principais fatores da maquinaria compulsória do direito primitivo" (in SANTOS: 70, 71).

Malinowski também observou que no direito primitivo ou tribal existe uma separação entre lei civil e lei penal. No direito civil, a lei (obedecida) consiste em um conjunto de obrigações forçadas e consideradas como justas por uns e reconhecidas como um dever por outros, cujo cumprimento se assegura por um mecanismo específico de reciprocidade e publicidade inerentes à estrutura da sociedade. No direito penal, a lei (desrespeitada) é definida como as regras fundamentais que salvaguardam a vida, a propriedade e a personalidade.

Enfim, com Malinowski a antropologia passou a reconhecer o direito como uma instituição por si mesma, diferenciada dos costumes, e que requer tanta atenção como a que se dedica às relações de parentesco e aos sistemas políticos. Alguns autores destacam que a contribuição maior de Malinowski à teoria jurídica antropológica foi a de estabelecer com vigorosa insistência o direito como um aspecto da sociedade e da cultura total; com isso rompeu com os formalismos legais em antropologia e deu um novo ímpeto aos estudos da antropologia jurídica.

6.1. Mito e direito

Malinowski vê no mito a justificação retrospectiva dos elementos fundamentais que constituem a cultura de um grupo. O mito, para ele, não é uma simples narrativa, nem uma forma de ciência, nem um aspecto da arte, nem uma narração explicativa. O mito, segundo ele, cumpre uma função *sui generis* intimamente ligada à natureza da tradição, à continuidade da cultura e à atitude humana em relação ao passado. A função do mito é, em resumo, reforçar a tradição e dar-lhe maior valor e prestígio, vinculando-a à mais elevada, melhor e mais sobrenatural realidade dos acontecimentos iniciais. Nesse sentido, o mito não se limita ao mundo ou à mentalidade dos primitivos e é indispensável a qualquer cultura. Cada mudança histórica cria sua mitologia, que, no entanto, tem relação indireta com o fato histórico.

Embora não sigam especificamente a orientação funcionalista, alguns juristas enxergam a penetração do mito no direito moderno. Nesse sentido, Eros Roberto Grau (2004: 26 a 28) entende que a Constituição, o documento jurídico que funda o Estado, é um mito. Segundo ele, "a Constituição formal, em especial enquanto concebida como meramente programática – continente de normas que não são *normas jurídicas*, na medida em que define direitos que não garante, na medida em que esses direitos só assumem eficácia plena quando implementados pelo legislador ordinário ou por ato do Executivo –, consubstancia um instrumento retórico de dominação. Porque esse seu perfil, ela se transforma em mito".

Eros Grau aceita a ideia de Warat (*Mitos e teorias na interpretação da lei*), segundo a qual o mito é a forma específica de manifestação do ideológico no plano do discurso. Para Grau, o discurso ideológico e o discurso mítico se aproximam porque ambos instauram um horizonte objetivo para os comportamentos e atitudes do homem. O mito funciona como recurso linguístico no discurso de quem tem condições de exercer, através dele, dominação social. Os mitos são descritos como formas de fé popular que não nasceram da reflexão racional do povo, mas de sentimentos pré-racionais, emotivos. Desvendados, porém, desnuda-se a racionalidade deles em quem os *inventa*, o que evidencia não serem senão uma manifestação cultural.

Para Grau, o mito não passa de uma *invenção* (consciente ou inconsciente), cuja finalidade é a instauração de uma ordem. Nesse sentido, o momento da *desmitização da cultura*, que pode ser visualizado no projeto do iluminismo racionalista, trata-se apenas de um momento de *substituição de mitos*. Assim, os antigos mitos irracionais ou inconscientes são substituídos por novos mitos, estes, porém, conscientes e racionais nos que os inventam – como racionais e conscientes, embora hermeticamente, foram aqueles nos que os inventaram.

O mito, diz Grau, é uma nítida invenção do homem e os mitos modernos são impostos à sociedade, funcionando como instrumentos linguísticos de dominação que tanto mais prosperam quanto mais sejam acreditados. As Constituições modernas são, nesse sentido, exemplos de mitos modernos, porque instalam no seio da coletividade a convicção de que se vive sob a égide do Estado de Direito apenas porque o documento formal expressa a existência de um Estado de Direito. A Constituição formal, assim, desnuda-se como instrumento de dominação ideológica. É mito que acalentamos, dotado de valor referencial exemplar, na medida em que contribui eficazmente para a preservação da ordem que não se pretendia *instaurar*, mas, simplesmente, *manter*.

7. INSTITUIÇÃO E DIREITO

Como visto, as noções de função e instituição penetraram na antropologia e contribuíram com a arquitetura da teoria funcionalista. Essas noções também penetraram na ciência do direito e aparecem de forma acentuada em algumas teorias jurídicas. A recepção dessas noções tanto pela antropologia quanto pelo direito permite estabelecer algumas conexões entre essas duas áreas do conhecimento. Para compreender melhor a recepção dessas noções no âmbito do direito, é necessário estabelecer o conceito sociológico de instituição.

Instituições são os modos (tradicionais, habituais, legítimos) estabelecidos que permitem a determinada sociedade cuidar de seus assuntos. As instituições mantêm a organização social como interação social padronizada. Na sociedade brasileira, são instituições: a família monogâmica, a companhia, a universidade, o Judiciário etc. As instituições são, nesse sentido, padrões desenvolvidos e destinados a lidar com os problemas sociais. De modo geral, as sociedades desenvolvem: a) **instituições judiciais e políticas** para ajudar a manter a paz entre os atores, proteger a propriedade e decidir conflitos; b) **instituições de parentesco** para socializar os jovens e regular as relações sexuais; c) **instituições econômicas** para coordenar as atividades econômicas, incentivar o trabalho, produzir e distribuir bens e até mesmo manter a desigualdade entre as classes (CHARON, 2000: 122).

As instituições exercem o controle social sobre os indivíduos e garantem as condições de lidar eficazmente com os problemas sociais. Nesse sentido, as instituições são padrões normativos institucionalizados e profundamente arraigados na organização social, motivo pelo qual são, em geral, consideradas como um padrão natural. Contudo, elas mudam com o passar dos tempos e precisam mudar quando já não lidam adequadamente com os problemas sociais.

Para alguns teóricos o direito é uma instituição, para outros é um conjunto de normas. Norberto Bobbio faz uma tentativa de conciliar essas duas posições.

7.1. Instituição e teoria normativa

A teoria funcionalista, como visto, estabelece uma explicação teleológica da ação, visto que esta é entendida como meio à objetivação de fins e metas. O esquema teórico do funcionalismo é baseado no pressuposto de que a ação sociocultural é teológica e tem por finalidade alcançar determinados objetivos. Esse esquema teórico aparece nas teorias jurídicas, mais especificamente nas teorias da norma jurídica.

Segundo Norberto Bobbio (2005: 23 a 37), a teoria normativa considera o direito como um conjunto de normas, ou regras de conduta. Para ele, a experiência jurídica é uma experiência normativa, portanto, estudar uma cultura do ponto de vista da teoria normativa significa pesquisar, em determinada sociedade, quais ações foram proibidas, quais foram ordenadas e quais foram permitidas. Assim, perguntas do gênero "Junto a determinado povo, eram permitidos ou proibidos os sacrifícios humanos? Era proibida ou permitida a poligamia, a propriedade dos bens imóveis, a escravidão? Como eram reguladas as relações de família e o que era permitido e o que era proibido ao pai ordenar ao filho? Como era regulado o exercício do poder, e quais eram os deveres e os direitos dos súditos diante do chefe, e quais os deveres e os direitos do chefe diante do súdito?" são perguntas que pressupõem o conhecimento da função que tem o sistema normativo de caracterizar dada sociedade; e não podem ser respondidas senão por meio do estudo das regras de conduta que moldaram a vida daqueles homens e mulheres, distinguindo-a da vida de outros homens e mulheres pertencentes a outra sociedade inserida em outro sistema normativo.

Bobbio, contudo, entende que as normas jurídicas são apenas uma parte da experiência normativa. Segundo ele, além de normas jurídicas, existem preceitos religiosos, regras morais, sociais, costumeiras, de etiqueta e boa educação etc. Existem, portanto, normas sociais, que regulam a vida do indivíduo quando ele convive com outros indivíduos, e normas que regulam as relações do homem com a divindade, ou ainda do homem consigo mesmo.Todo indivíduo pertence a diversos grupos sociais (instituições): à Igreja, ao Estado, à família, às associações que têm fins econômicos, políticos, culturais ou simplesmente recreativos. Cada uma dessas associações se constitui e se desenvolve através de um conjunto ordenado de regras de conduta. Cada indivíduo, ademais, separado da sociedade a que pertence, formula para a direção da própria vida programas individuais de ação, que também são conjuntos de regras.

Assim, segundo Bobbio, cada grupo humano, cada indivíduo singular, enquanto estipula metas a atingir, estipula também os meios mais adequados para atingi-las. A relação meio/fim dá, geralmente, origem a regras de conduta do tipo: "*Se você quer atingir o objetivo A, deve praticar a ação B*". São regras de conduta não apenas os artigos da Constituição e das leis, mas também as regras religiosas ou morais, as prescrições do médico, as regras do xadrez, as normas de direito internacional, as regras da gramática, o regulamento de um condomínio etc. Todas essas regras são muito diversas pela finalidade que perseguem, pelo conteúdo, pelo tipo de obrigação que fazem surgir, pelo âmbito de suas validades, pelos sujeitos a quem se dirigem. Mas todas têm em comum um elemento característico que consiste em ser proposições que têm a finalidade de influenciar o comportamento dos indivíduos e dos grupos, de dirigir as ações dos indivíduos e dos grupos rumo a certos objetivos em vez de rumo a outros.

Há, contudo, teorias diversas da normativa, que consideram fatos diversos das regras de conduta como elementos característicos da experiência jurídica. Dentre essas teorias encontra-se a *teoria do direito como instituição*, defendida, na Itália, por Santi Romano.

7.2. Teoria institucionalista

Santi Romano, em seu livro *O ordenamento jurídico*, elabora uma teoria do direito onde contrapõe à concepção do direito como norma, a concepção do direito como instituição (BOBBIO, 2005: 28 a 30).

De acordo com Romano, os elementos constitutivos do conceito de direito são três: a) **a sociedade**, como base de fato sobre a qual o direito ganha existência; b) **a ordem**, como fim a que tende o direito; e c) **a organização**, como meio para realizar a ordem. Só existe direito onde existe uma sociedade organizada e ordenada. Essa sociedade é aquilo que Romano chama de *instituição*.

Segundo Romano, dos três elementos constitutivos, o mais importante é a organização. Isso significa que o direito nasce no momento em que um grupo social passa de uma fase não organizada (inorgânica) para uma fase organizada (orgânica). Por exemplo, a classe social é uma forma de grupo humano, mas, não tendo uma organização própria, não exprime um direito próprio, não é uma instituição. Já uma associação de delinquentes, que se exprime em uma organização e cria o seu próprio direito (o direito da sociedade de delinquentes), é uma instituição. O fenômeno da passagem da fase inorgânica para a fase orgânica é denominado *institucionalização*.

Pode-se dizer que um grupo social se institucionaliza quando cria a própria organização. Assim, antes de ser *norma*, o direito é *organização*, portanto, o direito existe e pode ser observado em qualquer grupo organizado, inclusive nas sociedades ditas primitivas.

7.2.1. Mérito da teoria institucionalista

O grande mérito da teoria institucionalista foi, segundo Bobbio, ter alargado os horizontes da experiência jurídica para além das fronteiras da organização estatal. Ao considerar o fenômeno da organização como critério fundamental para distinguir uma sociedade jurídica de uma não jurídica, a teoria institucionalista rompeu com a teoria positivista, que considera o direito apenas o direito estatal e identifica o âmbito do direito com o do Estado.

Para Bobbio, se hoje persiste ainda uma tendência em identificar o direito com o direito estatal, essa é a consequência histórica do processo de centralização do poder normativo e coativo que caracterizou o surgimento do Estado nacional moderno. A máxima consagração teórica desse processo é a filosofia do direito de Hegel, na qual o Estado é considerado o sujeito último da história, que não reconhece nem abaixo nem acima de si qualquer outro sujeito, e a quem os indivíduos e os grupos devem obediência incondicional. A teoria institucionalista representa uma reação a essa forma de proceder.

Bobbio é adepto da teoria normativa, motivo pelo qual entende que as normas antecedem a organização. Com base nisso tece algumas críticas à teoria institucionalista, pelo fato de essa teoria colocar a organização antes das normas. Segundo Bobbio, para que se possa desenvolver o processo de institucionalização que transforma um grupo inorgânico em um grupo organizado deve ocorrer três condições: a) que sejam fixados os *fins* que a instituição deverá perseguir; b) que sejam estabelecidos os *meios* principais que se consideram apropriados para alcançar aqueles fins; c) que sejam atribuídas *funções* específicas dos indivíduos componentes do grupo para que cada um colabore, através dos meios previstos, na obtenção do fim.

A determinação dos *fins*, dos *meios* e das *funções* só pode ocorrer através de regras, sejam elas escritas ou não, proclamadas solenemente em um estatuto ou aprovadas tacitamente pelos membros do grupo. Isso significa que o processo de institucionalização e a produção de regras de conduta não podem andar separados e, portanto, onde quer que haja um grupo organizado, é certo que haverá um complexo de regras de conduta que deram vida àquela organização. Nessa trilha, Bobbio entende que a teoria da instituição não exclui, ao contrário, inclui a teoria normativa do direito.

Ao focar essa inclusão, Bobbio destaca que o outro grande mérito da teoria da instituição foi o de pôr em relevo o fato de que somente se pode falar em direito onde há um complexo de normas (escritas ou não) formando um ordenamento e, portanto, o direito não é norma, mas conjunto coordenado de normas; uma norma jurídica não se encontra nunca sozinha, mas é ligada a outras normas com as quais forma um sistema normativo. Segundo ele, graças à teoria da instituição, a teoria geral do direito pôde evoluir da teoria das normas jurídicas à teoria do ordenamento jurídico, e os problemas que se vêm apresentando aos teóricos do direito são cada vez mais conexos à formação, à coordenação e à integração de um sistema normativo.

A teoria funcionalista também utilizou a noção de sistema. Radcliffe-Brown, como se verá no capítulo seguinte, desenvolve uma teoria funcionalista na qual o conceito de sistema é fundamental para a compreensão da organização social.

XI Radcliffe-Brown (1881 - 1955)

1. TEORIA FUNCIONALISTA

Radcliffe-Brown, em *Estrutura e função na sociedade primitiva*, expõe uma teoria funcionalista que se aproxima da orientação teórica de Emile Durkheim, especialmente em relação ao método utilizado (o das ciências naturais) e ao uso do conceito de *função* e de integração funcional. Também utiliza como fundamento básico de sua teoria o conceito de *estrutura*, razão pela qual o conceito de *função* aparece como uma contribuição para a manutenção da continuidade estrutural. Segundo ele, os conceitos de função e estrutura permitem captar o aspecto sistemático e estrutural, isto é, o aspecto totalizador da vida sociocultural.

Radcliffe-Brown posiciona-se contra as teses do evolucionismo ao estabelecer que não é possível opor sociedades simples e sociedades complexas, sociedades inferiores evoluindo para sociedades superiores, sociedades primitivas a caminho da civilização. Para ele, as primeiras não são as formas de organização originária das quais as segundas seriam derivadas. Por essas razões, entende que uma sociedade deve ser estudada tal como se apresenta no momento em que é observada, portanto, independentemente de seu passado, de sua história.

Ao contrário de outros antropólogos, Radcliffe-Brown não entende a antropologia como a ciência que estuda a cultura, mas como a ciência que estuda as estruturas sociais em funcionamento. Para ele, a antropologia social trata de fatos observáveis e concretos; ela não se ocupa da cultura porque essa palavra denota uma abstração, não uma realidade concreta. Ele define como objetos de estudo da antropologia social a estrutura e o funcionamento da sociedade. Vale dizer, na sociedade, a estrutura (rede de relações) não pode ser observada diretamente, mas apenas em seu funcionamento.

1.1. Estrutura e função

Radcliffe-Brown (1973: 221) diz que para elucidar os conceitos de *estrutura* e *função* é conveniente empregar uma analogia entre vida social e vida orgânica.

Nessa trilha analógica, constata inicialmente que o organismo animal é uma aglomeração de células dispostas umas em relação com outras não como um agregado, mas como um todo vivo integrado. O sistema de relações pelo qual essas unidades se relacionam é a estrutura orgânica. O organismo tem uma estrutura, mas não é em si a estrutura; é um acúmulo de unidades (células) dispostas numa estrutura, isto é numa série de relações. A estrutura de uma célula é, no mesmo sentido, uma série de relações entre moléculas complexas, e a estrutura de um átomo é uma série de relações entre elétrons e prótons. A estrutura, portanto, deve ser entendida como uma série de relações entre unidades. É certo que as moléculas constituintes não permanecem as mesmas, passam por um processo de substituição, mas a disposição estrutural das unidades integrantes continua a mesma. O processo pelo qual se mantém essa continuidade estrutural do organismo chama-se vida. O processo vital consiste nas atividades e interações das unidades constituintes do organismo: as células e os órgãos nos quais as células estão unidas.

Tal como a estrutura orgânica, a estrutura social é uma série de relações sociais em que os indivíduos estão relacionados uns com os outros em um todo integrado. O sistema de relações sociais forma a estrutura social. A vida social é o *funcionamento* da estrutura e a continuidade do funcionamento é fator necessário para a manutenção e continuidade da estrutura social. O funcionamento se realiza por meio de atividades (processos), executadas por um ou mais indivíduos. Assim, a função de um indivíduo é o papel que ele executa na vida social, fato que permite a manutenção e a continuidade estrutural. Tem-se a unidade funcional quando todas as partes do sistema social atuam juntas com suficiente grau de harmonia ou consistência interna.

A abordagem funcionalista de Malinowski, como visto, implica uma explicação teleológica na medida em que enfoca a ação como meio à objetivação de fins e metas. Nesse sentido, não importa se a ação é ou não intencional, consciente ou inconsciente; o que importa é que ela está sempre voltada para a obtenção de metas ou satisfação de necessidades. Radcliffe-Brown reluta em aceitar esse tipo de explicação, embora o seu conceito de função tenha também uma finalidade, que é a manutenção da continuidade estrutural.

Assim, para Radcliffe-Brown (1973: 223, 224), a *função* de qualquer atividade periódica, tal como a punição de um crime, ou uma cerimônia fúnebre, é parte que ela desempenha na vida social como um todo e, portanto, a contribuição que faz para a manutenção da continuidade estrutural. O conceito de função implica, pois, a noção de *estrutura* constituída de uma série de relações entre unidades, sendo mantida a continuidade da estrutura por um processo vital constituído das atividades integrantes. Pela definição dada, função é a contribuição que determinada atividade proporciona à atividade total da qual é parte.

O uso da noção de estrutura permite a Radcliffe-Brown concentrar seu estudo na estrutura social e não na satisfação de necessidades; por esse motivo alguns autores entendem que ele desenvolveu um funcionalismo diferente do funcionalismo de Malinowski, e uma forma de estruturalismo que não se confunde com o estruturalismo de Lévi-Strauss.

1.2. Família elementar

Para Radcliffe-Brown, *família elementar* é um grupo que constitui a unidade de estrutura da qual se constrói um parentesco. A família elementar consiste em um homem e sua mulher e seu filho(a) ou filhos(as). Segundo ele, a existência da família elementar cria três tipos especiais de relações sociais, entre pai (mãe) e filho(a), entre filhos(as) dos mesmos pais (germanos), e entre marido e mulher como pais do mesmo filho(a) ou filhos(as). As três relações que existem dentro da família elementar constituem relações de primeira ordem. Relações de segunda ordem são aquelas que dependem da conexão de duas famílias elementares através de um membro comum, tal como o pai do pai, o irmão da mãe, a irmã da esposa, e assim por diante. Na terceira ordem estão pessoas como o filho do irmão do pai, a esposa do irmão da mãe. Desse modo é possível traçar, desde que se tenha informação genealógica, relações de quarta, quinta ou enésima ordem (in LÉVI-STRAUSS, 2003: 68).

Essa passagem expressa a ideia segundo a qual a *família elementar* constitui a base da estrutura social, em que se originam as relações primárias de parentesco. Não resta dúvida de que esse tipo de família encontra-se, em quase toda parte, como tipo dominante ou como componente de família extensa (unidade composta de duas ou mais famílias elementares) e composta (unidade formada por três ou mais cônjuges e seus filhos). É preciso alertar, porém, que a ideia segundo a qual a família biológica constitui o ponto a partir do qual toda sociedade elabora seu sistema de parentesco não é unânime entre os antropólogos. Alguns observam que, no geral, não há afinidade biológica entre as pessoas (o pai e a mãe) que se unem para formar a família elementar, portanto, a base sobre a qual se ergue o sistema de parentesco seria o sistema de alianças.

As conclusões de Radcliffe-Brown sobre a família elementar colocam em evidência o tema do patrimônio como herança, que também repercute na esfera jurídica. A ideia de patrimônio vinculado à ideia de herança implica que algo deve ser deixado ou transmitido de um indivíduo para outro ou de uma geração para outra. Para Radcliffe-Brown, herança significa a transferência de *status* baseada na relação existente entre dois membros de um grupo social, entre aquele que transmite e o que recebe. Tal relacionamento é de caráter pessoal e geralmente ocorre entre parentes. Como visto, para ele, "duas pessoas são parentes quando uma descende da outra, como, por exemplo, um neto descende de um avô, ou quando ambas são descendentes de um antepassado comum". Assim, segundo seus esquemas, no caso de herança, a transmissão deve ocorrer entre parentes, sendo a transferência de pai para filho a mais tradicional.

2. ESTRUTURA SOCIAL E CULTURA

Radcliffe-Brown foi o primeiro a ocupar a cadeira de antropologia social na África do Sul, fato que ocorreu em 1921. Embora não negasse a existência de diferenças culturais, rejeitava a política de segregação fundado no argumento de que a África do Sul transformara-se numa sociedade única. Para ele as instituições nacionais cruzavam as fronteiras culturais e moldavam opções de vida em todas as aldeias e cidades no país. Todos os indivíduos estavam no mesmo barco. As políticas de base acerca das diferenças culturais representavam uma receita para o desastre. Entendia que a segregação era algo insuportável, motivo pelo qual afirmava que o nacionalismo sul-africano tinha de ser um nacionalismo que abrangesse negros e brancos (KUPER, 2002: 16).

Para Radcliffe-Brown não era possível observar uma cultura, porque essa palavra denota não uma realidade concreta, mas uma abstração, e, da forma como é usada comumente, uma abstração vaga. Repudiava a opinião de que uma sociedade como a África do Sul deveria ser estudada como uma arena em que duas ou mais culturas interagiam. Para ele, o que estava ocorrendo na África do Sul não era a interação das culturas (britânica, africânder, hotentote, banto e indiana), mas sim a interação de indivíduos e grupos dentro de uma estrutura social estabelecida que estava em processo de mudança. O que estava acontecendo numa tribo em Transker, por exemplo, só podia ser descrito reconhecendo-se que a tribo havia sido incorporada em um amplo sistema político-econômico (KUPER, 2002: 16).

3. CRÍTICA AO FUNCIONALISMO

Para Lévi-Strauss (2003: 25), os funcionalistas proclamam que toda pesquisa etnológica deve proceder do estudo minucioso das sociedades concretas, de suas instituições e das relações que estas mantêm entre si e com os costumes, crenças e técnicas; relações entre o indivíduo e o grupo, e dos indivíduos entre si no interior do grupo. Com esse modo de proceder, os funcionalistas abandonam a história e os mecanismos de difusão cultural, ou seja, fecham os olhos a toda informação histórica relativa à sociedade considerada, e a todo dado comparativo emprestado de sociedades vizinhas ou afastadas.

Essa forma de proceder ou de fazer pesquisa, desenvolvida pelos funcionalistas, recebe o nome de método monográfico (ou monografia). A respeito desse método, Lévi-Straus (2003: 26) reconhece que quando se estuda uma única sociedade, pode-se fazer uma obra preciosa; a experiência prova que, geralmente, devem-se as melhores monografias a investigadores que viveram e trabalharam uma única região. Mas as conclusões dessas monografias são, para os funcionalistas, próprias daquela sociedade e, portanto, não podem ser estendidas para outras sociedades, motivo pelo qual tais conclusões jamais podem almejar o caráter de leis universais.

Além disso, prossegue Lévi-Strauss, quando nos limitamos ao instante presente da vida de uma sociedade, somos, antes de tudo, vítimas de uma ilusão: pois tudo é história; o que foi dito ontem é história, o que foi dito há um minuto é história. Mas, sobretudo, condenamo-nos a não conhecer esse presente, pois somente o desenvolvimento histórico permite sopesar e avaliar, em suas relações respectivas, os elementos do presente. Não é possível, por exemplo, analisar o vestuário moderno sem reconhecer nele vestígios de formas anteriores. Raciocinar de outro modo é proibir todo meio de operar uma distinção essencial: a que existe entre função primária (correspondente a uma necessidade atual do organismo social) e função secundária (que se mantém apenas por causa da resistência do grupo em renunciar a um hábito). Além disso, dizer que uma sociedade funciona é um truísmo; mas dizer que tudo, numa sociedade, funciona é um absurdo.

3.1. Problema do método

Radcliffe-Brown, ao tratar do método da antropologia, assim se manifesta: (1973: 233): "Concebo a antropologia social como a ciência teórico-natural da sociedade humana, isto é, a investigação dos fenômenos sociais por métodos essencialmente semelhantes aos empregados nas ciências físicas e biológicas".

Alguns teóricos têm-se manifestado a favor de uma posição mais crítica nos estudos da cultura e da sociedade, motivo pelo qual são contrários à tese de que os métodos utilizados pelas ciências naturais devem ser utilizados pelas ciências humanas. O desprestígio do funcionalismo antropológico também pode ser medido por sua vinculação, explícita ou implícita, a essa tradição do positivismo social (Comte, Durkheim), que advoga a adequação perfeita dos métodos das ciências naturais às ciências humanas.

Ao se vincular a essa vertente teórica que consiste em aplicar ao estudo da sociedade e da cultura os princípios epistemológicos e metodológicos que presidem ao estudo das ciências naturais, o funcionalismo aceita o pressuposto que as ciências naturais são uma aplicação ou concretização de um modelo de conhecimento universalmente válido, motivo pelo qual, por maiores que sejam as diferenças entre os fenômenos naturais e os fenômenos sociais e culturais é sempre possível estudar os últimos como se fossem os primeiros.

Alguns teóricos (Ernest Nagel por exemplo) apontam as seguintes objeções à tendência de aplicar às ciências sociais o modelo das ciências naturais: a) as ciências sociais não podem estabelecer leis universais porque os fenômenos sociais são historicamente condicionados e culturalmente determinados; b) as ciências sociais não podem produzir previsões confiáveis porque os seres humanos modificam o seu comportamento em função do conhecimento que sobre ele adquire; c) os fenômenos sociais são de natureza subjetiva e, como tal, não se deixam captar pela objetividade do comportamento (SANTOS, 1996: 20, 21).

4. SOCIEDADE E DIREITO

Radcliffe-Brown observa que geralmente na análise das sociedades primitivas os teóricos incluem no conceito de direito todos ou quase todos os processos de controle social. Para ele, o conceito de direito é mais restrito, por isso estabelece que o critério fundamental na definição do conceito de direito são as sanções sociais, administradas por uma sociedade politicamente organizada. Define sanção social como uma reação, por parte de uma sociedade ou de um considerável número de seus membros, a um modo de comportamento que é aprovado ou desaprovado.

O comportamento aprovado implica sanção positiva e enfatiza o que se deve fazer. A sanção positiva pode consistir na concessão de títulos nobiliárquicos, honoríficos, fama, prêmios etc. O comportamento não aprovado implica sanção negativa e enfatiza o que não se deve fazer. As sanções negativas podem ser classificadas em duas espécies: a) **organizadas**: são aquelas que resultam de procedimentos definidos, regulados e reconhecidos, dirigidos contra pessoas cujo comportamento é socialmente desaprovado; e b) **difusas**: são espontâneas e desorganizadas, consistem na desaprovação geral da comunidade ou de uma parte significativa de seus membros e geralmente aparecem na forma de acusação de bruxaria, escárnio público etc.

O direito, segundo Radcliffe-Brown, deve ser entendido como o conjunto de sanções negativas organizadas. As sanções prescritas em uma lei penal seriam o exemplo típico dessas sanções. Nessa estrutura, o direito aparece como controle social que se exerce mediante a aplicação sistemática de sanções negativas com o uso da força da sociedade organizada politicamente. O direito tem, nesse sentido, como função primordial o estabelecimento da ordem mediante coação.

Radcliffe-Brown reconhece que não existe direito em algumas sociedades mais primitivas, porque essas sociedades não estão politicamente organizadas. O conceito de direito, portanto, está restrito àquelas culturas que possuem uma organização política mais formalizada. Naquelas sociedades primitivas nas quais não se aplica o conceito de direito, os costumes são reforçados por sanções sociais difusas. Assim, em algumas comunidades primitivas, o controle social deve ser tomado como um conjunto de sanções negativas difusas, visto que essas comunidades não possuem um corpo politicamente organizado capaz de fazer respeitar suas regras.

Enfim, Radcliffe-Brown define direito como o controle social através da aplicação sistemática da força da sociedade politicamente organizada. De acordo com essa definição conclui que algumas sociedades simples não têm direito.

4.1. Funcionalismo e direito

Radcliffe-Brown, como visto, define sanção como uma reação por parte da sociedade politicamente organizada a um modo de comportamento que é aprovado ou desaprovado. O comportamento aprovado implica sanção positiva e enfatiza o que se deve fazer. O comportamento não aprovado implica sanção negativa e enfatiza o que não se deve fazer. Essa análise combinada com a noção de Malinowski, segundo a qual a abordagem funcionalista consiste numa explicação teleológica da ação como meio à objetivação de fins e metas, é semelhante à análise funcionalista que alguns juristas fazem da ordem jurídica, especialmente Norberto Bobbio em um trabalho intitulado *A função promocional do direito*.

A teoria geral do direito, que Bobbio propõe nas suas obras *Teoria da norma jurídica* e *Teoria do ordenamento jurídico*, segue uma linha estruturalista. Essa posição, contudo, passa por uma revisão. Assim, em *A função promocional do direito*, investiga novas técnicas de controle social como exigência do Estado social contemporâneo. Essas técnicas não são centradas apenas em comportamentos repudiados pela sociedade, mediante a aplicação de sanções negativas, de caráter punitivo ou repressivo, mas também nas formas de estímulos às condutas desejadas, mediante a aplicação de sanções positivas, de caráter promocional.

Sob o enfoque funcionalista, a ordem jurídica pode ser vista não apenas como o reflexo da realidade social subjacente, mas também como fator condicionante dessa realidade. Na perspectiva funcionalista, o direito é tido como instrumento de gestão da sociedade e abrange a concepção segundo a qual as sanções postas pelo ordenamento jurídico têm por finalidade obter dado comportamento humano que o legislador considera conveniente ou desejável. Nessa trilha, aparece a função promocional do direito que implica o aumento de normas de organização e de sanções positivas ou premiais.

No ordenamento jurídico, além das medidas diretas que almejam as condutas em conformidade com as prescrições normativas, também se encontram medidas indiretas, que visam dificultar comportamentos não desejáveis e facilitar os desejáveis. Desse modo, ao lado das técnicas fundadas na função repressiva e nas sanções negativas, há lugar também para técnicas de encorajamento ou promocionais fundadas em sanções positivas que visam promover as condutas tidas como desejáveis. O conjunto normativo é, assim, utilizado como meio para alcançar determinados fins.

Na perspectiva do direito promocional, a adesão dos destinatários das normas não seria simples submissão, mas decisão, comprometimento e participação. Um direito desse tipo não pode, evidentemente, restringir-se ao tema da teoria estrutural do direito que se concentra na sistematização formal do ordenamento jurídico conforme a melhor tradição dogmática, mas requer, para apropriada consideração do princípio da efetividade, a análise da conduta dos destinatários das normas. Quer dizer, é necessário verificar se determinado conjunto normativo produziu os efeitos esperados, se ele se firmou, se obteve sucesso; por isso mesmo, na análise do efetivo cumprimento das normas, tem papel preponderante a análise do seu impacto persuasivo. Esse tipo de análise permite enxergar o direito como um sistema aberto aos fatos sociais e culturais que o abrangem e circunscrevem.

Alguns juristas entendem que o uso das sanções positivas ou premiais incide sobre comportamentos permitidos e não sobre comportamentos obrigatórios. O destinatário é, portanto, livre para se conduzir ou não em conformidade com a norma. Nesse aspecto cresce em importância a autonomia da vontade, na medida em que o Estado sancionador restringe sua própria força, uma vez que não ameaça, mas simplesmente encoraja. Na verdade, não há ampliação da autonomia da vontade. O que existe efetivamente é uma condução sutil da vontade, mediante técnicas de encorajamento. Vale dizer, com as sanções premiais o Estado desenvolve formas de poder mais amplas, substituindo o mercado e a sociedade no modo de controlar o comportamento, ao promover comportamentos através de subsídios, incentivos, isenções etc.

4.2. Direito: funcionalismo e estruturalismo

Na teoria geral do direito de inspiração funcionalista-estruturalista, o conjunto normativo aparece como um instrumento de gestão e controle social. Quando predomina o enfoque estruturalista, que enxerga o direito em termos de controle coativo, a ênfase incide na repressão de condutas contrárias às normas. Quando predomina o enfoque funcionalista, que enxerga o direito em termos de controle persuasivo, a ênfase incide no incentivo de condutas tidas como desejadas.

Segundo Alaôr Caffé Alves (in BOBBIO, 2005: 18, 19), Bobbio entende que as teorias que enfocam o direito sob o ponto de vista estrutural, portanto pautadas na perspectiva protetora ou repressiva do direito, são próprias dos Estados liberais, e as teorias que enfocam o direito sob o ângulo funcional, objetivando propiciar as condições jurídicas da promoção social e econômica, são próprias dos Estados sociais. Assim, a análise funcional do direito demanda considerações de conteúdo que, como visto, traspassa a mera análise formal da estrutura do ordenamento. Isso não quer dizer, entretanto, que o jurista italiano tenha substituído o enfoque da análise estrutural do direito, dominante na primeira fase de suas investigações, pela análise funcional ou teleológica. Há, na obra de Bobbio, uma convergência entre a análise estrutural e a funcional. A análise estrutural, considerada a primeira via da investigação, procura responder à pergunta: "de que se compõe o direito?" Essa análise é complementada e aprofundada pela segunda via da pesquisa, a da análise funcional, que responde à pergunta: "para que serve o direito?". A análise funcional investiga, portanto, a relação entre meio e fim, numa perspectiva sociológica.

Aliás, conforme palavras de Bobbio (2005: 19): "Os elementos deste universo (do direito), que são postos em evidência pela análise estrutural, são diferentes daqueles que podem ser postos em evidência pela análise funcional. Os dois pontos de vista não só são perfeitamente compatíveis senão que se integram mutuamente e de maneira sempre útil. Se o ponto de vista estrutural é predominante em meus cursos de teoria do direito, isto se deve exclusivamente ao fato de que quando os desenvolvi esta era a orientação metodológica dominante em nossos estudos. Se hoje os devesse retomar, decididamente não pensaria em substituir a teoria estruturalista pela funcionalista. Agregaria uma segunda parte sem sacrificar nada da primeira".

Os antropólogos e juristas costumam destacar as contribuições da escola sociológica francesa ao desenvolvimento e construção dos estudos antropológicos e jurídicos. Nesse sentido, mencionam os nomes de Émile Durkheim e Marcel Mauss, cujas contribuições serão analisadas nos capítulos seguintes.

XII Émile Durkheim (1858 - 1917)

1. AUTONOMIA DAS CIÊNCIAS SOCIAIS

Laplatine (2006: 87, 88) constata que para os pesquisadores da escola francesa de sociologia era necessário às ciências sociais, para garantir sua autonomia e para alcançar sua elaboração científica, a constituição de um quadro teórico, de conceitos e de modelos que fossem próprios da investigação do social, isto é, independentes tanto da explicação histórica (evolucionismo) ou geográfica (difusionismo) quanto da explicação biológica (funcionalismo) ou psicológica (psicologia clássica). Ao se empenharem nessa tarefa os sociólogos franceses Émile Durkheim e Marcel Mauss forneceram à antropologia o quadro teórico e os instrumentos operacionais que lhe faltavam.

Durkheim, ao escrever as *Regras do método sociológico*, desconfia da etnologia ao opor as observações confusas e rápidas dos viajantes aos textos precisos da história. Contudo, em *As formas elementares da vida religiosa* proclama que "as civilizações primitivas constituem casos privilegiados, porque são casos simples. Eis aí por que, em todas as ordens de fatos, as observações dos etnógrafos frequentemente foram verdadeiras revelações que renovaram os estudos das instituições humanas. Nada mais injusto que o desdenho que muitos historiadores têm ainda pelos trabalhos dos etnógrafos. Ao contrário, é certo que a etnografia frequentemente determinou, nos diferentes setores da sociologia, as mais fecundas revoluções" (1978b: 209).

Durkheim é considerado o responsável pela conquista da autonomia da sociologia em relação às demais ciências porque estabeleceu o *fato social* como objeto específico dos estudos sociológicos. Mas, em relação à antropologia, entendeu que esta não era totalmente autônoma na medida em que a considerou apenas um ramo da sociologia.

1.1. Fato social

Segundo Durkheim (1974: 1 a 3), há em toda sociedade um grupo determinado de fenômenos com caracteres nítidos que se distingue daqueles estudados pelas ciências da natureza. Assim, quando uma pessoa desempenha seus deveres de cidadão, de esposo ou de irmão ou quando se desincumbe de encargos que contraiu, essa pessoa pratica deveres que estão definidos no direito. Esse direito, entretanto, não foi a pessoa que o criou, portanto, existe fora dela. Assim também o devoto, ao nascer, encontra prontas as crenças e as práticas da vida religiosa, portanto, essas coisas existem fora dele. O mesmo ocorre com o sistema de sinais que a pessoa utiliza para exprimir seus pensamentos, o sistema de moeda que emprega para pagar as dívidas, os instrumentos de crédito que utiliza nas relações comerciais, as práticas a seguir na profissão, enfim, todas essas coisas funcionam independentemente do uso que a pessoa delas faça.

Para Durkheim, esses tipos de conduta ou de pensamentos não são apenas exteriores ao indivíduo; são também dotados de um poder imperativo e coercitivo, em virtude do qual se lhe impõem, quer queira, quer não. O indivíduo encontra-se, pois, diante de uma ordem de fatos que apresenta caracteres muitos especiais. São os fatos sociais, os quais consistem na maneira de agir, de pensar e de sentir exterior ao indivíduo, dotados de um poder de coerção em virtude do qual se lhe impõe. Por conseguinte, não podem ser confundidos com os fenômenos orgânicos, pois consistem em representações e em ações; nem com os fenômenos psíquicos, que não existem senão na consciência individual e por meio dela. O fato social, portanto: a) é exterior às consciências individuais; b) exerce coerção sobre os indivíduos; c) apresenta generalidade no meio do grupo; d) constitui o objeto de estudo da sociologia.

Conforme Durkheim (1974: 5, 6), essa definição de fato social pode ser confirmada por meio de uma experiência singela: basta que se observe a maneira pela qual são educadas as crianças. Toda educação consiste num esforço contínuo para impor às crianças maneiras de ver, de sentir e de agir às quais elas não chegariam espontaneamente. A pressão de todos os instantes que sofre a criança é a própria pressão do meio social tendendo a moldá-la à sua imagem, pressão de que tanto os pais quanto os mestres não são senão representantes e intermediários. Também são transmitidos pela educação outros fatos sociais, como as regras jurídicas, morais, religiosas etc.

O estudo sociológico do fato social implica a observação de três regras básicas: a) os fatos sociais são *coisas* que só podem ser explicadas sendo relacionadas a outros fatos sociais; b) na explicação dos fatos sociais devem ser afastados todos os preconceitos e pré-noções; c) é preciso definir com precisão o objeto da investigação, procurando agrupar aqueles que manifestam características comuns.

2. FORÇA DOS FATOS SOCIAIS

Para Durkheim (1974: 6, 7), existem certas correntes de opinião que nos impelem com intensidade desigual, segundo as épocas e os países, ao casamento, ao suicídio ou então a uma natalidade maior ou menor. Tais correntes são fatos sociais. À primeira vista, parecem inseparáveis das formas que tomam nos casos particulares. Mas a estatística oferece-nos o meio de isolá-las. São, com efeito, expressas – e não sem exatidão – pelas taxas de nascimento, casamento, suicídios, isto é, pelo algarismo que se obtém dividindo-se o total médio anual dos casamentos, dos nascimentos, das mortes voluntárias pelo total médio dos homens em idade de casar, de procriar, de se suicidar. Como cada um desses números compreende todos os casos particulares indistintamente, as circunstâncias individuais que podem desempenhar qualquer papel na produção do fenômeno se neutralizam mutuamente e, por conseguinte, não contribuem para determiná-lo. O que cada número exprime é certo estado de alma coletiva.

Durkheim interessou-se pelo estudo das taxas de suicídio por julgar que um estudo dessa natureza seria suficiente para testar a sua teoria e elevar a sociologia à categoria de disciplina científica. Assim, em uma obra intitulada *O suicídio*: um estudo sociológico, cuja síntese elaborada por Joel Charon (2000: 33 a 36) expomos na sequência. Durkheim analisa a força que os fatos sociais exercem sobre o suicida. Com essa análise pretende demonstrar a importância dos fatos sociais na determinação da probabilidade de suicídios.

2.1. Estudo do suicídio

O suicídio, segundo Durkheim, sempre será uma escolha pessoal, e há todo tipo de razões psicológicas que levarão uma pessoa e não outra a decidir suicidar-se. Contudo, até mesmo nessa escolha extremamente individual atuam fatos sociais, ou seja, a *taxa* (alta ou baixa) de suicídio numa sociedade influencia a probabilidade de suicídio de um indivíduo. Para Durkheim, a causa determinante da taxa (alta ou baixa) de suicídio é outro fato social que ele denomina *solidariedade social*. Assim, em comunidades com alta solidariedade social a taxa de suicídio deve ser menor do que nas comunidades com baixa solidariedade social. Para testar sua teoria, Durkheim analisou os registros sobre suicídio de várias províncias europeias.

Durkheim dividiu as províncias em católicas e protestantes. Como o protestantismo ressalta a relação individual com Deus (baixa solidariedade) e o catolicismo salienta a Igreja como uma comunidade integrada que reverencia Deus em conjunto (alta solidariedade), as províncias protestantes deveria apresentar taxa de suicídio maior do que as províncias católicas. De fato, os registros apontaram que a taxa de suicídio era maior entre os protestantes. Assim, pode-se afirmar que a probabilidade de suicídio é maior entre protestantes do que entre católicos. De acordo com a teoria, nas pequenas cidades (alta solidariedade) a taxa de suicídio seria menor do que nas grandes cidades (baixa solidariedade), porque nestas impera a impessoalidade ou individualismo. Examinando os registros, constatou-se que efetivamente era o que ocorria.

De acordo com a teoria de Durkheim, as pessoas casadas devem ser mais integradas na comunidade do que as solteiras, as mulheres mais do que os homens, as pessoas com filhos mais do que as sem filhos, as pessoas sem instrução universitária mais do que as com formação superior. Assim, segundo ele, casamento, família e ausência de educação superior integram mais a pessoa na comunidade, portanto, implica alta solidariedade. Ao passo que ser solteiro, do sexo masculino, sem filhos e ter educação superior implica baixa solidariedade. Os registros apontaram que a taxa de suicídio, de fato, era maior entre as pessoas solteiras, do sexo masculino, as sem filhos e as com instrução superior.

Durkheim também verificou que em comunidades com altíssima solidariedade a taxa de suicídio aumentava, portanto, demonstrou que a relação entre solidariedade social e taxas de suicídios é *curvilinear*, isto é, as taxas são mais elevadas nos dois extremos. Também verificou que as taxas de suicídios aumentam em épocas de mudanças sociais e também em épocas de depressão econômica ou períodos de rápida prosperidade.

Com base nos resultados do seu estudo, Durkheim classificou os seguintes *tipos de suicídio*: a) **egoístas**: ocorrem em virtude da baixa solidariedade social; b) **altruístas**: ocorrem em virtude da altíssima solidariedade social; c) **anômicos**: ocorrem em virtude de mudanças sociais, que levam o indivíduo a um estado de anomia (ausência de regras); d) **fatalistas**: ocorrem em virtude de mudança súbita na vida da pessoa: aumento ou diminuição repentina do *status*. A teoria de Durkheim influenciou todo tipo de análise de estatísticas: taxas de natalidade, mortalidade, aborto, divórcio, casamento etc.

O procedimento com as pesquisas estatísticas mostrou que as representações coletivas são fatos de natureza específica, portanto, diferentes dos fenômenos psicológicos individuais; mostrou também que é possível determiná-las de maneira direta e não apenas através dos pensamentos e emoções individuais. Outro método para conhecimento direto das representações coletivas seria o exame das expressões permanentes dessas representações. Nesse sentido, a análise da religião e dos sistemas jurídicos, por exemplo, permitiria captar as representações coletivas, tendo em vista que a religião e os sistemas jurídicos consistem em expressões permanentes dessas representações.

2.2. Antropologia e religião

Durkheim, em *As formas elementares da vida religiosa*, investiga as práticas religiosas das comunidades ditas primitivas, especialmente o sistema totêmico dos povos australianos. Em virtude das suas investigações sobre o totemismo, o sagrado e o profano, Lévi-Straus o considera um dos fundadores da antropologia religiosa.

Para Durkheim (1978b: 209 a 212), as religiões primitivas não permitem apenas distinguir os elementos constitutivos da religião; gozam também a vantagem muito grande de facilitar sua explicação, porque nas sociedades primitivas os fatos são mais simples e as relações entre os fatos também são mais aparentes. De outra parte, segundo Durkheim, toda religião tem um lado pelo qual ela ultrapassa o círculo das ideias propriamente religiosas e, através disso, o estudo dos fenômenos religiosos fornece um meio de renovar problemas que até então têm sido debatidos apenas entre filósofos. A religião, diz ele, é uma coisa eminentemente social, daí o interesse da sociologia. As representações religiosas são representações coletivas que exprimem realidades coletivas; os ritos são maneiras de agir que nascem no seio dos grupos reunidos e são destinados a suscitar, a manter ou a refazer certos estados mentais desses grupos.

"Sabe-se há muito tempo que, até um momento relativamente avançado da evolução, as regras da moral e do direito não se diferenciavam das prescrições rituais. Portanto, pode-se dizer, resumindo, que quase todas as grandes instituições sociais nasceram da religião. Ora, para que os principais aspectos da vida coletiva tenham começado por aspectos variados da vida religiosa, é preciso evidentemente que a vida religiosa seja a forma eminente e como que uma expressão abreviada da vida coletiva inteira. Se a religião engendrou tudo o que há de essencial na sociedade, é porque a ideia da sociedade é a alma da religião" (DURKHEIM, 1978b: 224).

Segundo Durkheim (1978b: 230), toda sociedade sente necessidade de conservar e de reforçar, em intervalos regulares, os sentimentos coletivos e as ideias coletivas que garantem a sua unidade e personalidade. Isso, segundo ele, só pode ser obtido por meio de reuniões, assembleias, congregações onde os indivíduos, estreitamente ligados uns aos outros, reafirmam os seus sentimentos comuns. Essas cerimônias, por seu objeto, pelos resultados que produzem, pelos procedimentos que nelas são empregados, não diferem em natureza das cerimônias propriamente religiosas.

Na concepção de Durkheim, as religiões seriam apenas uma transposição da sociedade para o plano simbólico. Assim, através do *totemismo*, por exemplo, os homens cultuam apenas a realidade coletiva transfigurada.

Totemismo é a crença no *totem*, ou organização social fundada nessa crença. O termo *totem* foi extraído do idioma dos índios norte-americanos e depois passou a indicar o fenômeno (presente em todos os povos primitivos) de transformar uma coisa (natural ou artificial) em emblema do grupo social e em garantia de sua solidariedade. O *totem* é, assim, apenas o símbolo de uma força sagrada e impessoal, emanada do grupo. Durkheim enfatizou esse caráter do *totem*, vendo nele a expressão da unidade do grupo social em sua inteireza e, portanto, nas inter-relações dos *clãs* em que o grupo se divide.

O totemismo dos Aruntas (tribo australiana) foi tomado como a forma mais simples de manifestação religiosa. A partir dessa manifestação, Durkheim elaborou três hipóteses: a) a vida do grupo é a fonte geradora e a causa da religião; b) as ideias e práticas religiosas referem-se ao grupo social ou o simbolizam; c) a distinção entre o sagrado e o profano é universalmente encontrada e tem consequências importantes para a vida social.

2.2.1. Sagrado e profano

Para Durkheim, a distinção das coisas em sagradas e profanas constitui um elemento importante para a compreensão dos fenômenos religiosos. Estes, segundo ele, colocam-se naturalmente em duas categorias fundamentais: a) **as crenças**: são estados de opinião e consistem em representações; e b) **os ritos**: constituem tipos determinados de ação.

Segundo Durkheim, todas as crenças religiosas, simples ou complexas, têm um mesmo caráter comum: pressupõem uma classificação das coisas (reais ou ideais) em duas classes ou em dois gêneros opostos. Essas coisas são traduzidas pelas designações de profano e sagrado. Assim, o caráter distintivo do pensamento religioso consiste na divisão do mundo em dois domínios: a) um que compreende tudo o que é sagrado; e b) outro que compreende tudo o que é profano. As crenças, os mitos, as lendas são representações ou sistemas de representações que exprimem a natureza das coisas sacras, as virtudes e os poderes a elas atribuídos, sua história, suas relações recíprocas e suas relações com as coisas profanas. Mas por coisas sagradas não é preciso entender apenas aqueles seres pessoais que vêm denominados deuses ou espíritos: uma rocha, uma árvore, uma fonte, uma pedra, um pedaço de lenha, uma casa, em suma, qualquer coisa pode ser sagrada.

Durkheim elabora uma distinção entre religião e magia, embora reconheça que ambas possuem muitos pontos comuns. Para ele, a magia está cheia de religião e a religião está cheia de magia, portanto, é impossível separá-las totalmente e definir uma sem a outra. A magia, tal como a religião, também tem os seus ritos e os seus dogmas, que são apenas mais rudimentares porque, perseguindo fins técnicos e utilitários, não se detêm em puras especulações. Mas a religião tem uma profunda aversão à magia, que nutre uma profunda hostilidade à religião. A magia deposita uma espécie de prazer profissional ao profanar as coisas santas. De sua parte a religião, embora não tendo sempre condenado e proibido os ritos mágicos, os vê em geral desfavoravelmente.

Segundo Durkheim, o aspecto coletivo (igreja) representa a diferença mais acentuada entre religião e magia. As crenças religiosas são sempre comuns a determinada coletividade, que, ao aderir às crenças, pratica os ritos delas emanados. As crenças, portanto, não são admitidas apenas a título individual por todos os membros da coletividade, mas são coisas do grupo e constituem a sua unidade. Os indivíduos que compõem a mesma religião sentem-se ligados uns aos outros pelo simples fato de terem uma fé comum. *Igreja*, para Durkheim, é uma sociedade na qual os membros são unidos pelo fato de representarem do mesmo modo o mundo sagrado e as suas relações com o mundo profano, e de traduzirem essas representações comuns com práticas idênticas. Na história, diz ele, não se encontra nenhuma religião sem igreja.

Não existe uma igreja mágica, ou seja, a magia não possui igreja. Entre o mago e os indivíduos que o consultam, como entre estes últimos, não subsistem vínculos duráveis que façam dos membros um mesmo corpo moral comparável àquele que formam os fiéis de um mesmo Deus, ou os sequazes de um mesmo culto. O mago tem uma clientela, não uma igreja; e os seus clientes podem perfeitamente não ter entre si qualquer relacionamento, ao limite de ignorar-se um ao outro. Também as relações entre eles são geralmente acidentais e transitórias, de todo semelhante àquelas de um doente com seu médico.

3. DIREITO E SOLIDARIEDADE

Para Durkheim (1978a), a sociedade não é uma simples soma de indivíduos; ela representa uma realidade específica que tem suas características próprias. Segundo ele, nada se poderia produzir de coletivo se as consciências individuais não existissem, mas essa condição, apesar de necessária, não é suficiente. É preciso, portanto, que essas consciências individuais estejam associadas e combinadas; é dessa combinação que resulta a vida social. Em suma, a sociedade ultrapassa o indivíduo, motivo pelo qual está em condições de impor maneiras de agir e de pensar. Mas a vida geral da sociedade não pode ser ampliada sem vida jurídica que, simultaneamente, abranja os mesmos limites e relações, refletindo-se necessariamente no direito todas as modalidades essenciais da solidariedade social.

"Quanto mais os membros de uma sociedade são solidários, tanto mais mantêm relações diversas, seja uns com os outros, seja com o grupo tomado coletivamente; pois, se seus encontros fossem raros, dependeriam uns dos outros apenas de uma maneira intermitente e fraca. Por outro lado, o número destas relações é necessariamente proporcional àquele das regras jurídicas que as determinam. Com efeito, a vida social, em todas as partes em que ela existe de uma maneira durável, tende inevitavelmente a tomar uma forma definida e a organizar-se; o direito não é outra coisa senão esta organização mesma, no que ela tem de mais estável e de mais preciso. A vida geral da sociedade não pode se desenvolver num ponto sem que a vida jurídica se estenda ao mesmo tempo e na mesma proporção. Portanto, podemos estar certos de encontrar refletidas no direito todas as variedades essenciais da solidariedade social" (1978a: 32).

Solidariedade social é, portanto, uma estrutura de relações e de vínculos recíprocos; ela cria entre os homens um sistema de direitos e deveres que os ligam uns aos outros de maneira durável. Solidariedade é forma de integração social; nesse sentido, o direito é um *símbolo visível* da solidariedade social. Durkheim distingue dois tipos de solidariedade social: a) **solidariedade mecânica**: ocorre nas sociedades simples (primitivas ou arcaicas), cuja estrutura social é formada de segmentos similares e elementos homogêneos, fundados na semelhança, ou seja, na uniformidade de comportamento; nessas sociedades os indivíduos partilham dos mesmos valores e sentimentos e o direito preponderante é o penal, que se faz acompanhar de sanções repressivas; b) **solidariedade orgânica**: ocorre nas sociedades complexas (civilizadas ou modernas), constituídas por um sistema de órgãos diferentes, dos quais cada um tem um papel especial, sendo eles próprios formados de partes diferenciadas; fundamenta-se na divisão do trabalho, no qual o direito preponderante é o dos contratos, que se faz acompanhar de sanções restitutivas.

3.1. Direito e sociedade complexa

Segundo Durkheim (1978a), as sociedades mais complexas não podem formar-se sem que a divisão do trabalho se desenvolva, motivo pelo qual se pode formular a seguinte proposição: o ideal de fraternidade humana não pode realizar-se senão na medida em que a divisão do trabalho progride. A divisão do trabalho produz *solidariedade* porque cria entre os homens um sistema de direitos e deveres que os liga uns aos outros de maneira durável. A divisão do trabalho dá origem a regras que asseguram o concurso pacífico e regular das funções divididas. Assim, formam-se as regras cujo número cresce à medida que o trabalho se divide e cuja ausência torna a solidariedade orgânica impossível ou imperfeita. Na solidariedade orgânica os indivíduos são agrupados segundo a natureza particular da atividade social a que se dedicam. Seu meio natural e necessário é o meio profissional. O que marca o lugar de cada um na sociedade é a função que preenche.

O direito repressivo é típico de sociedades primitivas ou arcaicas nas quais o indivíduo dificilmente é distinguido do grupo a que pertence, ao passo que o direito restitutivo é típico das sociedades complexas ou modernas nas quais o indivíduo se tornou uma pessoa capaz de estabelecer livremente relações contratuais com outros indivíduos. Desse modo, o desenvolvimento paralelo do Contrato e do Estado, ambos acompanhados de sanções restituitórias, é a manifestação mais exata do fortalecimento da solidariedade orgânica e do direito que lhe corresponde. Assim, à medida que a solidariedade mecânica, pelo influxo da divisão do trabalho, vai sendo transformada em solidariedade orgânica, o direito vai abandonando o seu caráter repressivo (direito penal), para assumir predominantemente a sanção restitutiva, característica do direito civil, comercial, administrativo e tributário.

4. JUSTIÇA E RETRIBUIÇÃO

Tercio Sampaio Ferraz Jr., em *Estudos de filosofia do direito* (2002: 213 a 229), analisa os modelos de justiça, em especial a conexão entre justiça e retribuição, e observa que a aceitação atual da agressão, repressão e violência como base da retribuição parece algo do passado, de sociedades primitivas. Mas, segundo ele, é na sociedade desenvolvida que a pena no sentido criminal recebe boa aceitação.

Aliás, Michel Foucault (1996: 80 a 82) confirma essas observações ao informar que na Europa do século XVIII a pena de morte era a regra, e a execução era um cerimonial semelhante a espetáculo público. Na Inglaterra, por exemplo, a lei penal estabelecia 315 condutas punidas com a morte. Isso tornava o sistema penal inglês um dos mais selvagens e sangrentos que a história das civilizações conheceu. Mesmo os teóricos do direito penal moderno (Beccaria, Bentham, Brissot), ao estabelecerem os tipos possíveis de punição (deportação, trabalho forçado, humilhação), incluíram a pena de talião (mata-se quem matou; tomam-se os bens de quem roubou) como forma de retribuição ideal e eficaz. Para esses teóricos, o criminoso é definido como um inimigo social, um inimigo interno, assim, ainda que a lei penal não possa prescrever uma vingança, a retribuição não deixa de ter uma conotação com vingança, fato que pode ser observado entre os adeptos da pena de morte.

A análise de Ferraz Jr. coloca sob suspeita os conceitos de solidariedade mecânica e solidariedade orgânica elaborados por Durkheim, principalmente no que diz respeito às conclusões retiradas desses conceitos, segundo as quais o direito preponderante nas sociedades arcaicas ou primitivas seria o penal, que se faz acompanhar de sanções repressivas, e o direito preponderante nas sociedades modernas seria o dos contratos, que se faz acompanhar de sanções restitutivas.

Na sua análise, Ferraz Jr. se serve de um estudo de Walter Burkert sobre retribuição, que permite a elaboração de modelos de justiça. Burkert assinala significativos casos de retribuição animal, que, na aproximação com o comportamento humano, merecem uma reflexão mais detida. Principia por lembrar observações sobre chimpanzés da Tanzânia, dentre os quais ocorre que algumas fêmeas arrancam o filhote da mãe e o devoram. A mãe demonstra medo e procura evitar o ato. Mas o grupo nada faz para evitá-lo. Não há pena contra as fêmeas. A questão parece resolver-se quando as fêmeas canibais tornam-se mães.

Burkert contrasta esse caso com uma passagem do livro de Tânia Blixen (*Out of África*), em que a autora retrata o comportamento dos *kikuyus* do Quênia. Para Blixen, parece que estes não teriam nenhum sentido para as noções de justiça e pena, ao menos no sentido ocidental que elas assumem. Para os africanos, diz ela, só há um meio de sanear uma insanidade cometida: o dano deve ser indenizado, qualquer que ele seja. O assassínio ou a lesão corporal é seguido de longas deliberações dos anciãos, que, por meio de negociações, buscam determinar a indenização correspondente. Blixen, para seu espanto, não encontra entre esses princípios nenhum "olho por olho, dente por dente". A autora constata que entre os *kikuyus* não há pena no sentido criminal, mas apenas num sentido civil.

Ferraz Jr. lembra que a autora talvez tivesse seu espanto diminuído se soubesse que, até a alta Idade Média, o direito dos povos germânicos retribuía com penas pecuniárias até mesmo os atos criminais mais pesados. A pena criminal só aparece entre os séculos XI e XII, não obstante o Velho Testamento proibir expressamente a indenização pecuniária em caso de assassinato.

4.1. Chimpanzés e *kikuyus*

O contraste entre a prescrição bíblica e o direito germânico faz Burkert retornar aos chimpanzés. Nestes, o observador não deixa de constatar contrarreações acompanhadas de irritação não só como contrapartida direta e imediata, mas mesmo quando algum tempo decorre.

Assim, um comportamento "vingativo" pode ocorrer em face de um comportamento inamistoso, cometido na presença do chimpanzé dominante (*Alpha*), horas depois, quando Alpha não está mais presente. Trata-se de reações *homeostáticas*, que asseguram a permanência de situações ambientais favoráveis a indivíduos e grupos, por meio de compensações e perturbações. O animal, num primeiro momento, foge, mas a fuga não é a estratégia mais eficaz. Daí vem a agressão, a contra-agressão. Na agressão está contida a explosão de fúria, uma espécie de programação biológica que oferece, ainda que curta e não objetiva, uma resistência a forças contrárias.

Ocorre que a agressão, mesmo entre os chimpanzés, parece estar controlada pela presença do chimpanzé Alpha. A agressão é limitada por uma espécie de "hierarquia" grupal. A quebra da "hierarquia", por sua vez, é "punida". O Alpha reage à insubordinação, e a essa reação se ligam fortes emoções. Às emoções submetidas a controle, dos subordinados, contrapõe-se a emoção sem limite do "chefe", o que explica as lutas agressivas em disputa da posição superior.

Em contraste com o comportamento animal, os *kikuyus* e os povos germânicos desenvolveram uma espécie de procedimento das reações que, de um lado, permite a socialização dos processos (que corresponde ao sentido de *sanção* como estabelecimento cerimonial da retribuição) e, de outro, o contato com meios de pagamento que possibilita a indenização como troca. Ambas, a socialização e a indenização, pressupõem a língua (código significativo) e, com isso, uma homeostase por meio de um mundo objetivamente estabilizado (criado pela linguagem) no qual ocorrem negociações. Assim, os procedimentos retributivos dos africanos não são primitivos nem desenvolvidos. Primitivismo e desenvolvimento são conceitos impróprios ao caso. Enfim, quando se trata de ser humano, mesmo a vingança, por meio de *procedimentos com base linguística*, torna-se orientada e dirigida, não obstante seu fundamento emocional.

A partir de observações filológicas, Burkert distingue dois modelos de retribuição: a) **o horizontal**: é o modelo que visa a equiparação de uma pretensão e de uma contraprestação; e b) **o vertical**: é o modelo que se fixa numa hierarquia a ser protegida e mantida. O modelo vertical parece prolongar um modelo pré-humano, no qual pressupõe hierarquia e retribui agressivamente uma ameaça agressiva. Mas os dois modelos podem aparecer numa mesma regra, conforme a estabelecida por Chilon (um dos sete sábios): "Concilia-te com quem te infligiu um dano (horizontal), vinga-te de quem te ofendeu (vertical)".

O modelo horizontal parece pertencer exclusivamente ao gênero humano, à medida que se liga à língua e a um mundo objetivamente construído. O estabelecimento da indenização ocorre por meio de negociação que permite a compensação de um dano. A vinculação da emoção à negociação até parece rebaixar o homem, significando sua regressão ao animalesco (beber o sangue do adversário). Por isso, Burkert entende que, do ponto de vista humano, o modelo horizontal é obviamente um dos *universalia* antropológicos, base de um discutido fenômeno, o *princípio da reciprocidade*, que se apresenta como um dar e receber. Lembra, a propósito, o *Ensaio sobre o dom*, de Marcel Mauss, no qual aquele princípio constitui uma forma básica da interação social.

XIII Marcel Mauss (1872 - 1950)

1. TEORIA DO FATO SOCIAL TOTAL

Marcel Mauss, tal como Durkheim, também entende que é necessário estudar os fatos sociais como *coisas*. Mauss, porém, amplia a noção de fato social, pois, para ele, as *coisas* (objetos manufaturados, armas, instrumentos, objetos rituais) são, elas mesmas, *fatos sociais*. Durkheim considerava os dados recolhidos pelos etnógrafos nas sociedades primitivas sob o ângulo da sociologia, da qual a antropologia era destinada a se tornar um ramo. Mauss, ao contrário, com a *teoria do fato social total*, proclama que o "lugar" da sociologia é "dentro" da antropologia (LAPLATINE, 2006: 89, 91).

Mauss, no *Ensaio sobre o dom* ou *dádiva*, analisa as formas de circulação de bens (trocas e doações) em diferentes sociedades, dando ênfase aos princípios de solidariedade, de reciprocidade e de rivalidade e suas conexões com as obrigações de dar, de receber e de restituir. Essa análise mostra que a economia e a moral do dom penetra nas sociedades capitalistas modernas, especialmente nos grandes sistemas de doações e empréstimos que estão sendo criados para organizar e atender às demandas sociais. Os princípios do dom, portanto, não foram suprimidos pela dinâmica do mercado, motivo pelo qual devem ser considerados pela tecnologia jurídica, especialmente na parte que se refere aos contratos.

Mauss examina as formas de circulação de bens sob o enfoque da *teoria do fato social total*. De acordo com essa teoria, o social só é real integrado em sistema, motivo pelo qual, para compreender um fenômeno social, é preciso apreendê-lo totalmente, ou seja, os fatos sociais não podem ser redutíveis a fragmentos esparsos.

A teoria do fato social total postula, portanto, a integração dos diferentes aspectos (jurídico, econômico, histórico, religioso, estético) constitutivos de dada realidade social que convém apreender em sua integralidade. Essa totalidade não suprime o caráter específico dos fenômenos, que permanecem, ao mesmo tempo, jurídicos, econômicos, religiosos e até mesmo estéticos e morfológicos. A totalidade consiste, assim, num sistema ou rede de inter-relações funcionais entre todos esses planos, que possibilita apreender as condutas humanas em todas as suas dimensões. Isso significa que, ao enxergar o fenômeno social na sua totalidade, o investigador (jurista, antropólogo, sociólogo) estabelece uma exigência epistemológica de caráter interdisciplinar.

Mauss acredita que as trocas (dons e contradons) constituem o núcleo comum de um grande número de atividades sociais aparentemente heterogêneas; percebe, desse modo, a importância do regime dos contratos no funcionamento e evolução das sociedades, motivo pelo qual procura apreendê-lo como um fenômeno social total. Começa por investigar o caráter livre e gratuito, mas ao mesmo tempo obrigatório e interessado, das obrigações de dar, de receber e de restituir que vigem nas sociedades ditas primitivas. Na sequência, procura demonstrar que o encadeamento dessas prestações envolve uma multiplicidade de fenômenos (jurídicos, morais, políticos, econômicos, religiosos etc.) ligados aos sistemas de trocas (dons e contradons). A circulação de dons e contradons, assim, corresponde a um fato social total porque engloba e entrelaça os diversos domínios da vida coletiva.

Sinteticamente, pode-se estabelecer que no *regime do dom*: a) tem-se um *sistema de prestações totais* porque abrange dons antagonistas e não antagonistas envoltos em ciclos de solidariedade, reciprocidade e rivalidade, cujo funcionamento pode ser perfeitamente conhecido; b) as prestações são totais porque englobam, ao mesmo tempo, diversos tipos de fenômenos (jurídicos, religiosos, econômicos, morais etc.), que supõem a intervenção dos diversos grupos que dão forma a uma sociedade (famílias, clãs, tribos etc.); c) o fenômeno social da troca de dons é total porque nele combinam-se muitos aspectos das práticas sociais e numerosas instituições que caracterizam uma sociedade; d) esses fenômenos sociais também são totais porque permitem que a sociedade se represente e se reproduza como um todo.

A teoria do fato social total tem, assim, a pretensão de apreender certas formas universais de pensamento e de moralidade a partir do processo de trocas, momento em que a totalidade da sociedade e de suas instituições se manifesta na experiência. O sistema de trocas que implica o dom traspassa todas as sociedades porque o dom existe em todo lugar, embora não seja o mesmo em toda parte. Mauss, entretanto, concentra-se no estudo do sistema de trocas das sociedades primitivas. Essa escolha justifica-se pelo fato de essas sociedades estarem bastante afastadas da sociedade moderna e, por isso, é possível observar nelas esses *fatos de funcionamento geral*, que têm a vantagem de ser *mais universais* e de possuir *mais realidade*.

É preciso ter em conta, porém, que, se as sociedades primitivas são profundamente marcadas por "uma economia e uma moral do dom", as sociedades capitalistas são marcadas por "uma economia e uma moral de mercado e de lucro". Isso não quer dizer, entretanto, que as sociedades caracterizadas pelo dom ignoram as trocas mercantis nem que as sociedades capitalistas deixaram de praticar o dom. As relações comerciais coexistem há séculos com as trocas de dons nas sociedades primitivas e, inversamente, o dom continua a ser largamente praticado nas economias de mercado. Segundo Godelier (2001: 26), o problema consiste em perceber quais os princípios que prevalecem nas sociedades dominadas pelo dom e quais os que prevalecem nas sociedades dominadas pelas trocas comerciais.

O sistema do dom não se confunde, portanto, com o das trocas comerciais, são coisas distintas. Nas sociedades dominadas pelo dom, as coisas são tratadas e se comportam como sujeitos, e os objetos parecem ocupar o lugar das pessoas. A pessoa não se separa da coisa, ou seja, a coisa dada não é alienada, pois aquele que a cede continua a conservar direitos sobre o que deu; continua, portanto, a retirar algumas vantagens do seu ato. Nas sociedades dominadas pelas trocas comerciais, os bens são destacados das pessoas que os colocam à venda; nas sociedades nas quais impera a concorrência na venda de bens e serviços e cujo objetivo é a realização de lucro, as pessoas, até certo ponto, são tratadas como coisas.

2. SISTEMA DO DOM

Bronislaw Malinowski, em *Argonautas do Pacífico Ocidental*, publicado em 1922, faz uma descrição meticulosa dos grandes circuitos marítimos (*kula*), que consistem em transportar, nos arquipélagos melanésios, colares e pulseiras de conchas. Mauss, em *Ensaio sobre o dom*, publicado em 1923, faz uma análise do *kula* e do *potlatch*, por meio do qual não apenas visualiza um processo generalizado de troca simbólica, mas também começa a extrair a existência de *leis de reciprocidade* (dom e contradom) e de comunicação, que são próprias da cultura em si, e não apenas da cultura melanésia.

Mauss procura esclarecer os fundamentos de uma moral e de uma economia, cujos vínculos entre sujeitos são constituídos e reafirmados por meio da troca de objetos. Coloca em destaque a tensão no caráter voluntário e, ao mesmo tempo, obrigatório das prestações que compõem esse sistema de trocas. Segundo ele, "de todos esses temas muito complexo e desta multiplicidade de coisas sociais em movimento, queremos considerar um único traço, profundo, mas isolado: o caráter voluntário, por assim dizer, aparentemente livre e gratuito e, no entanto, imposto e interessado dessas prestações. Elas revestiram quase sempre a forma do presente, da prenda oferecida generosamente mesmo quando, nesse gesto que acompanha a transação, não há senão ficção, formalismo e mentira social, e quando há, no fundo, obrigação e interesse econômico" (MAUSS, 1974: 41).

Ao abordar o *regime do dom* nas sociedades melanésias e polinésias, Mauss (1974: 41) confirma que a "vida material e moral, a troca, funciona nestas sociedades sob uma forma desinteressada e ao mesmo tempo obrigatória. Além do mais, esta obrigação se exprime de modo mítico, imaginário ou, se assim preferirmos, simbólico e coletivo: ela assume o aspecto do interesse ligado às coisas trocadas – *estas nunca ficam completamente desligadas* daqueles que as trocaram; a comunhão e a aliança que estabelecem são relativamente indissolúveis. Na realidade, este símbolo da vida social – a *permanência da influência* das coisas trocadas – não faz senão traduzir *bastante diretamente* a maneira como os subgrupos destas sociedades segmentadas, de tipo arcaico, estão permanentemente imbricados uns nos outros e sentem tudo dever uns aos outros".

Mauss (1974: 42) tenta decifrar o *regime do dom* ao estabelecer a seguinte pergunta: "Qual a regra de direito e de interesse que, nas sociedades ditas primitivas ou arcaicas, faz com que o presente recebido seja obrigatoriamente restituído? Que força há na coisa dada que faz com que o donatário a retribua?". Maurice Godelier (2001: 21) entende que a abordagem de Mauss pode ser resumida da seguinte fórmula: "O que faz com que em tantas sociedades, em tantas épocas e em contextos tão diferentes os indivíduos se sintam obrigados não somente a dar ou, quando algo lhes é dado, a receber, mas também obrigados, quando recebem, a restituir o que lhes foi dado, seja a mesma coisa (ou coisa equivalente), seja algo de mais ou de melhor?".

Para responder a essas questões, Mauss procura demonstrar que a análise de um *dom*, qualquer que seja ele, exige sempre que se considere a relação entre aquele que dá (doador) e aquele que recebe (donatário). Ao considerar essa relação, verifica que o *regime do dom* envolve três tipos de obrigações: de dar, de receber e de restituir. Alerta, porém, que, nessas diversas formas de prestações e trocas, há *algo* mais do que coisas trocadas. Aponta para a existência, no seio das mais diversas formas de trocas e prestações, de uma mesma *força* encarnando-se naquelas três obrigações, que precipita as pessoas e as coisas em um movimento que, cedo ou tarde, traz as coisas de volta às pessoas e faz coincidir o ponto de chegada (de todos os dons e contra-dons) com seu ponto de partida.

Vale dizer, no *regime do dom*, as coisas prolongam as pessoas, e as pessoas se identificam com as coisas que possuem e que trocam. O *regime do dom* descreve mundos em que "tudo vai e vem, como se houvesse troca permanente de uma matéria espiritual compreendendo coisas e homens". Para Mauss, o vínculo por meio das coisas é um vínculo da alma, pois a própria coisa possui uma alma. Assim, uma vez dada, a coisa leva com ela algo das pessoas e *se esforça* para retornar, cedo ou tarde, para aquela que, pela primeira vez, tinha cedido. Ao partilhar da crença de que a coisa possui um espírito, é possível acreditar na explicação do por que a coisa volta, ou seja, na obrigação de retribuir a coisa recebida. Mas, segundo Godelier (2001: 21, 22), essa crença não explica a obrigação de dar.

2.1. Obrigação de dar

Mauss (1974: 58), para explicar o *por que se dá*, estabelece a hipótese segundo a qual *o que obriga a dar é precisamente o fato de que dar obriga*. Para ele, "recusar-se a dar, deixar de convidar ou recusar-se a receber equivale a declarar guerra, é recusar a aliança e a comunhão".

Conforme especifica Godelier (2001: 156), nas sociedades com "uma economia e uma moral do dom", a troca não é apenas um mecanismo que faz circular bens e pessoas. É, também, mais profundamente, a condição da produção e reprodução das relações sociais que constituem o arcabouço específico de uma sociedade e caracterizam os laços que se tecem entre os indivíduos e os grupos. A obrigação de dar significa, portanto, produzir uma relação de aliança entre indivíduos e entre grupos, significa criar possibilidades para continuar a existir. O domínio do dom é constituído por tudo aquilo cuja partilha é possível e pode gerar obrigações e dívidas para o outro. A coisa dada ultrapassa o universo dos objetos materiais, porque pode ser uma dança, uma mágica, um nome, um ser humano, um apoio em um conflito ou uma guerra.

O dom e o contradom do mesmo objeto constituem a maneira mais simples, mais direta de produzir solidariedade e dependência, preservando, ao mesmo tempo, o *status* das pessoas em um mundo em que a maior parte das relações sociais é produzida e reproduzida pela instituição de laços de pessoa a pessoa. O dom seguido do contradom do mesmo objeto constitui, assim, a molécula elementar de qualquer prática do dom, o deslocamento mínimo que é preciso efetuar para que esta prática adquira algum sentido.

Dar significa que uma pessoa transfere voluntariamente algo que lhe pertence a uma outra pessoa, supondo que esta não pode deixar de aceitar. O dom é esse ato voluntário pessoal ou coletivo que pode ou não ter sido solicitado por aquele que o recebe. O dom torna solidários os dois parceiros e, ao mesmo tempo, faz com que um deles (donatário) fique obrigado ao outro (doador). O dom instala o donatário em uma posição socialmente inferior e dependente enquanto ele não puder dar, por sua vez, mais do que recebeu ou algo equivalente.

Dar institui simultaneamente uma relação dupla entre aquele que dá e aquele que recebe: a) **uma relação de solidariedade**: quem dá partilha o que tem; e b) **uma relação de superioridade**: aquele que recebe o dom e o aceita fica em dívida para com aquele que deu. Dar instaura, assim, uma diferença e uma desigualdade de *status* entre doador e donatário, desigualdade que em certas circunstâncias pode transformar-se em hierarquia. No mesmo ato (dar), portanto, estão contidos dois movimentos opostos: a) **o dom *aproxima*** os protagonistas porque é partilha; e b) **o dom *afasta*** socialmente os protagonistas porque transforma um deles em devedor do outro. O dom é em sua própria essência uma prática ambivalente que une forças contrárias. Ele pode ser, ao mesmo tempo, ato de generosidade ou ato de violência, mas nesse caso uma violência disfarçada de gesto desinteressado (GODELIER, 2001: 22, 23).

Mauss procurou saber por que as sociedades primitivas são caracterizadas por uma "economia e uma moral do dom" e sua resposta é que essas sociedades só puderam emergir quando diversas condições se combinaram: a) **a primeira**: era necessário que as relações pessoais desempenhassem um papel preponderante na produção das relações sociais que constituíam o arcabouço da sociedade; b) **a segunda**: era preciso também que essas relações fossem tais que os indivíduos e os grupos engajados tivessem todo o interesse, para se reproduzir e para reproduzi-las, em se mostrar desinteressados; c) **a terceira**: finalmente, era preciso estabelecer que o interesse em dar, em mostrar-se desinteressado residia em um caráter fundamental do dom: o fato de que nessas sociedades *o que obriga a dar é o fato de que dar obriga.*

2.2. Obrigação de restituir

Conforme Godelier (2001: 27, 28), as três condições do dom, antes indicadas, eram suficientes para explicar por que se dá, mas eram insuficientes para explicar por que se retribui. Isso teria levado Mauss a estabelecer uma quarta condição suplementar, que estaria na crença de que as coisas dadas têm uma alma que as leva a voltar para a pessoa que, primeiramente, as possuiu e deu. Assim, para explicar a obrigação de restituir, Mauss invoca a existência de um *espírito na coisa* que leva aquele que recebe a retribuir; tudo se passa como se a explicação pela existência de uma regra de direito e de interesse seja, a seus olhos, insuficiente e, por isso, necessita acrescentar uma dimensão *religiosa.*

Como se nota, a solução proposta para a obrigação de restituir está na área dos *mecanismos espirituais*, das razões morais e religiosas. Nesse sentido, diz Mauss (1974: 53): "O mais importante entre os mecanismos espirituais é evidentemente aquele que obriga a restituir o presente dado. Ora, em nenhum lugar a razão moral e religiosa dessa obrigação é mais aparente do que na Polinésia. Basta estudá-la mais particularmente e veremos mais detalhadamente que é a força que leva a restituir a coisa recebida". A solução, portanto, repousa nas crenças que emprestam às coisas uma alma, um espírito que as leva a voltar a seu lugar de nascimento.

Nessa trilha, ao analisar o conceito polinésio de *hau*, Mauss (2001: 63, 64) faz referência ao depoimento de Tamati Ranaipiri (sábio maori):

"Vou falar-lhe do hau... Suponha que o senhor possui um determinado artigo (*taonga*), e que me dê esse artigo: o senhor me dá sem preço fixo. Nós não negociamos a tal propósito. Ora, eu dou esse artigo a uma terceira pessoa que, depois de algum tempo, decide dar alguma coisa em pagamento (*utu*), presenteando-me com alguma coisa (*taonga*). Ora, esse *taonga* que ele me dá é o espírito (*hau*) de taonga que recebi do senhor e que dei a ele. Os *taonga* que recebi por esses *taonga* (vindos do senhor) tenho que lhe devolver. Não seria justo (*tika*) de minha parte guardar esses *taonga* para mim, quer sejam desejáveis (*rawe*) ou desagradáveis (*kino*). Devo dá-los ao senhor, pois são um *hau* de *taonga* que o senhor me havia dado. Se eu conservasse esse segundo *taonga* para mim, isso poderia trazer-me um mal sério, até mesmo a morte. Assim é o *hau*, o *hau* da propriedade pessoal, o *hau* dos *taonga*, o *hau* da floresta".

Segundo Mauss, o depoimento de Tamati Ranaipiri revela a chave que permite desvendar o problema do *hau* (espírito das coisas), porque esclarece que a obrigação de restituir repousa no fato de que a coisa recebida não é inerte. Mesmo abandonada pelo doador, ela ainda é algo dele. Por meio dela, ele tem ascendência sobre o beneficiário. No fundo, *é o hau que quer voltar a seu lugar de nascimento*, ao santuário da floresta e do clã e ao proprietário. No direito maori, o vínculo de direito, vínculo por meio das coisas, é um vínculo da alma, pois a própria coisa tem uma alma animada e, por causa disso, ela tende a voltar a seu lar de origem ou a reproduzir, para seu clã e para o solo do qual saiu, um equivalente que a substitui. Mauss foi censurado muitas vezes por se deixar fascinar por essa explicação mítico-religiosa do fenômeno, por não ter tentado reconstruir o fundamento sociológico para explicar a obrigação de restituir.

Godelier (2001: 157) observa que as coisas dadas não se deslocam sozinhas, não se deslocam por elas mesmas, são colocadas em movimento pela vontade dos homens, mas essa vontade é ela mesma animada por forças subjacentes. Segundo ele, a *lógica do hau* fica mais evidente quando o dom de uma coisa é seguido por um contradom, que devolve ao doador inicial a mesma coisa que tinha dado. Essa ida e volta da mesma coisa parece desprovida de sentido, principalmente quando a coisa é devolvida imediatamente, porque parece que foi trocada por nada. Ocorre que o objeto que retorna a seu proprietário inicial não é *devolvido*, ele é *dado de volta*. E, no curso de sua ida e volta, o objeto não se deslocou por nada. Muitas coisas se passaram graças ao seu deslocamento. Duas relações sociais idênticas, mas em sentido inverso, foram produzidas, ligando, assim, dois indivíduos ou dois grupos em uma dupla relação de dependência recíproca.

Enfim, a *lógica do hau* permitiria perceber que existe, na coisa dada, uma *força* que se exerce sobre aquele que a recebe, obrigando-o a *restituir*. Essa noção aparece de forma bastante acentuada na obrigação de fazer dons aos deuses.

2.3. Quarta obrigação

Mauss (2001: 69) menciona uma *quarta obrigação* que desempenha um importante papel nesse sistema de trocas de dons e contradons. Trata-se da obrigação de fazer dons aos deuses e aos espíritos dos mortos. As oferendas e os sacrifícios constituem obrigações desse tipo, mas o sacrifício possui a força de exercer uma coação maior sobre os deuses, de fazer com que devolvam mais do que receberam. Os deuses e os espíritos dos mortos são os verdadeiros proprietários das coisas e dos bens do mundo, motivo pelo qual com eles é mais necessário trocar e mais perigoso não trocar. Mas com os deuses e os espíritos dos mortos é mais fácil e mais seguro trocar.

Mauss (2001, 73) entende que "a destruição sacrifical tem como objetivo, precisamente, ser um donativo necessariamente retribuído"; o sacrifício, portanto, seria um contrato ou aliança entre os homens e os deuses. Os deuses, ademais, são mais generosos do que os homens, porque dão uma coisa grande (a vida, a fertilidade, a abundância) em troca de uma pequena. Assim, aqueles homens que dão muito, mais do que lhes foi dado, tanto que jamais será possível restituir-lhes, elevam-se acima dos outros homens e são um pouco como os deuses ou pelo menos deles se aproximam.

A prática do dom estende-se, portanto, além do mundo humano e torna-se elemento essencial de uma prática religiosa, ou seja, das relações entre os humanos, os espíritos e os deuses, porque todos povoam o mesmo universo. O imaginário, assim, adquire força porque se torna crença, norma de comportamento e fonte de moral. A crença na alma das coisas amplifica, mas também engrandece as pessoas e as relações sociais, porque as sacralizam. Se as coisas têm uma alma, é porque as potências sobrenaturais, deuses ou espíritos vivem nelas e circulam com elas entre os homens, ligando-se ora a uns, ora a outros. Há sempre ligações, por meio das coisas que circulam, entre as pessoas e entre estas e os deuses.

Como se verá adiante, a obrigação de fazer dons aos deuses, mediante a destruição sacrifical, assemelha-se, em certos aspectos, ao *potlatch*, uma forma evoluída de prestação total.

3. SISTEMA DE PRESTAÇÕES TOTAIS

Conforme Mauss (2001: 55, 56), o *sistema de prestações totais* possui as seguintes características: a) **primeira**: o contrato é estabelecido não entre indivíduos, mas entre coletividades ou pessoas morais (clãs, tribos, famílias) que se obrigam mutuamente e, eventualmente, defrontam-se, opõem-se e enfrentam-se em grupos ou por intermédio de seus chefes, ou dos dois modos ao mesmo tempo; b) **segunda**: os objetos das trocas não são exclusivamente bens e riquezas, coisas economicamente úteis; são, sobretudo, cortesias, festins, ritos, serviços militares, mulheres, crianças, danças, nos quais o mercado é apenas um momento e a circulação de riquezas somente um dos termos de um contrato mais geral e mais permanente; c) **terceira**: essas prestações e contraprestações eram contratadas de uma forma antes voluntária, através de dádivas, presentes, embora fossem, no fundo, rigorosamente obrigatórias, sob pena de guerra privada ou pública.

O *sistema de prestações totais* é composto de duas categorias de prestações totais: a) **não antagonista**: nessa categoria, os dons e contradons não assumem a forma de rivalidade; essa é a forma mais antiga e evolui para formas cada vez mais competitivas; b) **antagonista**: é um modo evoluído de prestação total que culmina no *potlatch*, em que predominam a rivalidade, a competição e o antagonismo. Mauss toma como modelo das prestações totais não antagonistas as trocas praticadas nas sociedades divididas em metades complementares, como as tribos australianas e as norte-americanas, nas quais os ritos, os casamentos, as sucessões nos bens, os laços de direito e de interesse, as categorias militares e sacerdotais, tudo é complementar e supõe a colaboração das duas metades da tribo. Nessas sociedades, cada metade depende da outra para sua própria reprodução, ou seja, a reprodução de uma das metades é condição imediata da reprodução da outra.

As formas não antagonistas possuem as seguintes características: a) dons e contradons criam um estado de endividamento e de dependência mútuo que oferece vantagens para cada uma das partes; b) a coisa ou a pessoa dada não é alienada; c) dar é transferir uma coisa ou uma pessoa, da qual se cede o uso, mas não a propriedade; d) um dom, por isso, cria uma dívida que um contradom equivalente não pode anular; e) a dívida obriga a dar de volta, mas dar de volta não é restituir, é dar por sua vez.

Para Godelier (2001: 224), Mauss foi o primeiro a ressaltar a importância do dom, das trocas de dons no funcionamento das sociedades humanas, antigas ou modernas, ocidentais ou não. Foi o primeiro a distinguir claramente dois tipos de dons: os dons e contradons não antagonistas e os dons antagonistas, que batizou com o termo *potlatch*. Ele sugeriu que os dons antagonistas eram uma forma transformada dos dons não antagonistas, uma forma em que a rivalidade, a luta por riquezas predominam sobre o ato de partilha. A seus olhos, o *potlatch* não poderia ter caracterizado as primeiras formas de organização da sociedade humana; foi uma instituição que se desenvolveu mais tarde, a ponto de, às vezes, marcar toda a "economia e a moral" de uma sociedade.

3.1. "Potlatch"

Potlatch é uma palavra originária de uma língua dos índios americanos, que significa dom de caráter sagrado que constitui, para quem o recebe, um desafio a dar um contradom maior ou equivalente. No *potlatch* predomina a rivalidade, a competição e o antagonismo, que, em determinado número de casos, não se trata sequer de dar ou de restituir, mas de destruir. Nesse sentido, o *potlatch* assemelha-se ao sacrifício (dom aos deuses), porque sacrificar é oferecer destruindo o que se oferece. Em 1884, o *potlatch* dos índios americanos foi proibido por uma lei apresentada como emenda ao *Indian Act* de 1876, que o considerou uma excessiva ou descontrolada dilapidação de bens. Houve protestos por parte dos antropólogos, que viram na proibição uma clara manifestação de etnocentrismo, ou seja, uma supervalorização da cultura europeia e uma total ignorância a respeito da cultura indígena.

O *Ensaio sobre o dom* é dedicado essencialmente à análise do *potlatch*, considerado uma forma evoluída da *prestação total*, forma do tipo antagonista, porque nela predomina o princípio da rivalidade. A essência do *potlatch* é a obrigação de dar. Dar (distribuir, gastar) aparece nessa lógica não apenas como forma de adquirir ou aumentar a honra e o prestígio, mas também como uma forma de humilhar aquele que recebe e não pode restituir. Vale dizer, o objetivo do *potlatch* é colocar aquele que recebe em situação de inferioridade permanente, substituir relações recíprocas instáveis por relações hierárquicas estáveis.

Um chefe deve dar, pois ele só conserva sua autoridade sobre a tribo, só mantém sua posição entre os demais chefes se provar que é visitado e favorecido pelos espíritos e pela fortuna. Mas ele só pode provar essa fortuna gastando-a, distribuindo-a e, com isso, humilhando os outros, colocando-os à sombra de seu nome. É precisamente o ato de dar e de dar mais do que os outros que conta, senão é o fracasso. Como vários chefes aspiram, ao mesmo tempo, ao mesmo título ou à mesma posição e como nenhum deles quer nem pode confessar-se imediatamente vencido, cada um tem de se esforçar para dar mais do que os outros se não quiser perder seu prestígio, sua honra e sua fama.

No *potlatch* prevalece o princípio da rivalidade, motivo pelo qual nele se dá alguma coisa (dom) para "esmagar" o outro. Por isso, no *potlatch* se dá muito, para tornar mais difícil ou impossível, para aquele que recebe, restituir o que recebeu. Trata-se de colocar o outro em dívida de modo quase permanente, de fazer com que perca seu prestígio publicamente. Agindo assim, o doador pode afirmar, pelo máximo de tempo possível, a própria superioridade. Por essas razões, Mauss (2001: 57) sublinha que o *potlatch* é antes de tudo uma guerra, "uma luta dos nobres para garantir uma hierarquia entre eles, da qual seu clã tirará proveito mais tarde".

O *potlatch* é, assim, uma estratégia para conquistar uma posição, validar um título, manter a fama ou o prestígio, provar a fortuna e a nobreza, cujo critério para isso é justamente o ato de dar e de dar mais do que os outros. Dar é, assim, manifestar superioridade, e aceitar sem retribuir ou sem retribuir mais é subordinar-se, tornar-se servidor, apequenar-se. No *potlatch*, paradoxalmente, o ato de dar manifesta a intenção de romper a reciprocidade dos dons, de quebrá-la em proveito próprio. Dessa forma, vai surgindo uma nova hierarquia baseada na riqueza – o indivíduo progride e faz progredir a família na escala social.

Conforme observa Godelier (2001: 223, 224), nas sociedades de trocas competitivas de dons e contradons de riquezas, o objetivo declarado é permitir que apenas *alguns* indivíduos e *alguns* grupos tenham acesso a posições, títulos, categorias postas em competição. Isso significa que o número de títulos, categorias ou posições deve ser amplamente inferior ao número de grupos e indivíduos que se enfrentam. Esse fato, a raridade relativa dos bens políticos em relação ao número de participantes, tem por consequência que aqueles que entram no jogo com o objetivo de ir até o fim e ganhar são socialmente obrigados a dar sempre mais que os outros ou a dar objetos muito mais raros, mais preciosos que os dos outros.

Nesse tipo de sociedade é difícil, talvez até impossível, para a maioria dos indivíduos e dos grupos, não entrar no jogo dos dons e contradons ou sair dele. Só conseguem escapar aqueles que, por sua posição elevada, estão situados acima da arena ou aqueles que, por sua condição inferior ou servil, são excluídos por baixo. Para os outros, querer escapar é perder a honra, a sua e a do grupo que representam. O dom encerra assim uma violência que não é apenas aquela dos indivíduos, pois tem origem além deles, nas relações sociais que implicam a luta de riqueza pelo poder e pela reputação. O dom contém essa violência no sentido duplo do termo. Ele a retém em si e a mantém dentro de certos limites, permitindo, porém, que se manifeste publicamente, politicamente.

3.2. "Kula"

Malinowski (1978: 71, 72), como visto, entende que o *kula* é um sistema de comércio dotado de uma enorme variedade de aspectos associados a inúmeras atividades. É um fenômeno complexo porque compreende diversas ramificações e inter-relações. É uma forma de troca bastante ampla porque praticada por comunidades localizadas num extenso círculo de ilhas que formam um circuito fechado do extremo oriental da Nova Guiné. Ao longo dessa rota, artigos de dois tipos viajam constantemente em direções opostas. No sentido horário movimentam-se os colares feitos de conchas vermelhas. No sentido oposto, movem-se braceletes feitos de conchas brancas. Esses artigos, viajando em seu próprio sentido no circuito fechado, ao se encontrarem no caminho, são trocados uns pelos outros.

Em cada ilha e em cada aldeia, alguns homens participam do *kula*, ou seja, recebem os artigos, conservam-nos consigo durante algum tempo e, por fim, passam-nos adiante. Cada um dos participantes recebe periodicamente um ou vários braceletes de concha ou colar de conchas que devem entregar a um de seus parceiros, do qual recebe em troca o artigo oposto. Assim, ninguém jamais conserva nenhum artigo consigo por muito tempo. O fato de que uma transação seja consumada não significa o fim da relação estabelecida entre os parceiros, porque o *kula* implica um sistema de trocas ininterruptas.

No *kula*, coisas e pessoas tomam o lugar umas das outras e essas transferências produzem, entre os indivíduos e grupos que são seus protagonistas, relações sociais particulares, fontes de um conjunto de direitos e obrigações recíprocos. O interesse das pessoas que praticam o *kula* não é se encontrarem frente a frente para trocar bens equivalentes, o que elas querem é algo maior, é criar dívidas, e dívidas que durem o maior tempo possível, a fim de acumular prestígio e engrandecer o nome.

Para Mauss (2001: 83), o *kula* é uma espécie de grande *potlatch*, um sistema de comércio intertribal e intratribal que associa um grande número de sociedades. Esse comércio consiste em trocas aparentemente desinteressadas, mas a serviço do renome (honra e prestígio) dos doadores, trocas em que reina a rivalidade entre indivíduos sequiosos de receber como dom o mesmo objeto precioso. Nesse sistema de comércio, a troca cerimonial dos artigos uns pelos outros é o aspecto fundamental e central. Associadas a ele, e realizadas à sua sombra, porém, existem numerosas características e atividades secundárias, como e o caso do comércio comum necessário à economia tribal.

Mauss enfoca particularmente os braceletes e colares de conchas porque, a seus olhos, constituem o objeto essencial dessas trocas ou doações. Ele resume o princípio que os rege: os braceletes circulam de oeste para leste e os colares de leste para oeste. A originalidade do jogo é que um bracelete nunca pode ser trocado por um bracelete, e um colar por um colar. Um bracelete é trocado por um colar, um colar por um bracelete, com a condição de que os dois sejam da mesma categoria e de valor equivalente. Os colares (símbolo feminino) e os braceletes (símbolo masculino) tendem um para o outro, como o macho para a fêmea.

Godelier (2001: 144) anota que o sistema global do *kula* é um jogo e, para que um indivíduo "ganhe" nesse jogo, é preciso que ele possua um *kitoum* (objeto) de grande valor e que receba um outro equivalente. Mas seu ganho não está aí. Está, antes de tudo, na reputação que ele ganha, e também nos "presentes", os dons suplementares que sua habilidade ao negociar angaria. Os objetos do *kula* não são, portanto, coisas indiferentes. Como observa Mauss (2011: 88), cada um, pelo menos os mais valiosos e os mais cobiçados, tem um nome, uma personalidade, uma história ou até mesmo um romance. O objetivo principal dessas troças de dons não é a acumulação de riqueza, mas o aumento da reputação, do prestígio, o engrandecimento do nome do doador. A peça é dada com a condição de que o intermediário a transmita para um outro e assim sucessivamente até que chegue ao parceiro distante, ao extremo da *rota do kula*.

Segundo Godelier (2001: 142), a coisa dada no *kula* não é nem vendida nem comprada, nem penhorada, nem alugada. Ela é, ao mesmo tempo, "propriedade e posse", mas apenas para os dois parceiros distantes situados nos dois extremos da rota e que têm todas as chances de nunca se conhecerem pessoalmente. Eles conhecem um do outro apenas o nome. Quanto aos parceiros intermediários, a coisa só é recebida com a condição de que seja transmitida a um terceiro, e todos no *kula* sabem que a qualquer momento o doador do objeto poderá reclamá-lo, quebrando, assim, uma das rotas do *kula*.

O que interessa às pessoas, porém, não é recuperar rapidamente o seu objeto, exceto em circunstâncias excepcionais. Também não é substituí-lo rapidamente por outro da mesma categoria. O objetivo é lançá-lo o mais longe possível e deixá-lo circular o maior tempo possível para que leve com ele o nome de seu doador original, para que o engrandeça e para que o objeto se carregue cada vez mais de vida, de valor, enriquecendo-se de todos os dons e de todas as dívidas que sua circulação engendra ou anula. Assim, quanto mais o objeto é oferecido e reoferecido, mais ele se afasta de seu proprietário de origem e mais o nome deste último cresce. Não existe o retorno do objeto à origem, pois o objetivo é que um objeto de igual categoria, mas diferente, venha a ocupar o seu lugar.

Hoje, diz Godelier (2001: 147), é o europeu que domina e ao mesmo tempo subverte o *kula*. Ele compra conchas, transporta-as de barco até o seu ateliê para poli-las, usando mão de obra assalariada, e as transforma em objetos de valor (*kitoum*). Uma parte desses *kitoum* é vendida aos turistas e aos habitantes da ilha, mas alguns ele lança no *kula*, beneficiando-se de todos os dons suplementares que tradicionalmente acompanham a circulação dos braceletes e colares. Seu objetivo não é de modo algum aquele do *kula* tradicional (busca de prestígio e renome), mas simplesmente a acumulação de lucro, a obtenção de riqueza.

Alguns princípios do *kula*, como se verá adiante, podem ser reencontrados nos grandes circuitos nacionais e internacionais que envolvem transferências de objetos valiosos. Esses grandes circuitos aparecem na forma de exposições de objetos de determinada cultura de um povo, de uma época ou lugar. Tal como o *kula*, esses circuitos têm uma função social extraordinária que consiste em aproximar os povos, promover a paz e evitar a guerra.

4. DOM E GUERRA

Mauss (1974: 182, 183) observa que "em todas as sociedades que nos precederam e que ainda nos rodeiam, e mesmo em numerosos costumes de nossa moralidade popular, não existe meio termo: confia-se ou desconfia-se inteiramente; depor as armas e renunciar à sua magia, ou dar tudo; desde a hospitalidade fugaz até às filhas e bens. Foi em estado desse gênero que os homens renunciaram a seu ensinamento e aprenderam a empenhar-se em dar e retribuir. É que eles não tinham escolha. Quando dois grupos de homens se encontram podem fazer apenas duas coisas: ou afastar-se - e, caso suspeitem um do outro, desafiar e lutar – ou tratar-se bem. Até direitos bem próximos de nós, até economias não muito distanciadas da nossa são sempre estrangeiros com os quais se "contratam", mesmo quando são aliados (...). É opondo a vontade de paz contra bruscas loucuras que os povos conseguem substituir pela aliança, pela dádiva e pelo comércio a guerra, o isolamento e a estagnação".

Para Mauss (1974: 183), o que funda a sociedade é o estabelecimento de um sistema de trocas no qual os homens podem "opor-se sem massacrar-se e dar-se sem sacrificarem-se uns aos outros". O sistema de trocas, portanto, não implicaria uma estrutura de submissão, mas de reciprocidade. Nessa trilha, a antítese do dom não seria o mercado, mas a ausência de relações, motivo pelo qual alguns autores entendem que Mauss não confere à guerra qualquer coeficiente de sociabilidade, por se tratar de um fenômeno que implica o isolamento e a estagnação. O sistema de troca implica a construção da vida social, mas a troca não implica apenas uma relação contratual; mais que isso, a troca implica uma aliança que garante a paz.

Segundo Lévi-Strauss (2001), existiria uma transição contínua da guerra às trocas. As trocas representariam um processo ininterrupto de dons recíprocos, que realiza a passagem da hostilidade à aliança, da angústia à confiança, do medo à amizade. Nessa perspectiva, a guerra e o comércio não poderiam ser estudados separadamente, por constituírem dois aspectos de um mesmo processo social. As trocas comerciais representariam guerras potenciais pacificamente resolvidas, enquanto as guerras seriam as consequências de transações comerciais fracassadas.

Para Godelier (2001: 24), "o dom pode se opor à violência direta, à subordinação física, material e social, mas também ser um seu substituto. E são mais que abundantes os exemplos de sociedades em que os indivíduos, incapazes de honrar suas dívidas, se veem obrigados a se colocar, ou a colocar seus filhos, como escravos, acabando por se transformar na propriedade, na *coisa* daqueles que lhes tinham concedido seus dons".

De qualquer modo, na sociedade contemporânea, é possível enxergar inúmeras práticas que se assemelham ao *potlatch*, ao *kula*, aos dons antagonistas e não antagonistas. Mauss (1974: 42), aliás, reconhece que os princípios da economia do dom "funcionam ainda nas nossas sociedades, de maneira constante e por assim dizer subjacente". Isso significa que os princípios do dom não foram totalmente erradicados pela dinâmica do mercado capitalista; a presença da lógica do dom pode ser reconhecida não apenas no âmbito da filantropia ou do trabalho voluntário, como se verá adiante, mas também no universo das relações mercantis que se estabelecem cotidianamente entre as pessoas físicas ou jurídicas. Essas relações, inicialmente cordiais, podem, porém, resultar no rompimento do princípio da reciprocidade e com isso provocar disputas, como as que ocorrem perante os Tribunais, ou até mesmo o estado de guerra entre os contratantes. Enfim, a troca pacífica pode transformar-se em troca de hostilidades.

XIV Dom na Sociedade Contemporânea

1. DOM: FATO SOCIAL TOTAL

Para Godelier (2001: 160, 161), o dom, como prática real, é um elemento essencial da produção-reprodução tanto das relações sociais objetivas como das relações pessoais subjetivas e intersubjetivas, que são seu modo concreto de existência. O dom, como prática, faz parte, *simultaneamente*, da forma e do conteúdo dessas relações. É nesse contexto que o dom, como *ato* e também como *objeto*, pode *representar*, *significar* e *totalizar* o conjunto das relações sociais, do qual é ao mesmo tempo instrumento e símbolo. E como os dons vêm das pessoas e os objetos dados são inicialmente ligados, depois desligados para serem outra vez ligados a pessoas, os dons encarnam tanto as pessoas quanto suas relações. É nesse sentido e por essas razões que o dom é um fato social total, justamente porque contém e une ao mesmo tempo algo que vem das pessoas e algo que está presente em suas relações.

Tanto nas sociedades primitivas como nas sociedades ocidentais, o número das trocas do tipo *potlatch* é bastante limitado diante dos números bastante expressivos de dons e contradons recíprocos praticados para fomentar e consolidar solidariedades, e não para desenvolver rivalidades entre indivíduos e grupos. Mas, em qualquer tipo de troca, antagonista ou não antagonista, aparecem manifestações mais ou menos ostensivas dos princípios da solidariedade, da reciprocidade e da rivalidade e, dependendo da situação, um se destaca mais do que os outros. Na sociedade ocidental, é possível perceber fragmentos da economia e da moral do dom presentes em outras esferas que não a econômica, como é o caso do dom entre amigos. Mas também é possível verificar que o dom nas sociedades ocidentais ultrapassa a esfera da vida privada e das relações pessoais, principalmente quando se institucionaliza a demanda social do dom por intermédio do Estado e de organizações não governamentais.

1.1. Dons entre amigos

Mauss inicia o *Ensaio sobre o dom* com um poema da *Eda* escandinava, em que destaca alguns versos que fazem referência ao dom entre amigos: "Com armas e com roupas devem os amigos agraciar-se; cada um sabe por si próprio. Os que trocam presentes mutuamente são amigos todo o tempo, se as coisas forem bem encaminhadas. Deve-se ser amigo do amigo e dar presente por presente".

As relações entre amigos, isto é, o dom entre amigos, são bastante valorizadas nas sociedades ocidentais. Entre amigos ajuda-se sem obrigação de retribuir, mas sabendo que haverá reciprocidade, porque os amigos partilham, dão-se uns aos outros. Em suma, a amizade é uma relação entre indivíduos que marcam seus sentimentos por gestos de ajuda mútua e através de trocas de dons, de presentes. Entre amigos dá-se desinteressadamente, sem esperar retorno imediato e sem se preocupar sequer com um retorno.

Conforme Godelier (2001: 215, 216), os dons entre amigos apenas engajam os indivíduos, portanto, não contribuem para a reprodução das estruturas de base da sociedade, como ocorre nas relações de parentesco. Em outras palavras, os dons, a ajuda entre amigos, relacionam-se com a esfera dos laços subjetivos entre indivíduos que se escolhem sem que sua escolha recíproca tenha outro motivo, outra obrigação além da força de seus sentimentos, a atração que suscitam e sentem um pelo outro.

Esses dons permitem entrever uma das razões pelas quais na cultura ocidental os dons entre amigos continuam a existir e a ser valorizados, enquanto outros tipos de dons, obrigatórios porque necessários para reproduzir elementos fundamentais da sociedade, tais como as relações de parentesco, tendem a desaparecer. O dom entre amigos permanece um paradigma forte na cultura ocidental individualista, pois se apresenta como um ato individual, espontâneo, subjetivo, altruísta, não obedecendo a nenhuma obrigação coletiva, a nenhuma coação social objetiva, que não serve, portanto, para reproduzir em profundidade a sociedade.

Na cultura ocidental o dom entre amigos não é institucionalizado, motivo pelo qual o direito tem-se mantido distante das relações que envolvem esses tipos de dons, embora seja possível enxergar o dom voluntário (não obrigatório) no regime jurídico das doações, dos empréstimos e dos testamentos. Recentemente o mundo jurídico foi sensibilizado pelas relações homoafetivas, especialmente naqueles casos em que um dos parceiros falecia em virtude de ter contraído o vírus HIV. O *dom* que o parceiro sadio prestou ao doente contribuiu, e muito, para que o Poder Judiciário, em alguns casos, reconhecesse a existência de uma *aliança* ou uma *sociedade de fato* entre eles e, assim, viabilizasse ao primeiro o direito à sucessão ou partilha.

As relações que envolvem parceiros do mesmo sexo ainda estão por ser definidas juridicamente, mas, indubitavelmente, trata-se de relações que se aproximam das relações de amizade ou companheirismo, como ocorre com as relações matrimoniais, regidas não apenas pelo princípio do afeto, mas, sobretudo, pelos princípios da solidariedade e da reciprocidade, que, às vezes, transmudam-se em princípio de rivalidade e de hostilidade.

O direito reconhece na relação de parentesco um valor que pode ser traduzido em pecúnia, mas não estende esse reconhecimento à relação de amizade. Há também resistência no sentido de estender esse reconhecimento à relação entre parceiros do mesmo sexo. Desse modo, se uma pessoa falece em acidente causado por terceiro, seus parentes e cônjuge têm direito à indenização pecuniária, mas esse direito não é extensivo aos amigos ou ao parceiro. Isso parece ilógico porque, muitas vezes, a relação de amizade ou a relação homoafetiva é mais estreita, mais recíproca, mais solidária, mais afetiva e mais fraterna do que a relação de parentesco. Vale dizer, muitas vezes o sofrimento pela perda é mais forte no amigo ou no parceiro do que nos parentes.

De qualquer modo, na sociedade capitalista, com suas altas taxas de desemprego e exclusão, os dons voluntários, gratuitos e desinteressados vão-se tornando necessários na equação de problemas sociais. Aliás, mesmo os dons gratuitos e desinteressados entre pessoas que não se conhecem já começam a aparecer como uma condição objetiva, socialmente necessária, da reprodução da sociedade. Nesse sentido, ganha força o dom que, na tradição cristã, aparece na forma de uma virtude (*caritas*), considerada a mais importante entre todas as virtudes, na qual está incluído o dom não antagonista, totalmente gratuito e desinteressado.

Na cultura ocidental, portanto, o dom entre amigos toma assento ao lado de um outro dom, fortemente privilegiado pela cultura ocidental cristã: o dom por Cristo, filho de Deus, que dá a própria vida para remir os pecados dos humanos e salvá-los da danação eterna, exemplo supremo do dom gratuito, absoluto. *Caritas* é um desdobramento desse dom.

1.2. Dom e "caritas"

Mauss (2001: 76) observa que a esmola é o fruto de uma noção moral da dádiva e da fortuna, por um lado, e de uma noção do sacrifício, por outro. Há, nesse sentido, uma noção generalizada entre os povos segundo a qual os deuses que dão e retribuem estão lá para dar uma coisa grande em vez de uma coisa pequena. Assim, entre diversos povos existe o hábito de conceder presentes às crianças e aos pobres como forma de agradar os deuses e os espíritos. Trata-se da velha moral da dádiva transformada em princípio de justiça, ou seja, os deuses e os espíritos consentem que as partes que se lhes davam e que eram destruídas em sacrifícios inúteis sirvam para os pobres e as crianças. Essa doutrina da caridade e da esmola espalhou-se pelo mundo com o cristianismo e o islamismo e penetrou no direito das sociedades ocidentais.

A legislação brasileira, por exemplo, estabelece que o dever jurídico de prestar alimentos aos necessitados cabe não apenas à família do necessitado, mas também ao Estado e à sociedade. Além disso, a expressão *alimentos* possui alcance e sentido mais amplos que os utilizados no uso cotidiano: abrange não só o fornecimento de alimentação, mas também vestuário, habitação, educação, lazer e tratamento médico.

O dever jurídico da sociedade de dar alimentos a quem necessita realiza-se mediante pagamento de tributos e contribuições, especialmente os inseridos nas fontes de custeio da Seguridade Social. Há, entretanto, homens e mulheres que, diretamente ou por meio de entidades não governamentais, prestam auxílio ou concedem alimentos aos necessitados movidos não por imposições legais, mas por fatores religiosos, morais ou éticos.

Quando alguém movido por um dever religioso ou moral presta auxílio ou dá alimento a um necessitado, esse ato possui um conteúdo ético que se liga à noção de justiça como *caritas*, a virtude que consiste na realização do preceito cristão fundamental: *ama o próximo como a ti mesmo. Caritas* é, portanto, amor. O apóstolo Paulo estabelece a superioridade de *caritas* sobre as outras virtudes: "*Agora há fé, esperança e caritas (amor), essas três coisas, mas a caritas é a maior de todas*" (Cor. I, 13, 7, 13). *Caritas*, além de ser o vínculo que mantém ligados os membros da comunidade, é a expressão da amizade dos homens com Deus.

A ideia de justiça como *caritas* encontra apoio na obra de filósofos como Santo Agostinho e São Tomás de Aquino. Para esses filósofos, a justiça corresponde a um ato de amor desinteressado, algo semelhante à criação divina, visto que Deus (justo e misericordioso) criou o mundo não para a sua glória, mas como um ato de amor pela humanidade. Praticar a justiça como *caritas*, como um ato de amor desinteressado, como a manifestação mais pura da autonomia da vontade ou *livre-arbítrio* constitui um esplendor ético porque prescreve uma ação boa por si mesma: *amai como Deus vos ama.*

Para Ferraz Jr. (2002: 222, 223), a conclusão de Santo Agostinho – "dois Amores fizeram duas cidades: a terrena, fê-la o amor de si até o desprezo de Deus; a celeste, fê-la o amor de Deus até o desprezo de si" – esclarece que o amor-*caritas* tem o sentido de renúncia, uma renúncia que não é privação, mas plenitude. O amor cristão não tem, assim, uma compensação no amor do outro, mas na plenitude do amor divino. E a plenitude do amor divino explica que um Deus onipotente ofereça o sacrifício de seu Filho pela salvação dos homens. Essa dívida dos homens para com um Deus morto na cruz para salvá-los das consequências de seus atos, da danação eterna é impagável. Como diz Santo Tomas de Aquino: "o homem nada pode dar a Deus que já não lhe deva. Ainda assim, ele jamais quitará a sua dívida".

Caritas depende do *livre-arbítrio*, motivo pelo qual a pessoa pode, por sua vontade livre, recusar-se a dar alimento à pessoa que não possui meios de prover a própria manutenção, ou seja, o ato de prestar ou não auxílio aos necessitados vincula-se à autonomia da vontade; advém, portanto, de normas que o sujeito dá a si mesmo. Para que a justiça como *caritas* revele um ato de amor, é necessário que o ato seja desinteressado e que estabeleça a sociabilidade dos homens. São Tomás de Aquino entendia, por essa razão, que a justiça como amor só seria possível e realizável à medida que as pessoas fossem capazes de compartilhar suas vidas com outras pessoas.

A justiça como *caritas* é o dom cristão; trata-se de um dom subjetivo, voluntário e desinteressado. Esse dom mobiliza homens e mulheres de *boa vontade* que, de maneira anônima e desinteressada, praticam o amor-*caritas* por meio da doação ou do trabalho voluntário e, com isso, promovem as condutas tidas como convenientes e desejáveis. A justiça como amor, embora implique uma retribuição descompensada, encontra na justiça divina a sua retribuição exemplar, afinal, "quem dá aos pobres, empresta a Deus", algo semelhante à quarta obrigação descrita por Marcel Mauss.

Caritas mostra que, na cultura ocidental, o dom tornou-se objetivamente uma operação subjetiva, pessoal, íntima e individual. Ele é a expressão e o instrumento de relações pessoais situadas além do mercado e do Estado, ou seja, o dom continua a derivar de uma ética e de uma lógica que não são as do mercado e do lucro, pelo contrário, opõem-se e resistem a elas. O dom subjetivo se opõe, é certo, às relações comerciais, mas carrega sempre os seus estigmas. Ao idealizar-se, o dom desinteressado funciona no imaginário como o último refúgio de uma solidariedade, de uma generosidade na partilha que teria caracterizado outras épocas da evolução da humanidade. O dom torna-se um portador de utopia. Uma forma de utopia que as pessoas parecem não querer ver destruída, pois acalenta esperanças em um futuro melhor, neste ou em outro mundo.

2. DOM E UTOPIA

Maurice Godelier (2001) empreende, como ele próprio diz, uma nova análise do dom, de seu papel na produção e reprodução do laço social, de seu lugar e de sua importância mutáveis nas diversas formas de sociedade que coexistem hoje na superfície da terra ou que se sucederam no decorrer do tempo. E empreende tal análise por um motivo específico: porque o dom existe em todo lugar, embora não seja o mesmo em toda parte. Ele faz algumas incursões sobre a prática do dom na sociedade contemporânea, especialmente sobre o regime das doações, motivo pelo qual tomamos de empréstimo seus comentários para as articulações seguintes.

Godelier (2001: 309 a 318) se pergunta: Qual é, nessa forma de sociedade capitalista que se imagina que deve durar eternamente, o lugar das trocas? Ainda existe nessa sociedade algo além da troca? Aparentemente, tudo ou quase tudo está à venda, é passível de troca. E, como tudo o que se compra e se vende se compra e se vende por dinheiro, ter dinheiro tornou-se a condição necessária para existir física e socialmente. Qual o lugar do dom nessa sociedade movida pela troca em dinheiro?

A sociedade capitalista é uma sociedade cujo funcionamento separa os indivíduos uns dos outros, isola-os e apenas os promove opondo-os uns aos outros. É uma sociedade que libera, como nenhuma outra o fez, todas as forças, todas as potencialidades adormecidas no indivíduo, mas que também leva cada indivíduo a dessolidarizar-se dos outros, servindo ao mesmo tempo deles. Essa sociedade só vive e prospera ao preço de um disfarce permanente de solidariedade. E ela só imagina novas solidariedades se negociadas sob a forma de contrato.

Mas nem tudo é negociável. Uma criança não assina um contrato para nascer. Seria uma ideia absurda imaginar que isso fosse possível. E seu absurdo mostra que o primeiro laço entre os humanos, aquele do nascimento, não é negociado entre as pessoas que ele envolve. E é sobre esses fatos incontornáveis, no entanto, que a sociedade capitalista tende a silenciar.

A sociedade capitalista é dotada de uma lógica que implica acúmulo de excluídos e aumento de desigualdades sociais. Por causa desse contexto, o dom generoso, o dom "sem retorno", é solicitado de novo, dessa vez com a missão de ajudar a resolver problemas da sociedade capitalista. O dom de hoje passa não apenas pelas instituições governamentais, mas, principalmente, pelas organizações não governamentais, utiliza a mídia, burocratiza-se, nutre-se, através das imagens da televisão, de todas as desgraças, de todos os males, conjunturais ou duráveis, que surgem nos quatro cantos do planeta.

Diante da amplidão dos problemas sociais e da incapacidade manifesta do mercado e do Estado de resolvê-los, o dom está retornando, voltando a ser uma condição objetiva, socialmente necessária, da reprodução da sociedade. Não será o dom recíproco de coisas equivalentes, também não será o dom *potlatch*, pois aqueles a quem os dons serão destinados não têm sequer condições de retribuir o que recebe. O dom caritativo está se institucionalizando, como forma de conter o esfacelamento da vida social.

Essa institucionalização aparece nos programas dos governos, como é o caso do programa *Bolsa Família*. Aparece, também, por meio do *Terceiro Setor*, isto é, das organizações não governamentais que se dedicam ao combate à pobreza e à prestação de serviços na área de saúde, educação e assistência social. Essas organizações multiplicam-se pelo mundo inteiro e muitas delas se dedicam à prática do dom caritativo. No Brasil, estima-se que existem cerca de 250 mil organizações não governamentais e que 2 milhões de pessoas são empregadas por elas. Parte dos recursos dessas organizações provém de receita pública, mas a maioria dos recursos se deve às contribuições de particulares. Nos Estados Unidos, o terceiro setor movimenta mais de 600 bilhões de dólares anualmente e absorve um contingente de 12 milhões de trabalhadores remunerados, mais uma infinidade de pessoas que atuam como voluntárias. Em países da Europa, como Itália, França e Alemanha, o terceiro setor já movimenta, anualmente, mais de 4% do Produto Interno Bruto (PIB) de cada país (ASSIS, 2004: 324).

Não obstante o acúmulo de riqueza, a sociedade capitalista não consegue diminuir as imensas desigualdades sociais. Para evitar catástrofes maiores, o dom retorna e, dessa vez, para garantir a sobrevivência da sociedade capitalista. A caridade está de volta, agora de modo mais laico. Não se apresenta apenas como uma virtude cristã, como o gesto de um crente que acredita na virtude *cáritas*. A caridade é vivida por crentes e não crentes como um gesto de solidariedade entre seres humanos. Não se trata apenas do sofrimento do próximo, é todo o sofrimento do mundo que solicita a dádiva, a generosidade daqueles que podem praticar o dom.

2.1. Dom e excluídos

A sociedade ocidental, desde o século XIX, trilha um caminho pelo qual se multiplicam os excluídos de um sistema econômico que, para permanecer dinâmico e competitivo, deve reduzir custos, aumentar a produtividade e diminuir o número de empregados. Essa forma de agir transformou a sociedade capitalista em uma sociedade do desemprego. Um desemprego que se imagina provisório, mas que, para muitos, torna-se permanente. Há, ainda, aqueles que nem conseguem empregar-se. O estudo da urbanização mostra que os pobres se dirigem para as grandes cidades na esperança de conseguir um emprego; as chances de consegui-lo, porém, são bastante remotas. Mesmo o trabalho informal, que, de maneira precária, cuida de incluir os excluídos, vai-se tornando cada vez mais escasso.

A sociedade capitalista é paradoxal, visto que o emprego depende do bom desempenho da economia, mas a economia, para funcionar melhor, precisa desempregar. A substituição do homem pela máquina é visível em todos os setores da produção, motivo pelo qual o desemprego é um fenômeno presente em todas as sociedades, inclusive as tidas como mais desenvolvidas. A economia, portanto, acaba sendo a principal fonte de exclusão do indivíduo. Essa exclusão não é apenas do mercado de trabalho, porque o indivíduo perde não apenas o emprego, mas também a dignidade e a cidadania, porque é excluído da própria sociedade, e as chances de ser incluído novamente são cada vez menores.

O sistema gera uma massa de excluídos e confia ao Estado a tarefa de incluí-los novamente, mas o Estado é incapaz de tal tarefa; cuida, portanto, apenas de reduzir as fraturas mediante programas sociais, tendo em vista o controle das perturbações sociais. Para isso, o Estado quer mais tributos, os empresários, porém, entendem que a carga tributária já é excessiva e pretende reduzi-la ainda mais. Os paradoxos e as contradições vão-se acumulando. É esse nó de paradoxos, contradições e impotências que marca o contexto social e exige que se faça apelo ao dom cada vez mais e por toda parte. O Estado, não raras vezes, estabelece o dom forçado, quando cria novos impostos ditos de solidariedade, obrigando a maioria a partilhar um pouco de suas sobras com os mais necessitados, os desempregados que a economia capitalista descartou ou nem sequer aproveitou.

É nesse contexto, no meio de milhões de desempregados, que se multiplicam os movimentos dos sem terra, dos sem teto, dos sem cidadania, enfim, dos sem nada. Nesse contexto também se multiplicam as organizações que exploram atividades ilícitas. A luta pela sobrevivência induz o homem à utilização de meios violentos. A ineficiência da política social do Estado gera grande desilusão entre os excluídos pela ausência de alternativas ou possibilidades de recolocação pelas vias consideradas lícitas. O direito estatal vai perdendo o seu sentido e a sua utilidade naqueles territórios (favelas, periferias, zonas de prostituição e de comércio de narcóticos) que concentram os excluídos.

O processo de exclusão de uma parcela de cidadãos gera um processo de inclusão "às avessas", que é reprimido pela polícia estatal, na medida em que os excluídos buscam, a qualquer custo, a sua inclusão econômica no exercício de atividades consideradas ilícitas. Nesse sentido, os jovens excluídos buscam a sua inclusão econômica na prostituição, no narcotráfico, no furto, no roubo etc. Vale dizer, o processo de exclusão não cria apenas uma população de pobres, mas também uma sociedade paralela, com poder e justiça paralelos, controlados por grupos que não possuem vínculos com o poder estatal.

É também nesse contexto de milhões de desempregados que se cristaliza a demanda do dom, a demanda da utopia, na medida em que se generaliza o apelo a dar, a partilhar. Aparecem milhares de organizações não governamentais para organizar a demanda e a oferta do dom. Pede-se a doador em potencial, generoso, solidário, que partilhe não diretamente com o necessitado, mas por meio de doações a essas organizações. Para isso organizam-se bazares, leilões, festas, campanhas, algumas na forma de *shows* televisionados, como *Criança Esperança*, *Teletom* e *O Dia de Fazer a Diferença*. O dom, na sociedade contemporânea, extrapola a esfera dos sujeitos concretos, torna-se um ato entre sujeitos abstratos, um doador que ama a humanidade e um donatário que encarna, por alguns dias, o tempo de uma campanha de donativos, a miséria do mundo. Esses grandes circuitos do dom colocam em outro patamar o regime jurídico das doações e a própria capacitação do profissional do direito.

2.1.1. A demanda do dom

A caridade está de volta e ela ainda é ofensiva para quem a aceita. Para muitos dos que estão passando necessidade, é humilhante estender a mão. Por esse motivo, é preciso apelar para as organizações e figuras públicas, para que peçam pelos necessitados, que organizem campanhas e apareçam na mídia. Muitos se aproveitam dessas situações para melhorar suas próprias contas. Nesse sentido, já se chegou ao limite de pedir uma Comissão Parlamentar de Inquérito (CPI) para investigar contas de organizações não governamentais e o Ministério Público tem motivos para desconfiar de alguns dirigentes de organizações religiosas. Existem, também, aqueles que entendem que muitas figuras públicas se aproveitam das campanhas para fazer *marketing* pessoal, para aumentar o prestígio, a honra e a fama nesse circuito moderno do dom.

O uso da mídia transformou a caridade em um jogo televisionado, fenômeno que imprime à coleta de dons algumas das características do *potlatch*, na medida em que aparece o apelo a dar cada vez mais, uma cidade mais que a outra, uma empresa (sociedade empresária) mais que a outra, e o desejo de que o total de donativos supere a cada ano aquele que foi atingido no ano precedente. Como no *potlatch*, proclama-se igualmente o nome das pessoas, das cidades, das empresas que se mostraram mais generosas. Diversos programas da televisão brasileira vivem disso, porque essa forma de generosidade melhora os índices de audiência e concede prestígio à rede de televisão e seus apresentadores e participantes. Há até um programa semanal de uma rede de televisão norte-americana em que celebridades (cantores, humoristas, atores etc.), representando associações de caridade, jogam *poker* para recolher donativos.

Nas sociedades contemporâneas em que as relações entre os indivíduos são cada vez menos pessoais, os dons conservam ainda frequentemente um caráter pessoal, mas que, às vezes, não está ligado diretamente àqueles que são doadores e àqueles a quem os dons são destinados. No palco da televisão, aparecem indivíduos que representam virtualmente todos aqueles que vão beneficiar-se dos dons: geralmente crianças afetadas por uma doença genética são entrevistadas e suscitam a compaixão e o desejo de ajudar. E, ao lado delas, estão os representantes das instituições, figuras públicas ou celebridades que fazem apelo à generosidade da população.

O dom na sociedade contemporânea, portanto, ainda mantém algumas características antigas assinaladas por Mauss: a) **dons não antagonistas**: quando se faz o apelo para doar desinteressadamente, de forma anônima, como *caritas*; b) **dons antagonistas**: em que há concorrência, competição para arrecadar mais, quando se honra o nome daqueles que deram os maiores donativos. É óbvio que esses dons antagonistas são protagonizados por pessoas ricas. Mesmo quando uma tragédia (terremoto, enchente) se abate sobre um país classificado como subdesenvolvido, espera-se que os demais países doem, e aqueles mais ricos devem doar mais e, se não o fizerem, perdem o prestígio.

O dom antagonista ou não antagonista aparece sempre como um ato voluntário e pessoal. A inexistência dessas características transforma o dom em outra coisa, em imposto, por exemplo. Talvez isso possa explicar por que muitas pessoas, mesmo conscientes da utilidade dos tributos para os programas de assistência social dos governos, clamam pela diminuição da carga tributária. O dom forçado descaracteriza o dom, transforma-o em exação.

Enfim, ali, onde o Estado é incapaz de promover justiça social e diminuir o número de excluídos, resta apenas e tão somente a expectativa do dom caritativo. É difícil explicar por que aqueles que têm tão pouco ainda se movem pelo dom, são levados por um impulso de que é preciso doar, ainda que seu *status* não lhe permita tanto. Talvez porque a coisa dada, de algum modo, será restituída pela força do espírito que há nela, ou talvez porque a coisa dada o foi aos deuses e os deuses recompensam o pouco com o muito. Mas também é difícil explicar por que tantos ricos não conseguem encontrar ou reencontrar essa generosidade tão antiga e presente em todas as sociedades; é difícil explicar como tantos ricos se aprisionaram na fria razão do comerciante, do banqueiro, do capitalista. É comum a essas pessoas entenderem que o fato da exclusão decorre da vontade do excluído, daí a resposta fácil, direta, arrogante e estúpida: quem necessita do dom é vagabundo. O paradoxo dos paradoxos é que o dom representa uma defesa do sistema capitalista contra os próprios capitalistas.

Estamos, assim, inseridos em um mundo paradoxal do excesso e da escassez, que é, ao mesmo tempo, barbárie e civilização. A imensa concentração de riqueza, além de sustentar o luxo de determinada classe social, financia formas catastróficas de desperdício: as aventuras imperialistas, as guerras, a contaminação ecológica, a destruição da natureza. Mas não podemos sucumbir, porém, a essa realidade. Não chegamos ao estágio final da evolução da humanidade. Essa situação pode não ser apenas estrutural, mas pode ser o prelúdio, o sinal de uma grande mudança, de que certo modo de organização social já esgotou todas as suas possibilidades.

2.2. Dom e objeto sagrado

Mauss, ao analisar os dons dos homens aos deuses aponta que nem todas as riquezas se trocam. Nesse sentido, distingue duas categorias de objetos: a) **alienáveis**: aqueles que se devem e se podem dar ou trocar; e b) **inalienáveis**: aqueles que não se devem dar nem trocar. Assim o jogo de dons e contradons, mesmo em uma sociedade com "economia e moral do dom", não invade toda a esfera do social. Nesta, como em outras esferas, há coisas que não se pode dar nem trocar, que é preciso guardar. No geral, essas coisas que precisam ser guardadas são objetos sagrados, objetos preciosos. Esses objetos não entram no circuito da troca. São bens inalienáveis porque constituem uma parte essencial da identidade da nação, tribo ou clã.

Os objetos sagrados são os mais preciosos; constituem, geralmente, peças de crenças importantes ou mesmo de algum culto. As pessoas acreditam que esses objetos não apenas produzem riquezas em abundância, mas atraem outras. Eles são excluídos das trocas, mas seus benefícios são dados, trocados.

Tais objetos são intocáveis, de onde o caráter de profanação que reveste a venda a estrangeiros, colecionadores ou turistas de máscaras e outros objetos sagrados preciosamente conservados nos clãs. Mas sempre se acha um indivíduo capaz de roubá-los do próprio clã e vendê-los em segredo por um punhado de dólares. De onde também a obstinação de missionários em destruir esses objetos, muitas vezes até o último deles, para "extirpar" a idolatria dos indígenas. Destruição pública, que é um outro tipo de profanação destinada a demonstrar que o deus dos missionários é o mais forte (GODELIER, 2001:207).

Na sociedade contemporânea é possível perceber grandes circuitos do dom de objetos inalienáveis. Esses circuitos aparecem na forma de exposições de objetos raros, remanescentes de determinado período ou de determinada cultura já desaparecida ou em vias de desaparecer. Os objetos são lançados nesses grandes circuitos para promover e aumentar o prestígio de seus proprietários; circulam o mundo e, por onde passam, provocam admiração e reconhecimento. Recentemente circularam no Brasil objetos da antiga cultura chinesa, cuja exposição recebeu a visitação de milhares de pessoas. Esses grandes circuitos também colocam em outro patamar o regime jurídico do contrato de empréstimo e exigem do profissional do direito uma tecnologia mais apurada, pois dependem da elaboração de vários contratos de caráter internacional (empréstimo, seguro, transporte etc.). Trata-se de um *kula* moderno, porque tais objetos circulam pelo mundo, mas retornam ao seu ponto de partida e, por onde passam, engrandecem a honra, o prestígio e a reputação dos seus proprietários, no exemplo, o povo chinês.

Ocorre, porém, que algumas pessoas e até países costumam apossar-se desses objetos inalienáveis, que constituem patrimônio de um povo, tribo ou nação. Esses objetos são retirados dos seus proprietários por meio da rapina, do furto e do contrabando; muitos são até negociados nos mercados e leilões dos grandes centros capitalistas. Essa apropriação não ficou adstrita aos tempos do colonialismo; recentemente a curadora de um museu europeu foi surpreendida ao recepcionar objetos inalienáveis contrabandeados. Daí o retorno da pergunta: Existem limites ao uso do dinheiro na sociedade capitalista?

Em uma sociedade na qual quase tudo pode ser vendido ou comprado, os próprios indivíduos não podem vender-se nem serem vendidos ou comprados por terceiros. Podem-se, contudo, vender partes de si mesmo. Além da força de trabalho, é possível vender, por exemplo, o próprio sangue. Esse tipo de comércio é praticado legalmente em diversas partes do mundo, inclusive nos países ditos desenvolvidos. Uma mulher pode, juridicamente, alugar seu útero e tornar-se mãe de aluguel;

essa prática também é permitida em diversas partes do mundo civilizado. Esse processo de dissociação e comercialização de partes do ser humano pode ir mais longe, haja vista que várias pessoas já venderam um dos seus rins, inclusive mediante anúncio em jornal.

O corpo de um indivíduo permanece propriedade sua, uma propriedade garantida pela lei e que ele não pode transformar em mercadoria, mas pode, com ele, praticar o dom. Com outras palavras: um indivíduo, pelas leis brasileiras, não pode comercializar seu corpo ou parte dele, mas não há impedimento para ele doar um rim, uma córnea ou um pulmão. A mídia até enaltece, e muito, esse tipo de dom. Não deixa de ser paradoxal que, numa sociedade de mercado, uma coisa (um rim, um pulmão) que não pode ser vendida nem comprada possa ser doada.

Godelier entende que, se o indivíduo como pessoa não pode ser transformado em mercadoria, é porque a própria Constituição, que fundamenta o direito, não pertence às relações comerciais. Ela as fundamenta, limita-as, não lhes pertence. A Constituição não é propriedade de nenhum indivíduo enquanto tal, ela é propriedade comum, inalienável, de todos aqueles que a seguem porque a escolheram.

Da mesma forma que os indivíduos como pessoas são inalienáveis, presentes, ao mesmo tempo, dentro e fora da esfera das trocas comerciais, assim também a Constituição é uma realidade social, um bem comum, resultado do corpo coletivo, o corpo constituinte, motivo pelo qual não pode ser produto de relações comerciais. O direito que funda os direitos dos indivíduos é, portanto, por essência, coletivo. Ele é propriedade comum de todos aqueles que vivem sob a mesma Constituição e a reconhecem como sua propriedade inalienável, situada além da esfera das relações comerciais. É um dom que os homens e as mulheres livres fazem a si mesmos e que fundamenta não as suas relações íntimas, mas suas relações sociais públicas.

As Constituições que os povos dão a si mesmos equivalem, de certo modo, aos objetos sagrados que os homens acreditavam ter recebido dos deuses para ajudá-los a viver juntos e viver bem. Daí por que a indignação é maior quando o magistrado vende uma sentença ou o político vende uma lei do que quando um cidadão vende uma parte do seu próprio corpo. Diferentemente do corpo de um indivíduo que, mesmo inalienável, permanece propriedade sua, a Constituição não é propriedade de nenhum indivíduo enquanto tal, ela é propriedade comum, inalienável.

XV Neoevolucionismo

1. EVOLUCIONISMO DO SÉCULO XX

O evolucionismo que dominou a antropologia na segunda metade do século XIX renasce no século XX através de uma tendência de orientação marxista, denominada círculo neoevolucionista, à qual se ligam os nomes de Leslie White, Julian Stewart, Gordon Childe e Marshal Sahlins.

Segundo os neoevolucionistas, Franz Boas havia desviado a antropologia do seu curso com sua atitude cética em relação à teoria da evolução e sua insistência na particularidade de identidades culturais. Para eles: a) o estudo da evolução cultural é sinônimo do estudo do processo técnico ou tecnológico; b) o homem, como todos os animais, explora o meio ambiente para obter uma forma de preservar a vida e garantir a perpetuação da espécie; c) a tarefa da antropologia não seria apenas constatar a sequência do desenvolvimento, mas especificar os seus fatores determinantes; d) as adaptações evolucionárias locais específicas podem ser sintetizadas em narrativas mais abrangentes de evolução.

1.1. Leslie Alvin White (1900 – 1975)

Seguindo a orientação introduzida por Morgan, White também entende que a civilização humana evolui. Para ele, quando mais avançada uma sociedade, mais complexa será a sua organização.

White entende que o nível de consumo de energia fornece uma medida objetiva do avanço cultural. Com base nisso, formula a lei básica da evolução cultural vinculada à quantidade de energia consumida e/ou utilizada pelo homem, e a enuncia nos seguintes termos: "A cultura se desenvolve quando a quantidade de energia de que dispõe o homem *per capita*, ou por ano, aumenta; ou na medida em que aumenta a eficácia dos meios tecnológicos para aplicar esta energia ao trabalho; ou ao incrementar-se ambos os fatores simultaneamente" (in MELLO, 1982: 214). Cabe anotar que o consumo *per capita* de energia ainda é usado por alguns economistas como referencial para medir o crescimento econômico dos países e o bem-estar de suas populações.

Os critérios adotados por White para determinar os estágios da evolução são semelhantes àqueles adotados por Morgan, principalmente no que se refere ao desenvolvimento dos equipamentos tecnológicos. Aliás, White adota a divisão de estágios ou etapas do desenvolvimento cultural proposta por Morgan: selvageria, barbárie e civilização. Assim, para White: a) **o estágio de selvageria**: caracteriza-se pelo uso e acesso à energia do próprio corpo e, às vezes, à energia do fogo, do vento e da água; b) **o estágio de barbárie**: é reconhecido pelo uso de energia na domesticação de animais, pelo cultivo de plantas e na fabricação e uso de instrumentos e ferramentas; c) **o estágio de civilização**: predomina a energia da descoberta e o uso da máquina a vapor.

White, em seu livro *O conceito de cultura*, estabelece uma diferença entre comportamento e cultura. Para ele: a) **comportamento**: está relacionado com o organismo humano, ocorre "quando coisas e acontecimentos dependentes de simbolização são considerados e interpretados face à sua relação com organismos humanos, isto é, em um contexto somático"; b) **cultura**: é independente do organismo humano, ocorre "quando coisas e acontecimentos dependentes de simbolização são considerados e interpretados num contexto extrassomático, isto é, face à relação que têm entre si, ao invés de com os organismos humanos". Dessa forma, estabelece que comportamento pertence ao campo da psicologia e cultura ao da antropologia. Para White, esse conceito "livra a antropologia cultural das abstrações intangíveis, imperceptíveis e ontologicamente irreais e proporciona-lhe uma disciplina verdadeira, sólida e observável" (in MARCONI e PRESOTTO, 2006: 23).

Segundo White, as coisas e acontecimentos que constituem a cultura encontram-se no espaço e no tempo, e podem ser classificados em: a) **intraorgânicos**: dentro de organismos humanos (conceitos, crenças, emoções, atitudes); b) **interorgânicos**: dentro dos processos de interação social entre os seres humanos; c) **extraorgânicos**: dentro de objetos materiais (machados, fábricas, ferrovias, vasos de cerâmica) situados fora de organismos humanos, mas dentro dos padrões de interação social entre eles. Para White, um item qualquer – conceito, crença, ato, objeto – deve ser considerado um elemento da cultura, desde que: a) haja simbolização (representação por meio de símbolos); b) seja analisado em um contexto extrassomático (in MARCONI e PRESOTTO, 2006: 24, 25).

1.2. Vere Gordon Childe (1892 – 1957)

Para Childe (1971: 29), as variações históricas podem ser julgadas pelas proporções em que ajudaram a espécie humana a sobreviver e multiplicar-se. Trata-se de critério que pode ser expresso em números populacionais. Encontram-se, na história, fatos aos quais esse critério numérico é aplicável diretamente. O exemplo mais óbvio é a Revolução Industrial inglesa. A Grã-Bretanha, em 1750, possuía uma população de 6.517.035 pessoas, porém, com a Revolução Industrial, em 1801 passa para 16.345.646 e em 1851 para 27.533.755.

Assim, segundo Childe, a Revolução Industrial, ou seja, as profundas modificações na cultura material e no equipamento, as novas forças sociais da produção e a reorganização econômica reagiram contra a totalidade do povo britânico como nenhum outro fato religioso ou político. Um dos efeitos foi, segundo ele, tornar possível o aumento gigantesco, em seus números, da população. A julgar pelos padrões acima anotados, a Revolução Industrial foi um êxito. Facilitou a sobrevivência e a multiplicação da espécie em questão. Assim, o amento populacional é tido como indicador de desenvolvimento, ou seja, de maior capacitação técnico-cultural.

Alguns antropólogos entendem que White e Childe focaram o aspecto material da cultura por se tratar de um elemento mensurável e de fácil constatação.

2. MARSHALL SAHLINS (1930)

Sahlins faz uma síntese dialética entre a ideia generalizada de evolução progressiva universal e os modelos que enfatizam os processos locais. Para ele, essas duas abordagens não se excluem. Assim, os estudos sobre situações evolucionárias locais e específicas podem ser sintetizados em narrativas mais abrangentes de evolução geral.

Nessa exposição do pensamento de Sahlins, tomamos como referência o livro de Adam Kuper (2002), em especial o Capítulo 5: *Marshall Sahlins*: história como cultura. Kuper entende que a obra de Sahlins pode ser dividida em dois períodos: a) **o primeiro**, ligado ao neoevolucionismo e às tendências marxistas; b) **o segundo**, que se inicia na década de 1970, reflete certo abandono das teses marxistas pelas teses culturalistas e algumas incursões no estruturalismo.

2.1. Primeiro período

Para Sahlins, toda sociedade deve ser colocada ao longo de um *continuum* de desenvolvimento de comunidades familiares igualitárias (ponto de partida) baseadas em parentesco, passando pelos sistemas de chefias até alcançar o estágio mais elevado, que são os Estados hierárquicos. Em todo o mundo, embora não na mesma época, as sociedades passaram por estágios semelhantes de desenvolvimento político em consequência do progresso tecnológico e do acúmulo de recursos nas mãos de poucos.

Essa análise da evolução política é baseada num contraste entre dois tipos de economia. Para Sahlins, é possível estabelecer a existência de dois tipos de sociedades, cada qual com suas formas características de organização econômica: a) **uma baseada nas de trocas recíprocas entre parentes**: característica das economias de bandos e tribos (grupos primitivos), em que a produção é realizada pelo grupo doméstico, que também é a unidade de consumo, portanto, não existe divisão de classes sociais nem excedentes que possam estabelecer grandes trocas; b) **outra baseada na exploração**: trata-se das economias avançadas, cada vez mais diferenciadas e produtivas, em que um pequeno grupo de ricos apropria-se do excedente e oprime a grande população de pobres.

Os princípios da economia avançada, fundada na exploração da força de trabalho, não explicam o funcionamento da economia dos grupos primitivos ainda existentes. Para compreender a economia desses grupos é necessária uma teoria elaborada especialmente para esse fim. Conforme Kuper, Karl Polanyi já havia estabelecido os elementos dessa nova teoria, ao anotar que a luta pela sobrevivência nas sociedades pré-capitalistas não era organizada por princípios de mercado, porque: a) os atores não eram homens de negócios; b) as instituições essenciais não eram de modo algum parecidas com as sociedades empresárias; c) não havia mercado em que todos os valores pudessem ser medidos e comparados; e d) ninguém tinha qualquer concepção de crescimento agregado.

Polanyi entendia que, na sociedade pré-capitalista, as atividades econômicas estavam embutidas na vida doméstica e familiar e eram regidas por uma ética de solidariedade de parentesco. A maior parte das mercadorias era produzida e consumida pela família, embora as trocas com os vizinhos e parentes constituíssem uma garantia para os tempos difíceis. Apenas uma pequena parte era produzida especificamente para trocas. Nos locais em que havia pequenos chefes, eles recebiam determinadas mercadorias como tributo, mas as redistribuíam em forma de banquetes. Cada modalidade de troca era ajustada para expressar relações de reciprocidade dentro dos grupos e entre eles.

De acordo com Sahlins, esse processo econômico ainda podia ser observado nas sociedades primitivas remanescentes. Havia, porém, uma contradição oculta nesse sistema de economia doméstica. Vale dizer, esse *modo de produção doméstico* era solapado pelo desenvolvimento inexorável de uma liderança central. Assim, à medida que um grande homem transformava a si mesmo num chefe, passava a exigir tributos econômicos às famílias, forçando-as a produzir mais do que elas necessitavam para a sua subsistência. Esses chefes acabavam repudiando as alegações de parentesco. Esse seria substituído pela classe como o princípio dominante da organização social, e o modo doméstico de produção daria lugar a uma economia de comando.

Sahlins, no final da década de 1960, abandona abruptamente a posição evolucionista à qual se manteve fiel por quase vinte anos.

2.2. Segundo período

Sahlins, em seu livro *Cultura e razão prática*, de 1976, explica que os materialistas consideram cultura como um conjunto de instrumentos, uma tecnologia para a exploração racional da natureza. Consequentemente, a história da humanidade pode, segundo eles, ser dividida numa sucessão de estágios marcados pelos avanços tecnológicos e pelas mudanças resultantes dos modos de produção. Essa era, segundo Sahlins, a concepção do Marx da primeira fase (humanista e idealista) que teria influenciado o evolucionismo do século XIX. Diferente do Marx da segunda fase (positivista, materialista e determinista), que teria influenciado o neoevolucionismo ou determinismo tecnológico de Leslie White.

Na opinião de Sahlins, não havia lugar na análise de sociedades tribais para a clássica oposição marxista entre uma base material que sustentava a vida de uma sociedade e uma superestrutura de instituições que dependesse de ideologias mistificadoras erguidas sobre ela. Nas culturas tribais, economia, política, ideologia, religião e ritual não aparecem como sistemas distintos.

Para Sahlins, existem diferenças entre sociedades tribais e modernas, mas essas diferenças não residem em suas tecnologias ou em sua organização social. A diferença essencial é que essas sociedades compreendem-se em termos contrastantes. Cada tipo delas é definido por uma fonte privilegiada de simbolismo: a) **a sociedade tribal** baseia-se na metáfora do parentesco, e tem como foco simbólico das chefias as religiões oficiais; b) **na sociedade ocidental** a economia constitui a primeira área de produção simbólica. "A singularidade da sociedade burguesa não reside no fato de o sistema econômico fugir à determinação simbólica, mas sim de que o simbolismo econômico é estruturalmente determinante".

Para confirmar essa hipótese, Sahlins discorre sobre "o que os americanos realmente produzem para satisfazer suas necessidades básicas de alimentação e vestuário". Necessidades são culturalmente constituídas e o que os americanos produzem para satisfazer essas necessidades culturalmente específicas não são coisas úteis. Mas símbolos. Os Estados Unidos são uma cultura de consumo, em que as relações aparecem vestidas de objetos manufaturados. Esses são *totens* americanos, mas eles não representam simplesmente posições na sociedade. Novas mercadorias estão permanentemente sendo lançadas no mercado, e elas evocam novas identidades. Alimentos, bebidas, roupas, automóveis definem *status*; a pessoa é julgada pelo que come, veste, dirige. Conclui Sahlins que as relações sociais são produzidas pelas mercadorias, que operam como símbolos; os capitalistas fabricam imagens de identidade que ainda serão criadas.

A sociedade tribal vive em casa, seguindo os valores familiares. A sociedade burguesa é dominada por um consumo declarado, ou seja, a essência da civilização norte-americana é a cultura de consumo. Assim, o grande divisor entre sociedade primitiva e as sociedades civilizadas não são, como pensam os marxistas, os modos distintos de produção. O contraste fundamental entre os dois tipos de sociedade repousa na orientação característica de seus sistemas simbólicos. Na sociedade burguesa, o *locus* dominante da produção simbólica é a produção material, enquanto na sociedade primitiva é o conjunto de relações sociais (parentela).

Enfim, conforme Kuper, o Sahlins da primeira fase aspirava colocar em ordem a antropologia americana ao introduzir uma nova concepção teórica baseada em Marx. O Sahlins da segunda fase tentou reparar a deficiência do modelo marxista recorrendo ao estruturalismo de Lévi-Strauss.

2.3. Mitopráxis

O Sahlins do segundo período não abandonou totalmente as teses evolucionistas porque continuava convencido de que tinha havido um movimento em âmbito mundial de tribos para chefias e destas para Estados. Precisava, contudo, encontrar uma explicação nova para esse processo, uma explicação que identificasse as mudanças mais importantes no domínio das ideias. Para Sahlins, as sociedades primitivas (frias) interpretavam os eventos fortuitos como incidentes previsíveis (recorrentes) num padrão cíclico, em que nada podia acontecer pela primeira vez. Em contrapartida, as sociedades ocidentais (quentes) acolhem de bom grado a mudança e concebem a história como um padrão de modelos em rápida transformação, operando um código aberto em expansão, que responde à permuta constante de eventos que ela mesma encenou. Essas ideias, esboçadas em *Cultura e razão prática*, representam o ponto de partida para um relato cultural da transformação de chefias em Estado.

Os antropólogos não estão de acordo em considerar os mitos como fontes históricas. Alguns acreditam que é impossível esclarecer a história a partir de mitos. Outros os tratam, juntamente com outros tipos de narrativas, como fonte de conhecimento histórico concernente ao passado de comunidades contemporâneas, ou à difusão de conhecimentos e práticas. Além disso, alguns historiadores acreditam que as tradições preservadas pelas famílias ou pelas cortes são produtos da memória coletiva e estão relacionadas com eventos que um dia foram testemunhados. De qualquer modo, o reconhecimento do valor histórico dos mitos significa a possibilidade de estabelecer uma história para as culturas frias (sociedades primitivas), especialmente para aquelas que não conheceram a escrita.

Sahlins introduz o mito em sua teoria. Para ele, as pessoas estabelecem novos eventos em tramas já estabelecidas em sua mitologia. Os mitos também podem oferecer diretrizes para a ação, servindo como protótipos sobre os quais as pessoas modelam suas próprias ações. Para

Sahlins, uma mitologia é a essência condensada de uma cosmologia religiosa, e que ela realiza as mesmas funções como religião ou cultura de forma mais geral. Os mitos explicam a mudança e também ajudam a efetuá-la, oferecendo ao mesmo tempo um relato do passado e um guia para a ação no futuro.

Sahlins denominou *mitopráxis* a recriação de mitos em circunstâncias contemporâneas, principalmente naquelas sociedades em que os personagens da mitologia estavam ligados genealogicamente aos vivos. Em tais sociedades as pessoas acreditam que os chefes são descendentes de deuses e também estão relacionados com seu próprio povo; os chefes se identificam com seus ancestrais mitológicos e imitam seus feitos. A *mitopráxis*, portanto, é uma reprodução estereotipada, ou seja, ela não reproduz perfeitamente a estrutura mítica prototípica. A estrutura, de alguma forma, deixa espaço para os movimentos tácitos dos indivíduos e para as incursões imprevisíveis de estranhos, ou para a erupção de forças naturais.

A tese central de Sahlins estabelece que os mitos oferecem um modelo para a compreensão dos eventos. Além disso, dá às pessoas diretrizes para lidar com novas situações. Mas alguns eventos têm o poder de subverter a estrutura do significado que homens e mulheres tentam impor. A *mitopráxis* não pode absorver todos os choques apresentados a ela; não pode congelar a história. Nos casos mais extremos, haverá mudanças na própria ordem simbólica. O grande desafio de uma antropologia histórica, conclui ele, não consiste meramente em saber como os eventos são ordenados pela cultura, mas a forma como, nesse processo, a cultura é reordenada.

Para responder a essa questão, Sahlins realiza vários estudos, dentre os quais se destaca o estudo sobre as mudanças revolucionárias que ocorreram no Havaí no início do século XIX.

2.4. Revolução cultural havaiana

À revolução cultural havaiana antecede alguns acontecimentos que precisam ser relatados: a) o primeiro diz respeito à visita do Capitão Cook ao Havaí em 1778; b) o segundo diz respeito à abolição do sistema de tabu, após a morte do rei Kamehameha I em 1819.

2.4.1. Visita do Capitão Cook

A visita do Capitão Cook é um relato do primeiro contato de europeus com havaianos. Cook chega às ilhas havaianas durante o festival anual em 1778. Segundo os historiadores, o capitão inglês foi identificado e tratado pelos nativos como uma encarnação de Lono (deus da paz e da fertilidade), tido como deus do Makahiki, festival de ano-novo havaiano, que é celebrado quando a temperatura e as marés mudam e os primeiros frutos são colhidos. O resto do ano é governado pelo deus Ku, associado aos chefes supremos, às guerras e aos sacrifícios humanos.

Havia uma crença entre os havaianos, segundo a qual, quando Lono chegou de Kahiki (Taiti), ou melhor, quando os sacerdotes de Lono apresentaram sua imagem, os rituais do templo de Ku foram suspensos e o culto a Lono tomou seu lugar, acompanhado por novos tabus, incluindo o tabu da guerra. Lono navegou ao redor das ilhas assessorado pelos sacerdotes, acolhido pelas pessoas com sacrifícios e tendo sua passagem saudada com saturnais. No final do festival, ele foi recebido pelo rei e os dois travaram um combate simulado. Alguns dias depois, Lono sofreu uma morte ritual e partiu, mais uma vez, numa canoa especial guarnecida com suprimentos, e só retornaria no ano seguinte.

Quando os navios do Capitão Cook apareceram, exatamente no período do festival Makahiki, os havaianos associaram tal fato com o retorno do deus Lono. "As velas dos navios ingleses pareciam a bandeira de kapa ligada à imagem de Lono; e a forma com que a esquadra de Cook velejava lentamente ao longo da costa das várias ilhas sugeria o trajeto do deus ao redor da ilha durante o festival. Assim que desembarca, acompanhado de alguns oficiais, Cook foi conduzido pela mão pelos sacerdotes e transformado na figura central de uma cerimônia sofisticada, por meio da qual os sacerdotes queriam reconhecê-lo como a encarnação de Lono; até o último dia de sua vida ele foi tratado pelos nativos com um respeito que chegava à adoração. Não se sabe se Cook percebeu o significado religioso de tudo isso" (RAPLH KUYKENDALL in KUPER. 231, 232).

Depois de um período em terra, durante o qual embarcou suprimentos e realizou reparos no navio, Cook partiu. Todavia, seu mastro quebrou e ele foi obrigado a retornar. Nesse período começaram a aparecer os conflitos em virtude de alguns roubos que estavam tornando-se comuns. Assim, o roubo de algumas ferramentas provocou uma luta em que um chefe foi golpeado com um remo. Em seguida houve o furto de um pequeno veleiro guarda-costas. Cook tentou fazer o rei como refém até que a propriedade furtada fosse devolvida. Mas os havaianos ficaram desconfiados. Lono nunca teria visitado o chefe daquela maneira: armado, escoltado por soldados e aparentemente hostil. Uma multidão se reuniu, e alguns dos marinheiros entraram em pânico e começaram a disparar suas armas. O próprio Cook disparou sua arma duas vezes. Na confusão, ele foi derrubado e morto. O corpo foi levado pelos havaianos e tratado como se fosse um grande chefe. Os ingleses se reagruparam e infligiram fortes represálias. No final, depois de uma semana, voltou a paz. Alguns ossos de Cook foram levados de volta para os navios e lançados ao mar. Depois disso, os ingleses partiram.

Sahlins entende que esses acontecimentos descrevem um roteiro mitológico. Lono e Ku eram rivais, e a volta de Lono representou um desafio ao rei. Todas as dinastias havaianas haviam sido fundadas por chefes invasores. O desafio de Lono ao rei era vencido no ritual que representava o ponto culminante do festival, quando os dois travavam o combate simulado e Lono, derrotado, partia. Nesse caso, contudo, a sequência foi quebrada. Lono retorna para conquistar. O retorno de Lono precipitou uma série de conflitos sociais, que colocou em andamento mudanças revolucionárias.

Segundo Sahlins, as relações comerciais eram reguladas por tabus e os marinheiros britânicos persuadiam muitos havaianos a quebrar esses tabus para fazer comércio com eles. As violações dos tabus eram, portanto, motivadas pela pragmática do comércio, mas seu efeito abalaria as relações entre categorias de homens e mulheres, chefes e cidadãos comuns, havaianos e estrangeiros. O resultado foi uma transformação estrutural e uma reorganização das velhas categorias. Enfim, na sequência dos acontecimentos a elite havaiana passa a se identificar com a inglesa. Rei e ministros havaianos passam a se espelhar no rei e ministros ingleses, adotam nomes ingleses, passam a se vestir numa versão aristocrático-europeia. Tudo isso contribuiu para mudanças nas relações entre chefes e cidadãos comuns.

2.4.2. Abolição do sistema de tabus

Conforme relata Kuper, o ponto culminante da revolução cultural havaiana ocorre em 1819, quando os nobres havaianos aboliram por completo o sistema de tabus. Em maio daquele ano morre o rei Kamehameha I, que havia unido pela primeira vez as ilhas havaianas sob o domínio de um único governante. Apesar de certa resistência, ele foi sucedido por seu filho Liholiho, que se tornou o rei Kamehameha II.

O jovem rei era cercado por quatro figuras poderosas: a esposa favorita de seu pai, a rainha-mãe, o primeiro-ministro e o sumo sacerdote. Juntos eles decidiram abolir o sistema de tabu. Os alvos principais eram os tabus que proibiam as mulheres de fazerem as refeições junto com os homens e de comer determinados alimentos que eram reservados a eles. Esses tabus eram importantes para os havaianos e simbolizavam todo o sistema de restrições. As infrações eram sistematicamente punidas com a morte. Em novembro, a corte ofereceu um grande banquete em que os tabus foram formalmente quebrados. Em seguida, foram expedidas ordens para que ídolos fossem destruídos, templos fossem profanados e tabus fossem quebrados. Essa foi uma revolução que se deu do topo para a base, em que o sumo sacerdote era uma figura de destaque. Entretanto, houve oposição, liderada por um primo do rei que era o próximo na linha de sucessão para o sumo sacerdócio. Os conservadores foram derrotados, em grande parte porque o partido do rei tinha superioridade em armas. Quando os missionários chegaram, em 1820, as mudanças haviam sido amplamente aceitas.

Muitas explicações conflitantes foram dadas para esse evento. Kroeber afirma que a remoção dos tabus representou um exemplo de *fadiga cultural*, um sentimento semelhante ao sentido pelos franceses após a derrota em 1940, ou pelos americanos após a quebra da bolsa de valores em 1929. Para Kroeber, uma vez que uma atividade desse gênero desenvolve força suficiente, a inovação como tal pode parecer uma virtude e uma benção.

Sahlins explica que existiam dois partidos no círculo real: o partido dos parentes afins do rei, cujos membros tinham sido incumbidos de lidar com os europeus e se tornou o partido da revolução cultural, e o partido dos parentes colaterais do rei, conservadores que tinham controle sobre os deuses dominantes e sobre o sistema de tabu. O rei equilibrava essas duas forças. Quando o rei morreu, o partido pró-europeu de seus parentes afins subiu ao poder. Os conservadores tentaram arregimentar apoio em nome dos deuses. Os novos governantes agora tinham de se opor às reivindicações ideológicas de seus adversários, e tentaram fazer isso removendo tabus mediante um ato ritual. Com a remoção dos tabus, os governantes impuseram, em 1824, um novo código ritual à ilha: o calvinismo rigoroso.

3. CRÍTICA AO NEOEVOLUCIONISMO

Lévi-Strauss (2003: 16) não poupa críticas ao neoevolucionismo. Entende que a ideia de progresso é uma noção ocidental culturalmente específica, que não pode ser generalizada. Por essa razão rejeita o critério de Leslie White de que a quantidade de energia utilizada por uma cultura fornece uma medida universal de progresso. Esse padrão etnocêntrico, segundo ele, "corresponde a um ideal encontrado em determinados períodos históricos e é válido para certos aspectos da civilização ocidental, mas não se aplica à grande maioria das sociedades humanas, para as quais o padrão proposto pareceria ser completamente destituído de significado".

Além disso, Lévi-Strauss salienta que algumas sociedades consideradas primitivas sobrepujaram em realizações morais e mesmo em algumas áreas tecnológicas as sociedades complexas do ocidente. Nesse sentido, exemplifica que o cultivo de plantas sem solo era praticado havia séculos por alguns povos da Polinésia, que provavelmente ensinaram ao mundo a arte da navegação, mundo este que subverteram profundamente no século XVIII, revelando-lhes um tipo de vida social e ética mais livre e generosa que os europeus nem sequer poderiam suspeitar da possibilidade de existência.

Lévi-Strauss (1993: 347, 348) esclarece que, sob o critério da quantidade de energia disponível *per capita*, a sociedade norte-americana estaria em primeiro lugar do *ranking* da evolução, seguida da europeia e da japonesa. Mas, se o critério for outro, por exemplo, o grau de aptidão para triunfar sobre ambientes hostis, o primeiro lugar seria ocupado pelos esquimós e beduínos. Se o critério fosse um estilo de vida mais livre e generoso, as tribos polinésias certamente ganhariam. Para tudo o que diz respeito à organização da família e à harmonização das relações entre grupo familiar e social, os aborígines australianos, atrasados no plano econômico, ocupam um lugar tão avançado em relação ao resto da humanidade, que é necessário para compreender os sistemas de regras por eles elaborados apelar para certas formas das matemáticas modernas. Contribuições de igual importância podem ser encontradas nas culturas africanas, melanésias, americanas, egípcias, islâmicas etc.

Nota-se, portanto, que um povo primitivo não é um povo ultrapassado ou atrasado; num ou noutro domínio pode demonstrar um espírito de invenção e realização que deixa muito aquém os êxitos dos civilizados. Não se pode, entretanto, esconder a expansão da cultura europeia. Alguns falam até da universalização da cultura ocidental. Mas é preciso ter em conta que a adesão ao gênero de vida ocidental, ou alguns de seus aspectos, está longe de ser espontânea quanto os europeus gostariam de acreditar. A aceitação da cultura europeia não foi o resultado de uma decisão livre dos povos; essa cultura se impôs pela violência. A Europa estabeleceu seus soldados, suas feitorias e seus missionários pelas regiões do mundo inteiro: interveio direta ou indiretamente na vida da população local e subverteu profundamente o seu modo tradicional de existência. A população subjugada não teve outra saída, a não ser aceitar as soluções que lhe foram impostas.

O processo de colonização, por outro lado, criou diferenciações entre sociedades desenvolvidas e subdesenvolvidas. Conforme observa Marx em *Acumulação primitiva*, as sociedades que denominamos atualmente subdesenvolvidas não o são por sua própria causa, e erraríamos em concebê-las como exteriores ao desenvolvimento ocidental ou como tendo ficado indiferentes diante dele. Na verdade, são essas sociedades que, por sua destruição direta ou indireta entre os séculos XVI e XIX, tornaram possível o desenvolvimento do mundo ocidental. Entre elas e ele existe uma relação de complementaridade. Por conseguinte, jamais o desenvolvimento pode ser considerado como resultado do impacto de uma cultura mais elevada e mais ativa sobre uma cultura mais simples e mais passiva (LÉVI-STRAUSS, 1993: 320).

4. NEOEVOLUCIONISMO E DIREITO

O neoevolucionismo é uma tendência antropológica de inspiração marxista, motivo pelo qual associa o estágio de evolução da sociedade ao estágio de desenvolvimento das forças produtivas. Assim, uma sociedade evolui de acordo com o aumento do consumo de energia, o crescimento industrial, o aumento da população. Pode-se dizer, então, que a infraestrutura econômica, as relações de produção, condiciona os diversos aspectos de determinada cultura, especialmente as relações jurídicas.

Marx (1957: 4.5) não elabora uma teoria jurídica, mas menciona a relação entre *infraestrutura econômica* e *superestrutura jurídica* como o fio condutor de seus estudos e que pode ser formulada da seguinte maneira: na produção social de sua existência, os homens entram em determinadas *relações* necessárias, independentes de suas vontades, *relações de produção* que correspondem a determinado grau de desenvolvimento das suas forças materiais de produção. O conjunto dessas *relações de produção* constitui a *infraestrutura econômica* da sociedade, a base concreta sobre a qual se erguem a *superestrutura jurídica* e a *superestrutura política* e às quais correspondem determinadas formas de consciência social.

Para Marx, o modo de produção da vida material condiciona o processo de vida social, política e intelectual em geral. Não é, portanto, a consciência dos homens que determina o seu ser; é inversamente seu ser social que determina sua consciência. A certo estágio de seu desenvolvimento, as forças produtivas materiais da sociedade entram em contradição com as *relações de produção* existentes, ou – o que não é senão a expressão jurídica do mesmo – com as *relações de propriedade* no seio das quais moviam até então. De formas de desenvolvimento de forças produtivas que eram, essas *relações* tornam-se obstáculos. Abre-se então uma época de revolução social, quando a subsequente *mudança* na base econômica transforma a superestrutura jurídica.

Além da relação infraestrutura econômica e superestrutura jurídica, Marx visualiza no processo histórico a luta de classes e destaca duas grandes classes sociais no regime capitalista de produção: a) **os trabalhadores**: proprietários da força de trabalho, que têm como fonte de rendimento o salário; e b) **os capitalistas**: proprietários de capital (meios de produção), que têm como fonte de rendimento o lucro (apropriação da mais-valia). A sociedade é formada por um complexo de relações (de produção, de propriedade, de exploração, de dominação), geralmente tensas ou conflituosas, que se estabelecem entre as classes sociais. As relações de propriedade situam-se na infraestrutura como formas de relações de produção e nas superestruturas como expressão jurídica dessas relações.

Além dessas conclusões, cabe mencionar algumas afirmações de Marx, segundo as quais o direito "radica nas condições materiais da vida", "o direito não tem história independente", "o direito positivo pode e deve mudar as suas decisões de acordo com as necessidades do desenvolvimento social, isto é, econômico". Ancorados nessas e em outras conclusões, alguns teóricos marxistas afirmam que o primeiro princípio de uma teoria marxista do direito consiste em estabelecer que o direito é um produto da sociedade e está consequentemente sujeito a um processo de adaptação à vida social e particularmente à economia (PACHUKANIS, 1977: 256, 257).

Vários autores abordaram o fenômeno jurídico numa perspectiva marxista. Nesse sentido, Petr Ivanovich Stucka, em seu livro *Direito e luta de classes*, concebe o direito não como uma *estrutura normativa*, mas como um *sistema de relações sociais* que serve aos interesses da classe dominante (capitalista) e é tutelado pela força organizada dessa classe. As relações sociais correspondem ao conjunto das relações de produção, de apropriação e de distribuição ou troca. Para Stucka, as relações de produção e troca são as relações primárias, enquanto as relações de apropriação, isto é, as relações jurídicas, são unicamente relações derivadas. O direito, portanto, reflete as condições econômicas e sociais historicamente determinadas.

Também numa perspectiva marxista, Karl Renner (BOTTOMORE, 1967: 201, 202) examina como as funções das normas legais que regulam a propriedade, contrato, sucessão e herança se modificam com a evolução da estrutura econômica da sociedade capitalista, sem alterar, porém, necessariamente, a formulação das próprias normas legais, que assim passam a obscurecer as relações sociais significativas do capitalismo desenvolvido.

Dentre outros teóricos, também seguem a orientação marxista Juan-Ramon Capella, Umberto Cerroni, Ralph Miliband, Nicos Poulantzas, Ljubomir Tadic, além de Friedrich Engels, Karl Kautsky e Pachukanis, dos quais estes dois últimos destacamos na sequência.

4.1. Friedrich Engels (1820 – 1895) e Karl Kautsky (1854 – 1938)

Engels e Kautsky (1991: 30) observam que o desenvolvimento pleno do intercâmbio de mercadorias em escala social, por meio da concessão de incentivos e créditos, engendra complicadas relações contratuais recíprocas e exige regras universalmente válidas (normas jurídicas) que só poderiam ser estabelecidas pelo Estado. Em virtude dessa complexidade, alguns teóricos imaginaram que tais normas não proviessem dos fatos econômicos, mas dos decretos formais do Estado.

Para Engels e Kautsky, uma vez que a forma fundamental das relações entre livres produtores de mercadorias (a concorrência) é niveladora ao extremo, a igualdade e a liberdade jurídicas tornaram-se o principal brado de guerra da classe burguesa. Assim, ao relacionar a forma do direito com a forma da mercadoria, verificaram que o processo generalizado de trocas mercantis exige para a sua efetivação o surgimento da subjetividade jurídica e dos princípios da liberdade e da igualdade. Vale dizer, o operário, ao contrário do servo e do escravo, é reconhecido pelo sistema capitalista como proprietário de sua força de trabalho, portanto, pode dispor (vender) livremente dessa mercadoria. Nesse sentido, a relação de produção capitalista expressa, no plano jurídico, a noção de que todos são proprietários (igualdade), mas com uma singular diferença: os trabalhadores são proprietários da força de trabalho e os capitalistas são proprietários dos meios de produção.

Naves (1991: 17, 18), ao refletir sobre as concepções de Engels e Kautsky a respeito da liberdade e da igualdade jurídicas, constata que a emergência da categoria *sujeito de direito* possibilitou que o homem circulasse no mercado como mercadoria, ou melhor, como proprietário que oferece no mercado a si mesmo. O homem aparece ao mesmo tempo na condição de sujeito e objeto de si mesmo, na condição de um proprietário que aliena a si próprio. O direito faz funcionar, assim, as categorias da liberdade e da igualdade, já que o homem não poderia dispor de si se não fosse livre – a liberdade é essa disposição de si como mercadoria –, nem poderia celebrar um contrato – esse acordo de vontade – com outro homem se ambos não estivessem em uma condição de equivalência formal.

Engels e Kautsky (1991: 31) lembram que as primeiras formações partidárias proletárias, assim como seus representantes teóricos, mantiveram-se estritamente no campo jurídico, embora construíssem para si um terreno do direito diferente daquele da burguesia. De um lado, a reivindicação de igualdade foi ampliada, buscando completar a igualdade jurídica com a igualdade social; de outro lado, concluiu-se que o trabalho é a fonte de toda a riqueza, por isso o produto do trabalho deveria ser dividido de forma mais equitativa entre capitalistas e trabalhadores.

Ocorre, porém, que a reivindicação da igualdade, assim como do produto integral do trabalho, perdia-se em contradições insolúveis, tão logo se buscava formular seus pormenores jurídicos, e deixava mais ou menos intacto o cerne da questão, a transformação do modo de produção. Por essas razões, Engels e Kautsky (1992: 31, 32) entendem que as duas posições eram igualmente insuficientes, tanto para expressar a situação econômica da classe trabalhadora quanto para estruturar a luta emancipatória dela decorrente. A concepção materialista da história de Marx, segundo a qual todas as representações dos homens – jurídicas, políticas, filosóficas, religiosas etc. – derivam, em última instância, das condições de vida do próprio homem e do modo de produzir e trocar os produtos, ajudou os partidos dos trabalhadores a compreender que a única forma de ação possível para a classe cujos interesses defendiam estava no campo da luta política, ou melhor, da luta de classes.

A partir dessa compreensão, em vez de reivindicar o "direito dos trabalhadores ao produto integral do trabalho", os partidos dos trabalhadores passariam a reivindicar que os "meios de produção e os produtos devam pertencer à coletividade trabalhadora". Isso não significa que a classe trabalhadora não deva formular reivindicações de natureza jurídica, pois, como afirmam Engels e Kautsky (1991: 65), "toda classe em luta precisa, pois, formular suas reivindicações em um programa, sob a forma de reivindicações jurídicas".

Enfim, conforme Engels e Kautsky (1991: 49), Marx entendeu que a continuidade da exploração sob qualquer forma, em vez de promover o desenvolvimento social, o obstaculiza cada vez mais e implica choques crescentemente violentos.

4.2. Evgeni Bronislavovich Pachukanis (1891 – 1937)

Pachukanis é um teórico do direito que se inspira no marxismo. No seu livro *A teoria geral do direito e o marxismo*, diz que, quando as relações humanas são construídas como relações entre sujeitos, surgem as condições para o desenvolvimento de uma superestrutura jurídica, com suas leis formais. Assim, o processo de evolução histórica da economia capitalista vai de par com a forma da superestrutura jurídica concreta, ou seja, os traços essenciais do direito privado de uma economia capitalista são simultaneamente os atributos característicos da superestrutura jurídica.

Segundo Simone Goyard-Fabre (2002: 171, 172), Pachukanis denega ao direito qualquer caráter de dever-ser, qualquer dimensão normativa. Para ele a regulamentação jurídica existe de fato e é necessária, mas só se pode explicá-la pelos mecanismos materialistas de natureza social, desencadeados e comandados pelo voluntarismo político da classe dominante. As noções de contrato, de obrigação jurídica, de direito subjetivo e de sanção fazem parte, formalmente, dessa unidade estrutural evoluída que o direito positivo constitui; mas essa estrutura formalmente acabada, longe de ser a estrutura ideal ou geral do direito, é uma estrutura historicamente causada de uma formação social específica. Para Pachukanis, a causalidade histórica do jurídico é a da economia própria da sociedade capitalista.

Pachukanis entende que a relação econômica é, em seu movimento real, a fonte da relação jurídica, motivo pelo qual o direito não tem a especificidade de uma regulação normativa e ideal; trata-se apenas de um conjunto de relações socioeconômicas que trazem a marca da ideologia da classe dominante. Assim, à medida que a sociedade representa um mercado, a máquina de Estado se realiza efetivamente como a vontade geral impessoal, como a autoridade do direito. No meio social em que se manifesta sem cessar o movimento do trabalho, da mercadoria e do dinheiro, o que caracteriza o direito são as desavenças e os litígios. O poder de Estado confere clareza e estabilidade à estrutura jurídica, mas não lhe cria premissas, pois elas se enraízam nas relações materiais, isto é, nas relações de produção.

XVI Estruturalismo

1. INTRODUÇÃO

Entende-se por *estruturalismo* o método ou o processo de pesquisa em cuja base encontra-se o conceito de *estrutura* com o significado de *sistema*. Foi a linguística do século XX que, ao elaborar uma nova concepção de linguagem, estabeleceu as bases conceituais do estruturalismo. Essas bases foram assumidas pelo *estruturalismo antropológico* e, posteriormente, difundiram-se para todas as áreas das ciências humanas e sociais, incluindo o direito.

Quando se fala em *estrutura* pensa-se em regras de disposição sistemática de elementos. Mas o termo *estrutura* é vago e ambíguo, portador de vários significados; possui, portanto, alcance e sentidos diferentes que precisam ser especificados. Abbagnano (2003: 376, 377) mostra que o conceito é utilizado às vezes de forma restrita e outras vezes de forma genérica.

1.1. Estrutura: significado restrito

Estrutura, em sentido restrito e específico, tem o significado de um plano ou sistema de relações *hierarquicamente ordenado*, ou seja, uma ordem finalista intrínseca destinada a conservar o máximo possível seu plano ou sistema. A estrutura, portanto, não é constituída simplesmente por um conjunto de elementos relacionados, mas por uma ordem hierárquica que tem o objetivo de garantir o êxito de sua função e sua própria conservação.

A forma restrita é, no geral, a que mais corresponde ao uso do termo na linguagem comum. Nesse sentido, fala-se da estrutura de um edifício e da correlação entre suas partes que assegura a estabilidade dele e lhe permite corresponder ao uso a que é destinado. Em uma organização qualquer, estrutura é o plano de atividades ou de órgãos que mantém a organização e lhe permite realizar seus objetivos. Nesse sentido fala-se de estrutura de uma sociedade empresária com os seus órgãos de poder (assembleia geral, conselho de administração, conselho fiscal, presidência) hierarquicamente ordenados.

1.2. Estrutura: significado genérico

Em sentido lógico, o termo *estrutura* significa o plano de uma relação. Nesse sentido, diz-se que duas relações têm a mesma estrutura quando o mesmo plano vale para ambas, ou seja, quando as relações são análogas tanto quanto um mapa geográfico tem analogia com a região que representa. Assim, estrutura é um conceito generalíssimo que equivale a plano, construção, constituição etc. Também na terminologia marxista, estrutura ou infraestrutura é um conceito genérico, visto que significa a constituição econômica da sociedade em que se incluem as relações de produção, ao passo que a superestrutura é a constituição jurídica, política, ideológica da própria sociedade.

Marilena Chauí (1980: VI) lembra que a ampliação do termo "estrutura" também se verificou na biologia e na matemática. No sentido biológico, *estrutura* significa um conjunto cujos elementos manifestam solidariedade entre si e dependência mútua. A totalidade de tal conjunto não consistiria simplesmente na soma de suas partes, resultaria das relações internas existentes entre as partes, relações essas que são necessárias e funcionais. No sentido matemático, *estrutura* significa um sistema de relações que descrevem o funcionamento de um fenômeno representado por um modelo. Nesse sentido, *estrutura* reduz-se a um sistema de operações abstratas, e seu significado é o de uma combinatória geral, que assume aspecto particular quando preenchida por um modelo, isto é, pela representação de um fenômeno determinado. *Estrutura*, nesse sentido, aparece como uma forma vazia, cuja matéria é variável, porque depende do modelo particular que venha a se encaixar nela.

Alerta a autora que esses dois sentidos (biológico e matemático) não são, contudo, suficientes para se compreender o emprego da palavra pelas correntes estruturalistas do século XX. Para isso foi decisivo o papel desempenhado por Ferdinand de Saussure, que, embora não tenha usado a palavra *estrutura* explicitamente, elaborou toda a essência da concepção estrutural, mediante a noção de *sistema*. O termo *estrutura* tem o significado genérico de *sistema* quando se fala de estrutura como um conjunto de elementos submetidos a determinadas relações.

2. INFLUÊNCIA DE SAUSSURE

A palavra *estrutura* é, por um lado, sinônimo de *forma*; por outro lado, é sinônimo de *sistema* como conjunto ou totalidade de relações. Foi neste último sentido que a palavra passou para a linguística ou estudo da linguagem. Nesse sentido Saussure diz que "a língua é um sistema cujas partes todas devem ser consideradas em sua solidariedade sincrônica".

Conforme análise de Chauí (1980), Saussure estabeleceu para a linguística as seguintes bases conceituais, que inspiraram o estruturalismo antropológico: a) a linguagem é constituída pela distinção entre língua e fala; *língua* é uma instituição social e um *sistema*, ou uma *estrutura* objetiva que existe com suas regras e princípios próprios, enquanto *fala* (palavra) é o ato individual do uso da língua, tendo existência subjetiva por ser o modo como os sujeitos se apropriam da língua e a empregam; b) a língua é uma totalidade dotada de sentido na qual o todo confere sentido às partes, isto é, as partes não existem isoladas nem somadas, mas apenas pela posição e função que o todo da língua lhes dá e seu sentido vem dessa posição e dessa função; c) a língua é um sistema convencional, cujas partes podem e devem ser consideradas em sua solidariedade sincrônica; d) a língua é inconsciente, ou seja, as pessoas falam sem ter consciência da sua estrutura (regras, princípios, funções).

Essas bases conceituais foram capazes de possibilitar uma nova concepção de linguagem e afirmar a propriedade do sistema sobre os elementos que o compõem. É uma grande ilusão, diz Saussure, considerar um termo simplesmente como a união de certo som com certo conceito. Defini-lo assim seria isolá-lo do sistema de que faz parte; seria crer que se pode começar pelos termos e construir o sistema somando-os; pelo contrário, deve-se partir do todo solidário para obter, por análise, os elementos que ele engloba. Enfim, para Saussure, a língua é um sistema cujos termos são todos solidários e no qual o valor de um termo resulta da presença simultânea de outros.

Com suas bases conceituais assim estabelecidas, o estruturalismo pôde desenvolver-se, e estendeu-se a todos os domínios das ciências humanas. Em sua exigência mais geral, o estruturalismo não só tende a interpretar um campo específico de indagação em termos de sistema, como também a mostrar que os diversos sistemas específicos, verificados em diferentes campos (por exemplo, antropologia, economia, direito, linguística) correspondem-se ou têm características análogas. Lévi--Strauss (2003: 95), por exemplo, julga possível que uma mesma estrutura possa ser encontrada em três níveis de sociedade: a) no sentido de que as normas de parentesco e de casamento servem para assegurar a comunicação das mulheres entre os grupos; b) assim como as normas econômicas servem para assegurar a comunicação de bens e dos serviços; c) e as normas linguísticas servem para assegurar a comunicação das mensagens.

3. LÉVI-STRAUSS E O ESTRUTURALISMO

Lévi-Strauss (2003: 306), considerado o mais célebre representante do estruturalismo antropológico, define *estrutura* como um *sistema* de elementos tal que uma modificação qualquer de um elemento implica uma modificação de todos os outros, considerando-a como um modelo conceitual que deve dar conta dos fatos observados e permitir que se preveja de que modo reagirá o conjunto no caso da modificação de um dos elementos.

Segundo Lévi-Strauss (1980a: 7), para merecer o nome de *estrutura*, os modelos científicos devem exclusivamente satisfazer a quatro condições: a) em primeiro lugar, o modelo deve oferecer um caráter de sistema, isto é, consistir de elementos tais que uma modificação qualquer de um deles acarrete modificação em todos os outros; b) em segundo lugar, todo modelo deve pertencer a um grupo de transformação, cada uma das quais corresponda a um modelo da mesma família, de modo que o conjunto dessas transformações constitua um grupo de modelos; c) em terceiro lugar, as propriedades exigidas por essas duas condições devem permitir prever de que modo reagirá o modelo em caso de modificação de um de seus elementos; d) finalmente, é necessário que o modelo seja construído de tal modo que seu funcionamento possa explicar todos os fatos observados.

Para Lévi-Strauss (1993: 121), os adeptos da análise estrutural em antropologia são frequentemente acusados de formalismo. O estruturalismo, porém, segundo ele, separa-se do formalismo em virtude das atitudes muito diferentes que as duas escolas adotam em relação ao concreto. Ao inverso do formalismo, o estruturalismo recusa opor o concreto ao abstrato, e não reconhece no segundo um valor privilegiado. A *forma* se define por oposição a uma matéria que lhe é estranha; mas a *estrutura* não tem conteúdo distinto: ela é o próprio conteúdo, apreendido numa organização lógica concebida como propriedade do real.

Chauí (1980: X) anota que, para o estruturalismo, um fato isolado, enquanto tal, jamais possui significado. Lévi-Strauss exemplifica esse princípio com os vocábulos *fromage*, *cheese* e *queijo*. Esses termos, quando isolados da estrutura alimentar que os determina, aparentemente, referem-se à mesma realidade; o mesmo, contudo, não ocorre quando são considerados no interior das distintas estruturas alimentares a que pertencem, no caso a cozinha francesa, inglesa ou brasileira, nas quais se revelam completamente diferentes. Para o francês, *fromage* conota um gosto picante, enquanto, para o inglês, *cheese* quase não possui gosto e, para o brasileiro, queijo denota um gosto salgado. Salienta-se assim o caráter relativo dos elementos da estrutura: o sentido e o valor de cada elemento advêm, exclusivamente, da posição que ocupem em relação aos demais.

Lévi-Strauss destaca que as estruturas apenas se mostram a uma observação feita de fora. Ele propõe uma noção de estrutura que não se confunde com a realidade estudada, mas deve basear-se nela. Para ele a estrutura seria apenas um modelo de análise construído a partir da observação da realidade social. O princípio fundamental, diz ele, é que a noção de estrutura social não se refere à realidade empírica, mas aos modelos construídos em conformidade com esta. Assim aparece a diferença entre duas noções tão vizinhas que foram confundidas muitas vezes: a de estrutura social e a de relações sociais. As relações sociais são a matéria-prima empregada para a construção dos modelos que tornam manifesta a própria estrutura social.

3.1. Estrutura e consciência

Para Lévi-Strauss (2003), a estrutura é um sistema de relações, e é de sistemas desse gênero que a sociedade é construída: sistema de parentesco, sistema de comunicação, sistema de troca etc. Além disso, a noção de estrutura social não se refere propriamente à realidade empírica, mas aos modelos construídos segundo essa realidade. Os modelos podem ser conscientes ou inconscientes. Na concepção de Lévi-Strauss, as estruturas mentais inconscientes seriam responsáveis, em última analise, pelas formas particulares assumidas em cada cultura. Para ele, com as abordagens tradicionais da antropologia, o máximo que se pode conseguir é detectar os modelos conscientes, isto é, as normas e padrões de comportamento da sociedade. Propõe, então, um método capaz de captar os modelos inconscientes responsáveis pelos modelos conscientes que não passam de efeitos deformados dos primeiros.

Nessa trilha, estabelece que "os modelos conscientes – que se chamam comumente normas – incluem-se entre os mais pobres que existem, em razão de sua função, que é de perpetuar as crenças e usos mais do que lhes expor as causas. Assim, a análise estrutural se choca com uma situação paradoxal, bem conhecida pelo linguista: quanto mais nítida a estrutura aparente, mais difícil torna-se apreender a estrutura profunda, por causa dos modelos conscientes e deformados que se interpõem como obstáculo entre o observador e seu objeto" (LÉVI-STRAUSS, 2003: 318).

Por fim, introduz a noção de que algumas sociedades são, em certo sentido, estáticas, razão pela qual são especialmente talhadas para uma análise estrutural. Há, assim, uma diferença em espécie entre sociedades tribais (frias), cuja história é repetitiva, e sociedades complexas (quentes), que estão num estado de mudança contínua. As sociedades primitivas tentam anular a história, relançar eventos como meras repetições de um padrão cíclico estabelecido. Seu ideal seria permanecer no estado em que os deuses ou os antepassados as criaram nos primórdios dos tempos. Por esses motivos, é mais fácil detectar as estruturas mentais inconscientes básicas a partir de sociedade simples (culturas frias) do que no seio de sociedades complexas (culturas quentes).

Ao observar as sociedades simples, formula a seguinte hipótese: sem reduzir a sociedade ou a cultura à língua, é possível estabelecer três formas de comunicação, que são, ao mesmo tempo, formas de trocas matrimoniais, econômicas e linguísticas, entre as quais existem relações manifestas. Assim: a) as regras de parentesco e matrimônio servem para assegurar a comunicação de mulheres entre os grupos; b) as regras econômicas garantem a comunicação de bens e serviços; e c) as regras linguísticas a comunicação de mensagens. As relações matrimoniais fazem-se acompanhar de prestações econômicas e a linguagem intervém em todos os níveis (LÉVI-STRAUSS, 2003: 103, 104).

3.2. Sistemas de culturas

Para Lévi-Strauss (1993: 329 a 332), um aspecto importante da vida da humanidade é que esta não se desenvolve sob um regime uniforme, mas através de modos diversificados de sociedades e civilizações; essa diversidade (intelectual, estética e sociológica) não está unida por nenhuma relação de causa e efeito. A raça, segundo ele, não determina a cultura porque não existem aptidões raciais inatas, tendo em vista que há muito mais culturas humanas do que raças humanas. Além disso, duas culturas elaboradas por homens pertencentes à mesma raça podem diferir tanto, ou mais, que duas culturas provenientes de grupos radicalmente afastados.

Ao comentar o alcance e a validade da noção de cultura, reconhece que existem culturas diferentes no seio da civilização ocidental. Segundo ele, "denominamos cultura todo o conjunto etnográfico que, do ponto de vista da investigação, apresenta, com relação a outros, afastamentos significativos. Se se procura determinar afastamentos significativos entre a América do Norte e a Europa, tratar-se-ão as duas como culturas diferentes; mas, supondo que o interesse tenha por objeto afastamentos significativos entre – digamos – Paris e Marselha, estes dois conjuntos urbanos poderão ser provisoriamente constituídos como duas unidades culturais. O objeto último das pesquisas estruturais sendo as *constantes* ligadas a tais afastamentos, vê-se que à noção de cultura pode corresponder uma realidade objetiva, apesar de permanecer função do tipo de pesquisa considerado. Uma mesma coleção de indivíduos, contanto que seja objetivamente dada no tempo e no espaço, depende simultaneamente de vários sistemas de cultura: universal, continental, nacional, provincial, local etc.; e familiar, profissional, confessional, político etc." (2003: 335).

3.3. Organização dualista

Designa-se com o nome de organização dualista um tipo de estrutura social encontrado na América, Ásia e Oceania, caracterizada pela divisão do grupo social – tribo, clã ou aldeia – em duas metades cujos membros mantêm, uns com os outros, relações que podem ir da colaboração mais íntima à hostilidade latente, e associando geralmente ambos os tipos de comportamento. A questão é saber onde começa e onde acaba a organização dualista.

Lévi-Strauss (2003: 24, 25) diz que é preciso constatar, de um lado, que as funções atribuídas à organização dualista não coincidem; e, por outro lado, que a história de cada grupo social mostra que a divisão em metades procede das origens mais diversas. Assim, a organização dualista pode resultar, segundo o caso: a) da invasão de uma população por um grupo de imigrantes; b) da fusão de dois grupos territorialmente vizinhos; c) da cristalização, sob forma de instituição, de regras empíricas destinadas a assegurar as trocas matrimoniais no seio de determinado grupo; d) além de outras hipóteses que podem ser consideradas. Segundo ele, com essa abordagem a antropologia é conduzida a despedaçar a noção de organização social dualista.

Na maioria dos povos primitivos, diz Lévi-Strauss (2003: 29), é muito difícil obter uma justificação moral, ou uma explicação racional, de um costume ou de uma instituição: o indígena interrogado se contenta em responder que as coisas foram sempre assim, que tal foi a ordem dos deuses, ou os ensinamentos dos ancestrais. Mesmo quando se encontram interpretações, estas têm sempre o caráter de racionalizações ou elaborações secundárias. As razões inconscientes pelas quais se pratica um costume ou uma crença estão bastante afastadas das razões que se invocam para justificá-lo. Mesmo em nossa sociedade, as maneiras à mesa, os usos sociais, as regras do vestuário e muitas atitudes morais, políticas e religiosas são observadas escrupulosamente por cada um sem que sua origem e função reais tenham sido objeto de um exame refletido. As pessoas agem e pensam por hábito, e a resistência espantosa oposta às derrogações provém mais da inércia do que de uma vontade consciente de manter costumes dos quais se compreenderia a razão.

Assim, para Lévi-Strauss, a atividade inconsciente do espírito consiste em impor formas a um conteúdo, e se as formas são fundamentalmente as mesmas para todos os espíritos, antigos e modernos, primitivos e civilizados – como o estudo da função simbólica, tal como se exprime na linguagem, o mostra de maneira tão notável –, é preciso atingir a estrutura inconsciente – subjacente a cada instituição ou a cada costume –, para obter um princípio de interpretação válido para outras instituições e outros costumes.

Como chegar a essa estrutura do inconsciente? É aqui, segundo Lévi-Strauss (2003: 38), que o método etnológico e o método linguístico se encontram. Para compreender essa situação, é necessário retomar o problema da organização dualista. Se o antropólogo não quer ver na organização dualista nem um estágio universal do desenvolvimento da sociedade, nem um sistema inventado num único lugar e num único momento; e se, ao mesmo tempo, sente fortemente o que todas as instituições dualistas têm em comum, resta analisar cada sociedade dualista, para encontrar, por detrás do caos das regras e costumes, um esquema único agindo nos contextos locais e temporais diferentes. Esse esquema se reduz a algumas relações de correlação e oposição, sem dúvida inconscientes, mesmo para os povos de organização dualista, mas que, porque inconscientes, devem estar igualmente presentes entre aqueles que jamais conhecerem essa instituição.

Prossegue afirmando que na análise das instituições e costumes dos povos primitivos, a observação histórica permite distinguir alguma coisa que se conserva, que são os elementos estruturais. No caso da organização dualista, esses elementos, segundo ele, parecem ser em número de três: a) exigência da regra; b) noção de reciprocidade, considerada como uma forma que permite integrar imediatamente a oposição do eu e do outro; e c) caráter sintético do dom. Conclui que esses fatores se encontram em todas as sociedades consideradas, e explicam práticas e costumes menos diferenciados, mas dos quais se vê assim que, mesmo nos povos sem organização dualista, correspondem à mesma função que esta.

Assim, a etnologia não pode permanecer indiferente aos processos históricos e às expressões mais altamente conscientes dos fenômenos sociais. Sua finalidade é atingir, além da imagem consciente e sempre diferente que os homens formam de seu devir, um inventário de possibilidades inconscientes, que não existem em número ilimitado e cujo repertório e as relações de compatibilidade ou incompatibilidade que cada uma mantém com todas as outras fornecem uma arquitetura lógica e desenvolvimentos históricos que podem ser imprevisíveis, sem nunca ser arbitrários. Nesse sentido, a célebre fórmula de Marx –: "Os homens fazem sua própria história, mas não sabem que a fazem" – justifica, em seu primeiro termo, a história, e, em seu segundo termo, a etnologia. Ao mesmo tempo, ela mostra que os dois procedimentos são indissociáveis (LÉVI-STRAUSS, 2003: 39).

4. ESTRUTURALISMO E DIREITO

Várias teorias jurídicas usam as noções de sistema e estrutura e, por essa razão, são classificadas como estruturalismo jurídico. O enfoque estruturalista, porém, aparece mais associado ao *positivismo jurídico*, cujos principais expoentes são Hans Kelsen (*Teoria pura do direito*) e

Norberto Bobbio (*Teoria do ordenamento jurídico*). Na obra desses dois autores as noções de *sistema* e *estrutura* assumem posição de destaque.

Para o estruturalismo jurídico o direito é um sistema. O sistema jurídico é um todo, ou seja, um ordenamento composto de estrutura e de repertório. O repertório é o conjunto dos elementos (normas jurídicas) do sistema. A estrutura é o conjunto de regras que demonstra as relações existentes entre os elementos do sistema. Diz-se, por isso, que os elementos do sistema jurídico (as normas jurídicas) não desfrutam de autonomia, porque cada norma jurídica depende de sua integração e inserção ao todo sistemático.

De acordo com essa orientação teórica, o sistema jurídico é, fundamentalmente, um conjunto de normas jurídicas válidas, dispostas numa estrutura hierarquizada. Norma jurídica válida é aquela emanada de uma autoridade que possui competência para editar normas. A competência da autoridade é determinada pelas próprias normas jurídicas. Hierarquia é um conjunto de relações estabelecidas conforme regras de subordinação e coordenação. Essas regras não são normas jurídicas, isto é, não fazem parte do repertório, mas da estrutura do sistema. São regras estruturais: a) **o princípio da lei superior**: regra segundo a qual a norma que dispõe formal e materialmente sobre a edição de outras normas prevalece sobre estas; b) **o princípio da lei posterior**: regra segundo a qual, havendo normas contraditórias, desde que do mesmo nível hierárquico, prevalece a que no tempo apareceu por último; c) **o princípio da lei especial**: regra segundo a qual a norma especial revoga a geral no que dispõe especificamente.

Para o positivismo jurídico, é preciso supor que as normas do ordenamento jurídico estão dispostas numa ordem sistemática. O sentido de uma norma não está, portanto, somente nos termos que expressam sua articulação sintática, mas também em sua relação com outras normas do ordenamento. Em outras palavras, entende-se que o direito é composto pelo conjunto organizado de regras diretoras (denominadas princípios) que presidem o sistema e regras simples que perfazem o todo sistemático. O direito, portanto, caracteriza-se pela disposição organizada e hierárquica de princípios e normas.

4.1. Estrutura e hierarquia

O positivismo jurídico concebe o ordenamento jurídico como uma estrutura escalonada de normas. A imagem da pirâmide ajuda a compreender essa concepção: no ápice da pirâmide normativa estariam situadas as normas superiores, tidas como fundamento de validade das normas imediatamente inferiores, e assim sucessivamente até a base na qual estariam as normas mais inferiores. Com esse escopo pode-se dizer que no texto constitucional brasileiro estão as normas jurídicas do mais alto grau. Isso porque a Constituição Federal é o marco inicial de todo o direito do Estado. Ela é a primeira lei posta, a primeira lei do Estado, motivo pelo qual adquire posição fundamental porque funda a ordem jurídica e adquire posição suprema; porque as normas constitucionais sobrepõem-se a todas as demais que integram o ordenamento jurídico.

As normas constitucionais, além de orientar a atividade interpretativa do profissional do direito, orientam a produção e aplicação das normas pelos órgãos jurisdicionais (Legislativo e Judiciário). Desse modo, a validade da norma só pode ser julgada por sua relação com outras normas; isto é, as normas jurídicas encontram sempre seu fundamento de validade em outras normas que lhe são superiores. As normas que fundamentam outras normas ganham uma posição de superioridade, de preeminência, visto que as normas subordinadas não podem contrariar as normas de hierarquia superior.

Alguns teóricos entendem que é possível estabelecer uma hierarquia entre as normas constitucionais; isto é, as normas que compõem o texto constitucional não possuem todas a mesma relevância. Algumas veiculam simples regras, outras são verdadeiros princípios. Entende que o sistema é um conjunto de normas inter-relacionadas em torno de princípios fundamentais que fecham o sistema como um todo unitário. Assim, os princípios assumem o sentido de elementos principais e fundamentais do sistema, razão pela qual são considerados normas com âmbito de abrangência mais amplo que vinculam as demais normas do universo sistemático.

Nessa trajetória, o intérprete, ao examinar o sistema normativo, deve, em primeiro lugar, identificar os princípios e, a partir deles, caminhar em direção às normas jurídicas inferiores. A norma que se apresenta vaga e ambígua deve ser interpretada e aplicada em sintonia com os princípios que a Constituição acolhe. Os princípios constitucionais, por serem normas qualificadas, são considerados vetores para soluções interpretativas.

Esse modelo, segundo os seus teóricos, pode ser aplicado no estudo e compreensão do direito de qualquer sociedade politicamente organizada.

XVII Claude Lévi-Strauss (1908 -2009)

1. SÍMBOLO E SOCIEDADE

Lévi-Strauss entende que a vida social é troca e que a sociedade é mais bem compreendida se considerada como linguagem do que a partir de qualquer outro paradigma. Nessa trilha, desenvolve duas teses que inovam o pensamento antropológico: a) **primeira**: o parentesco é fundamentalmente troca de mulheres entre os homens; b) **segunda**: dos dois componentes do parentesco, a aliança e a descendência, é a aliança que fornece as chaves para colocar ordem na diversidade dos sistemas de parentesco, dos mais elementares aos mais complexos (GODELIER, 2001: 32, 33).

Para Lévi-Strauss, a vida social constitui um fenômeno que implica um movimento de trocas perpétuas através do qual as palavras, os bens, as mulheres circulam entre os indivíduos e entre os grupos. A sociedade, portanto, funda-se sobre a troca e só existe através da combinação de todos os tipos de troca: a) **de mulheres**: parentesco; b) **de bens**: economia; c) **de palavras e de representações**: cultura. Assim, propõe uma explicação do conjunto dos fatos sociais que faz do social uma combinação de formas de troca, cuja origem profunda deve ser buscada nas estruturas inconscientes do espírito, em sua capacidade de simbolizar.

1.1. Linguística e antropologia

Lévi-Strauss (2003: 45 a 55) entende que, no conjunto das ciências sociais, a linguística ocupa um lugar excepcional em virtude dos progressos que realizou. Para ele a linguística não é uma ciência social como as outras, mas a única que pode reivindicar o nome de ciência e que chegou, ao mesmo tempo, a formular um método positivo e a conhecer a natureza dos fatos submetidos à sua análise. A linguística, em especial a fonologia, deve desempenhar, perante as ciências sociais, o mesmo papel renovador que a física nuclear desempenhou no conjunto das ciências exatas.

É possível, segundo Lévi-Strauss, antever essa renovação na pesquisa de N. Trubetzkoy, quando este reduz o método fonológico a quatro procedimentos fundamentais: a) a fonologia passa do estudo dos fenômenos linguísticos *conscientes* ao estudo de sua infraestrutura *inconsciente*; b) a fonologia se recusa a tratar os *termos* como entidades independentes, tomando, ao contrário, como base de sua análise as *relações* entre os termos; c) a fonologia introduz a noção de sistema, mas não se limita a declarar que os fonemas são sempre membros de um sistema; ela mostra sistemas fonológicos concretos e torna patente sua estrutura; d) a fonologia visa à descoberta de *leis gerais*, encontradas por indução ou deduzidas logicamente, o que lhes dá um caráter absoluto.

Esses procedimentos, segundo Lévi-Strauss, revelam uma descoberta de tal importância que é preciso verificar suas consequências e sua aplicação possível a fatos de outra ordem. No estudo dos problemas de parentesco, por exemplo, o antropólogo se vê numa situação semelhante à do fonólogo: a) como os fonemas, os termos de parentesco são elementos de significação e só adquirem essa significação sob a condição de se integrarem em sistemas; b) os "sistemas de parentesco", tal como os "sistemas fonológicos", são elaborados pelo espírito no estágio do pensamento inconsciente; c) a recorrência, em regiões afastadas do mundo e em sociedades profundamente diferentes, de formas de parentesco, regras de casamento, atitudes identicamente prescritas entre certos tipos de parentes faz crer que, em ambos os casos, os fenômenos observáveis resultam do jogo de leis gerais ocultas. O problema pode então se formular da seguinte maneira: numa *outra ordem de realidade*, os fenômenos de parentesco são fenômenos do *mesmo tipo* que os fenômenos linguísticos. .

Há, entretanto, como anota Lévi-Strauss, uma diferença profunda entre o quadro dos fonemas de uma língua e o quadro dos termos de parentesco de uma sociedade. No primeiro caso, não há dúvida quanto à função: todos sabem que uma linguagem serve para a comunicação. O que o linguista ignorou durante muito tempo e que somente a fonologia lhe permitiu descobrir é o meio pelo qual a linguagem chega a esse resultado. A função era evidente, mas o sistema permanecia desconhecido. A esse respeito, o antropólogo se encontra em situação inversa: todos sabem, desde Lewis Morgan, que os termos de parentesco constituem sistemas, mas ignoram para que uso se destina. O desconhecimento dessa situação inicial reduz a maior parte das análises estruturais de sistemas de parentesco a meras tautologias. Elas demonstram o que é evidente, e negligenciam o que permanece desconhecido ou oculto.

Para Lévi-Strauss, o que se denomina "sistema de parentesco" recobre duas ordens diferentes de realidade: a) **sistema terminológico**: é o sistema de vocabulário, nomenclatura ou termos pelos quais se exprimem os diferentes tipos de relações familiares; b) **sistema de atitudes**: significa que o parentesco não se exprime unicamente numa nomenclatura; os indivíduos, ou as classes de indivíduos que utilizam os termos, sentem-se (ou não se sentem, conforme o caso) obrigados uns em relação aos outros a uma conduta determinada: respeito ou familiaridade, direito ou dever, afeição ou hostilidade. Pode-se dizer que o papel representado pelos sistemas de atitudes é o de assegurar a coesão e o equilíbrio do grupo, mas a antropologia ainda não compreendeu a natureza das conexões existentes entre as diversas atitudes, e não percebeu sua necessidade.

Entre *sistemas terminológicos* e *sistemas de atitudes* há, conforme Lévi-Strauss, uma diferença profunda, visto que o sistema de atitudes não é apenas a expressão ou a tradução no plano afetivo do sistema terminológico. Ademais, segundo ele, é necessário sempre distinguir entre dois tipos de atitudes: a) **as atitudes difusas**: são atitudes não cristalizadas e desprovidas de caráter institucional; pode-se admitir que, no plano psicológico, são meros reflexos da terminologia; e b) **as atitudes estilizadas**: são atitudes obrigatórias, sancionadas por tabus ou privilégios, e que se exprimem através de cerimonial fixo. Longe de refletir automaticamente a nomenclatura, essas atitudes aparecem frequentemente como elaborações secundárias destinadas a resolver contradições e superar insuficiências inerentes ao sistema terminológico.

Isso, entretanto, não quer dizer que não exista uma interdependência entre o *sistema terminológico* e o *sistema de atitudes*, mas essa relação de interdependência não é uma correspondência termo a termo. Para Lévi-Strauss, o sistema de atitudes constitui antes uma integração dinâmica do sistema terminológico. Há, assim, uma relação funcional entre os dois sistemas, porém, por razões de método, é possível tratar os problemas aferentes a cada um como problemas separados.

1.2. Linguagem e cultura

Ao investigar as relações entre linguagem e cultura, Lévi-Strauss (2003: 86 a 89) observa que a civilização europeia trata a linguagem de maneira que pode ser qualificada de imoderada: fala-se demais. Essa maneira de abusar da linguagem não é universal; nem mesmo frequente. A maior parte das culturas primitivas usa a linguagem com parcimônia; não se fala quando se quer e sem motivo. As manifestações verbais são aí frequentemente limitadas a circunstâncias prescritas, fora das quais se poupam as palavras.

Lévi-Strauss reconhece que o problema das relações entre linguagem e cultura é um dos mais complicados que existem. Pode-se, inicialmente, tratar a linguagem como um *produto* da cultura: uma língua reflete a cultura geral da população. Mas num outro sentido, a linguagem é uma *parte* da cultura; constitui um de seus elementos, dentre outros. Pode-se também tratar a linguagem como *condição* da cultura, e por duplo motivo: a) **primeiro**: porque é, sobretudo, através da linguagem que o indivíduo adquire a cultura de seu grupo; instrui-se, educa a criança pela palavra; ralha com ela, lisonjeia-a com palavras; b) **segundo**: porque a cultura possui uma arquitetura similar à da linguagem.

Nas relações entre linguagem e cultura sempre aparece essa questão: é a língua que exerce uma ação sobre a cultura ou, ao invés, é a cultura que exerce ação sobre a língua? Não se pode esquecer, diz Lévi-Strauss, que língua e cultura são duas modalidades paralelas de uma atividade mais fundamental: *o espírito humano*. É possível afirmar que deve existir qualquer relação entre linguagem e cultura. Ambas levaram vários milênios para se desenvolver, e essa evolução se desenrolou paralelamente nos espíritos dos homens.

Para definir convenientemente as relações entre linguagem e cultura, Lévi-Strauss entende que é necessário excluir de início duas hipóteses: a) **primeira**: não pode haver nenhuma relação entre linguagem e cultura; b) **segunda**: existe uma correlação total em todos os níveis entre linguagem e cultura. É preciso, pois, considerar uma hipótese que implique uma posição média: certas correlações são provavelmente reveláveis entre certos aspectos e certos níveis; é preciso encontrar esses aspectos. Mas a principal beneficiária dessas descobertas não seria nem a linguística, nem a antropologia tal como é concebida atualmente; essas descobertas seriam aproveitáveis para uma ciência ao mesmo tempo muito antiga e muito nova, uma *antropologia* entendida em sentido mais lato, ou seja, um conhecimento do homem que associe diversos métodos e diversas disciplinas, e que poderá revelar um dia as molas secretas que movem esse hóspede, presente sem ser convidado aos nossos debates: o espírito humano.

2. SOCIEDADES PRIMITIVAS

Para que serve o estudo das sociedades primitivas? Segundo Lévi-Strauss (1993: 35, 36), esse estudo não visa revelar o primitivo por trás do civilizado. Mas, na medida em que essas sociedades oferecem ao homem uma imagem de sua vida social em redução (pequeno efetivo demográfico) e em equilíbrio (ausência de classes sociais e repúdio da história), elas constituem casos privilegiados; no domínio dos fatos sociais, permitem perceber o modelo por trás da realidade, ou, mais precisamente, construir com menos esforços o modelo a partir da realidade. Também é preciso admitir que a razão final desse estudo não é saber o que são, em si mesmas, as sociedades estudadas, mas sim descobrir em que se distinguem umas das outras.

Para Lévi-Strauss, as sociedades primitivas estão na história; o seu passado é tão antigo quanto o das sociedades complexas, uma vez que ele remonta às origens da espécie. No decorrer de milênios, elas passaram por todo tipo de transformações, atravessaram períodos de crise e de prosperidade; conheceram guerras, migrações, aventuras. Mas essas sociedades especializaram-se em setores diferentes daqueles que as sociedades complexas escolheram.

Indubitavelmente, as sociedades primitivas estão inseridas na história, mas, parece, conforme constata Lévi-Strauss, que elas elaboraram e retêm uma sabedoria particular que as incita desesperadamente a resistir a qualquer modificação em sua estrutura, que permitiria à história irromper em seu seio. Essa sabedoria, segundo Lévi-Strauss, trilha três caminhos: a) **primeiro**: a maneira como elas exploram o meio garante, ao mesmo tempo, um nível de vida modesto e a proteção dos recursos naturais; b) **segundo**: apesar de sua diversidade, as regras de casamento que aplicam apresentam um caráter comum, qual seja o de limitar ao extremo e de manter a taxa de natalidade em nível constante; c) **terceiro**: uma vida política baseada no consentimento, e não admitindo outras decisões senão as tomadas por unanimidade, parece ter sido concebida para excluir o uso desse motor da vida coletiva que utiliza os desvios diferenciais entre poder e oposição, maioria e minoria, exploradores e explorados.

Essas sociedades, conforme terminologia adotada por Lévi-Strauss, podem ser chamadas de "frias", porque o seu meio interno está próximo do zero de temperatura histórica, distinguem-se, por seu efetivo restrito e por seu modo mecânico de funcionamento, das sociedades "quentes" aparecidas em diversos pontos do mundo após a revolução neolítica, e em que diferenciações entre castas e classes são solicitadas sem tréguas, como fonte de porvir e energia. O alcance dessa distinção é, sobretudo, teórico, pois não há provavelmente nenhuma sociedade concreta que, em sua totalidade e em cada uma de suas partes, corresponda exatamente a um ou outro tipo.

A antropologia social obedece, portanto, a uma dupla movimentação: a) **retrospectiva**, pois os gêneros de vida primitivos estão em vias de desaparecimento, motivo pelo qual é necessário recolher o mais rápido possível todas as lições que essas sociedades podem oferecer; e b) **prospectiva**, na medida em que, tomando consciência de uma evolução cujo ritmo se precipita, sentimo-nos desde já os "primitivos" das gerações futuras, e na medida em que procuramos provar nossa validade aproximando-nos daqueles que foram – e ainda são, por pouco tempo – tais como uma parte de nós persiste em permanecer.

Quando, após as grandes revoluções neolíticas, as grandes cidades-estados não apenas do Mediterrâneo, mas também do Extremo Oriente, impuseram a escravidão, construíram um tipo de sociedade (sociedade quente) em que os desvios diferenciais entre os homens – alguns dominadores; outros dominados – podiam ser utilizados para produzir cultura, num ritmo até então inconcebível. Desde então alguns homens procuram libertar a humanidade dessa maldição milenar, que a obriga a escravizar para que haja progresso.

XVIII Nova Antropologia Americana

1. CLIFFORD GEERTZ (1926 - 2006)

Adam Kuper relata que em 1973 Talcott Parsons elegeu Clifford Geertz e David Schneider como os antropólogos mais promissores da nova antropologia americana, mas, enquanto Geertz viria a se tornar o antropólogo do *establishment*, Schneider permaneceria sempre um encrenqueiro indisciplinado. A exposição que se apresenta na sequência sobre a noção de cultura proposta por esses dois antropólogos tem como referência a análise de Adam Kuper em seu livro *Cultura*: a visão dos antropólogos.

Geertz entende que é necessário dar uma dimensão menor ao conceito de cultura para assegurar, dessa forma, a sua importância permanente em vez de enfraquecê-la. Nesse sentido, elabora um conceito estrito, para substituir o conceito amplo elaborado por Tylor e amplamente aceito pelos antropólogos. O novo conceito de cultura tem uma finalidade: é elaborado para ser aplicado à análise de casos específicos.

Com esse intento, Geertz apresenta as seguintes definições para o conceito de cultura: a) trata-se de um *sistema* ordenado de significados e símbolos, em cujos termos os indivíduos definem seu mundo, revelam seus achados e fazem seus julgamentos; b) é um *padrão* de significados, transmitidos historicamente, incorporados em formas simbólicas por meio das quais os indivíduos comunicam-se, perpetuam-se, desenvolvem seu conhecimento sobre a vida e definem sua atitude em relação a ela; c) é um *conjunto* de dispositivos simbólicos para o controle do comportamento. Enfim, cultura é um *domínio* de comunicação simbólica e compreender cultura significa interpretar os símbolos.

Cultura é um sistema simbólico, portanto, os processos culturais devem ser lidos, traduzidos e interpretados. Geertz acredita que o homem é um animal suspenso por teias de significado que ele mesmo teceu. Cultura consiste nessas teias de significados, e sua análise não é uma ciência experimental em busca de leis, mas sim uma ciência interpretativa em busca de significados.

Segundo Geertz, as proposições culturais simbólicas fazem mais do que articular como é o mundo; elas também oferecem diretrizes sobre como agir nele. As proposições culturais fornecem tanto o modelo do que elas asseguram representar a realidade como os padrões de comportamento, e é como um guia de comportamento que elas entram na ação social. É essencial, portanto, distinguir entre os aspectos culturais e sociais da vida humana e tratá-los como variáveis independentes, porém fatores mutuamente interdependentes.

Cultura é o tecido do significado, em cujos termos os seres humanos interpretam sua experiência e orientam sua ação; estrutura social é a forma que a ação assume, a rede de relações sociais que realmente existe. Cultura e estrutura social são, portanto, abstrações distintas do mesmo fenômeno. Geertz elege a religião como a característica principal da cultura e tenta descrever o efeito das concepções e práticas religiosas sobre determinados processos políticos, sociais e econômicos.

1.1. Cultura e religião

Geertz, como visto, define cultura como um sistema simbólico que fornece tanto um relato do mundo como um conjunto de regras para atuar nele. A religião faz o mesmo, mas de forma ainda mais eficiente, descrevendo um cosmo e prescrevendo regras morais. A religião é, assim, uma expressão elevada da cultura. A religião, portanto, deve ser tratada como um sistema cultural, mas deve ser também reconhecida como um aspecto privilegiado da cultura, a cultura elevada a seu ponto mais alto, em seu cerne um agrupamento de símbolos sagrados, urdidos em algum tipo de todo ordenado.

Assim como as culturas, as religiões possuem um caráter dual, porque nos informa o que o mundo é e como devemos agir nele. Os símbolos religiosos asseguram que o mundo é ordenado e, por conseguinte, satisfazem uma necessidade fundamental que consiste em escapar dos acasos de um universo absurdo e irracional. Há, ainda que oculto, um significado na perda, no sofrimento, na injustiça e na morte. Em suma, símbolos religiosos só podem funcionar dessa forma na medida em que são aceitos e absorvidos. A essência da ação religiosa consiste em impor autoridade sobre um complexo de símbolos, a metafísica que eles formulam e o estilo de vida que eles recomendam. Essa é a tarefa do ritual, que ao mesmo tempo apresenta simbolicamente uma imagem de ordem cósmica – uma visão de mundo – e induz predisposições e motivações. O ritual, portanto, funde uma imagem do mundo, um etos e um modelo de comportamento.

1.2. Cultura e ideologia

Para Geertz, em sistemas em equilíbrio, a religião, a estrutura social, as emoções e as formas convencionais de ação mesclam-se e reforçam-se entre si. Mas, em períodos de mudança social, os símbolos sagrados não podem mais expressar com tanta clareza as realidades sociais. As divisões sociais e políticas podem subverter a intenção do ritual, que é a de assegurar que o mundo é ordenado e que a comunidade está unida. Interesses particulares insurgem contra interesse nacional e se transformam na base de conflitos políticos.

Geertz, ao refletir sobre os novos Estados que começam a se formar após o processo de descolonização nas décadas de 1950 e 1960, entende que esses Estados exigem um líder carismático (weberiano) que possa conceber um novo modelo de legitimidade: uma ideologia, porque esta possui a maioria das características da religião. Assim como uma religião, uma ideologia tem de ser compreendida culturalmente como um sistema simbólico e, portanto, como uma forma de arte. A ideologia, segundo Geertz, cria novas formas simbólicas e oferece mapas da realidade social problemática; também oferece matrizes para a criação de uma consciência coletiva.

A ideologia é, assim, uma forma de religião adequada a épocas conturbadas e a uma modernidade desencantada. O fenômeno ideológico caracteriza as sociedades que estão passando por mudanças dolorosas. Lutando para institucionalizar novas formas de fazer as coisas, os líderes desses novos Estados criam símbolos unificadores e inventam rituais nacionais. A ideologia sozinha, diz Geertz, não resolve os problemas, mas constitui um ingrediente necessário em qualquer solução.

O mundo moderno, segundo Geertz, está desencantado. A secularização corrói as crenças estabelecidas, e a religião perde seu monopólio como estrutura para a cosmologia e a moralidade. Uma fonte alternativa de significado é o bom-senso, entendido como uma sabedoria prática. Isso é assim porque, na maior parte do tempo, os homens vivem no mundo cotidiano e veem a experiência em termos práticos, realistas. Todavia, embora o bom-senso possa ser um instrumento necessário para atuar no mercado, lidar com a polícia ou com um vizinho, ele não pode ter a pretensão de responder às grandes questões filosóficas ou de interferir em assuntos de princípios morais. Esse é um domínio da religião. Mas com a modernização vem a secularização, trazendo em seu bojo um desafio direto à visão religiosa do mundo. O bom-senso, juntamente com a ciência, cria a necessidade de algo mais e também oferece os materiais para a construção de uma alternativa secular à religião, uma ideologia. As ideologias, portanto, representam modernos substitutos da religião.

Para Geertz, as crenças ortodoxas não são mais tidas como certas, e os clássicos símbolos da religião já não são bastante para sustentar uma fé religiosa adequada. Esse é um fenômeno disseminado. A secularização do pensamento implica a ideologização da religião. Talvez isso explique a expansão que os diversos fundamentalismos religiosos vêm alcançando nas últimas décadas.

1.3. O método

Geertz estabelece o método como tema do seu ensaio mais influente intitulado *Descrição densa*: por uma teoria interpretativa da cultura. O pressuposto mais importante afirma que os dados relevantes da etnografia não são sintetizados a partir de dados brutos. As ações das pessoas são levadas em consideração e processadas através do filtro da interpretação. Ações são artefatos, sinais cujo propósito é transmitir significados. O etnógrafo se preocupa, portanto, não tanto com o que as pessoas fazem, mas com o significado do que elas fazem e com as interpretações que fazem das ações umas das outras. A tarefa do etnólogo é *explicar explicações*, seus instrumentos, *interpretações de interpretações.*

No lugar do participante/observador, que aprende a viver em outra sociedade e deseja descobrir como as coisas realmente funcionam, Geertz propõe que o etnógrafo deve proceder da mesma forma que um estudioso de textos. Fazer etnografia, diz ele, é como tentar ler, ou melhor, interpretar um manuscrito cheio de elipses, incoerências, correções suspeitas e comentários tendenciosos, porém escrito não com os sinais convencionais de som, mas com exemplos transitórios de comportamento comum. Seu exercício mais famoso nesse gênero é a representação das brigas de galo balinesas como um *texto interpretado.*

1.4. Brigas de galo

Ao analisar as brigas de galo, Geertz começa pela noção de *jogo profundo*. Essa noção advém das reflexões do filósofo Jeremy Bentham sobre a irracionalidade do jogo. Bentham, na linha utilitarista, achava que o jogo com apostas era irracional, e concluiu que as pessoas de mente fraca deveriam ser protegidas contra ele. Geertz sustenta que quando os balineses se entregam ao que Bentham chama de *jogo profundo*, fazendo apostas altas, eles estão expressando valores comuns que transcendem os cálculos mais elevados de ganhos e perdas materiais. O que estava em jogo nas brigas de galo não era apenas dinheiro, mas *status*. Vale dizer, o que a briga de galo expõe de forma mais contundente são as relações de *status*, e o que ela revela é que essas relações são uma questão de vida ou morte.

Os donos dos galos de briga, seus parentes e vizinhos fazem apostas altas, mas o dinheiro é secundário. Participar dessas disputas representa expor o próprio *self* em público. O galo representa seu dono e as pessoas ligadas a ele. Consequentemente é o *status* que está em jogo. A análise de Bentham de *jogo profundo* fracassa porque ele considera apenas as apostas utilitárias mundanas. O que dá significado mais profundo às brigas de galo balinesas não é o dinheiro em si, mas o que elas geram: a migração da hierarquia de *status* balinesa para o cenário da briga de galo, e, quanto mais dinheiro estiver envolvido, maior essa migração.

Nessa conjuntura, o que interessa, segundo Geertz, é a interpretação que a plateia dá a toda a cena. Sua função é interpretativa: trata-se de uma leitura balinesa da experiência balinesa, uma história que eles contam sobre si mesmos. Todo povo ama sua própria violência. A briga de galo é a reflexão balinesa sobre a sua violência.

Geertz retrata uma sociedade cuja vida real é governada por ideias, expressada por meios de símbolos e representada em rituais. O etnólogo só precisa ler os rituais e interpretá-los. Não há nada fora do texto e, se os textos não falarem de política e economia, então esses assuntos podem ser ignorados. Nos seus últimos trabalhos, a noção de cultura assumiu um significado de valores que predominam numa sociedade, incorporados de forma mais perfeita nos rituais religiosos e na alta arte da elite. Essa mudança mereceu algumas críticas. Alguns afirmam que ele abandonou o verdadeiro caminho quando deixou de se preocupar com história social, mudança econômica e revolução política e começou a tratar a cultura como força motriz dos assuntos humanos e, no final, como um campo de estudo autossuficiente.

De qualquer modo, os antropólogos reconhecem que Geertz introduziu na antropologia uma abordagem hermenêutica sofisticada baseada na interpretação de textos. Essa interpretação possui a força de revelar os processos criativos e poéticos pelos quais objetos culturais são inventados e tratados como significativos. Nesse sentido, a etnografia é tida como um processo de interpretação e não de explicação.

2. DAVID SCHNEIDER (1918 – 1995)

Schneider apresenta como tema principal de seus estudos a análise dos sistemas de parentesco em termos estritamente culturais. Seu trabalho mais comentado (*American Kinship: a Cultural Account*) versa sobre o parentesco americano, em que procura estabelecer algumas teses polêmicas, tais como: a) o ato sexual é um símbolo; b) o amor é uma convenção; c) parentesco não é natural, é cultural; d) existe apenas um único sistema de parentesco americano, portanto, uma única cultura americana.

O parentesco sempre foi tido como o campo em que a antropologia (cultural ou social) podia afirmar ter registrado avanços concretos. A antropologia sempre se fundamentou na certeza de que o parentesco constituía a base dos sistemas sociais primitivos, portanto, reivindicava como sua a teoria sociológica do parentesco. Schneider realiza um esforço de desconstrução dessa tese ao pretender provar que a teoria do parentesco está fundamentada numa ilusão etnocêntrica, que seus conceitos básicos – família, descendência, genealogias – são criações culturalmente específicas dos europeus e dos norte-americanos. Assim, segundo ele, quando os antropólogos escrevem sobre o parentesco, estão simplesmente projetando suas próprias obsessões culturais em outras pessoas.

2.1. Parentesco e cultura

Schneider tem por objetivo oferecer uma visão cultural do parentesco, segundo um sistema de símbolos que representa o parentesco americano. Para isso considera o sistema de símbolos como autônomo e independente. Por símbolo, diz ele, refiro-me a alguma coisa que representa algo mais, em que não existe uma relação necessária ou intrínseca entre o símbolo e aquilo que ele simboliza.

Segundo Schneider, não apenas os símbolos são arbitrários, mas os próprios referentes. As coisas ou ideias que eles representam são *constructos* culturais, portanto, pode ser que não tenha nenhuma realidade objetiva. Como exemplo cita a ideia de *fantasma.* Os informantes podem ter todos os tipos de noções fantásticas sobre fantasmas, mas o etnógrafo não tem meios de saber se eles existem ou não. "Uma vez que é perfeitamente possível formular o *constructo* cultural de fantasma sem na verdade jamais ter visto sequer um único exemplar, essa deveria ser uma verdade universal e sem referência à observabilidade ou não de objetos que podem supostamente referir-se aos *constructos* culturais."

Nessa linha de raciocínio, os símbolos de parentesco deveriam ser tratados como se fossem arbitrários. Assim como um símbolo religioso pode referir-se a fantasma, os símbolos de parentesco denotam ideias construídas culturalmente. E, no caso do parentesco americano, para Schneider, o símbolo dominante é o *ato sexual.* "O fato da natureza sobre o qual o *constructo* cultural da família se fundamenta é o ato sexual. Essa figura fornece todos os símbolos centrais do parentesco americano."

Para Schneider, a relação sexual entre marido e mulher não é apenas um ato que define especificamente a relação conjugal, mas constitui também um sinal de amor. Os pais compartilham uma substância comum com os filhos, a qual gera outro tipo de amor, o amor de parentes consanguíneos. Existem, portanto, dois tipos diferentes de amor, o conjugal e o cognático. O amor erótico está relacionado com o casamento; o amor cognático, com laços de sangue. O "amor conjugal é erótico, sendo que o ato sexual representa sua encarnação concreta". O amor cognático não tem nada de erótico, mas também é simbolizado pelo ato sexual. É o símbolo do amor que liga o amor conjugal ao amor cognático e relaciona ambos através do símbolo do ato sexual.

"O ato sexual é amor e constitui um sinal de amor, e amor representa o ato sexual e é um sinal dele. Os dois tipos diferentes de amor, conjugal e cognático, o primeiro erótico e o outro não, no entanto, são símbolos de união: ser um só, estar junto, pertencer um ao outro". "Amor pode ser traduzido livremente como *solidariedade difusa e duradoura.*"

2.2. Natureza e cultura

Para Schneider, os americanos constroem uma oposição entre natureza e cultura, mas valorizam mais a cultura do que a natureza. A natureza tem algumas características boas e outras perigosas, até mesmo nocivas, motivo pelo qual deve ser mantida sob controle moral e cultural. Os seres humanos são uma mistura de natureza e cultura, mas é sua identidade cultural que os torna humanos. A moralidade doma o animal sob a pele. A natureza é aprimorada e moralizada pela aplicação da lei. Para Schneider, essas noções americanas sobre a ordem da lei constituíam algo bastante semelhante à definição antropológica clássica de cultura. "Nos Estados Unidos, é a ordem da lei, ou seja, a cultura, que decide as contradições entre homem e natureza, que representam contradições dentro da própria cultura."

Segundo ele, essa oposição entre natureza e cultura é que estrutura o pensamento norte-americano sobre parentesco. Um indivíduo pode ser parente por natureza ou por cultura. Existem, portanto, parentes por consanguinidade e por afinidade. "Uma pessoa é parente quando está ligada por laços de sangue ou por alianças matrimoniais." Os parentes por natureza nascem parentes; os parentes por afinidade são adquiridos por meio do casamento ou adoção; resulta de uma opção que até pode ser anulada. A relação por afinidade, portanto, é estabelecida por costume e orientada por um *código de conduta* convencional, uma regra moral que expressa amor. As relações naturais também são motivadas por um *código de conduta* moral apropriado que se baseia no amor, o que implica uma ética de solidariedade difusa e duradoura.

2.3. Código de conduta e laços de sangue

De acordo com Schneider, quando os americanos falam de forma abreviada de laços de sangue eles se referem tanto a uma relação biológica como a um código de conduta. Sangue significa essa combinação de substância e código de conduta que aqueles que têm o mesmo sangue, os parentes consanguíneos, devem ter. Um parente consanguíneo é tratado como parente ou não em função da distância genealógica (mede a quantidade de sangue) e da distância social, que é determinada principalmente por fatores como dispersão geográfica e diferença de classe social. Ligações genealógicas não garantem um parentesco verdadeiro. Apenas alguns parentes que não pertencem ao círculo familiar mais íntimo são tratados como tal. Por outro lado, o parente famoso, que aparece em muitas genealogias, ilustra o fato de que a distância também pode ser obliterada quando convém.

No que diz respeito ao parentesco por afinidade (não estar ligado por laços de sangue), segundo Schneider, esse parentesco flui de um acordo legal (casamento, adoção), mas observa que pessoas que não são aparentadas podem ser introduzidas no papel de parentes pela aplicação de um *código de conduta* apropriado, como no caso de um amigo da família que é chamado de *tio* ou *tia*. Se o código de conduta for seguido por si só, pode ser suficiente para transformar uma pessoa num parente. Schneider conclui que filhos adotivos, sogro, sogra e tios indiretos são todos o mesmo tipo de parente: parentes por afinidade, pessoas que não estão ligadas por laços de sangue, mas que mesmo assim seguem o código de conduta próprio dos parentes.

Para Schneider, a conexão genealógica não constitui razão suficiente para considerar alguém como parente. Os americanos às vezes preferem ignorar os parentes distantes, mesmo que estejam conscientes de que existe uma conexão genealógica. Tampouco a conexão genealógica representa uma razão necessária para a identificação de um parente, uma vez que o amigo de minha mãe pode ser meu tio. O fator decisivo é o código de conduta. As pessoas são consideradas parentes porque seguem um código de conduta apropriado.

Com base na noção de código de conduta, Schneider sustentou a hipótese de que havia um único sistema simbólico, uma única cultura americana. As concepções fundamentais de cultura sobre laços de sangue, casamento, família, relacionamentos, eram constantes em todas as classes sociais americanas. Segundo Schneider, os teóricos americanos ainda não tinham conseguido libertar-se do mesmo erro antiquíssimo: a crença de que a base biológica – os fatos da natureza – está por trás de todos os sistemas de parentesco. "Despojado de suas bases biológicas, o parentesco não é nada." O parentesco não é uma questão de biologia ou de instituições sociais específicas; ele só pode ser compreendido apenas em termos culturais.

As críticas às teses de Schneider não foram poucas. Para Kuper, não está claro que os valores do parentesco americano se resumam ao ato sexual; tampouco que a relação sexual é melhor entendida como um símbolo, muito menos um símbolo arbitrário que não tem conexão intrínseca com os fatos da procriação e da paternidade e maternidade. Não foram fornecidas evidências que corroborassem essas alegações surpreendentes. Outros estudiosos entendem que as evidências indicam que a família e os sistemas de parentesco americanos variam de forma significativa entre grupos étnicos, classes sociais e regiões.

3. SÍMBOLO E DIREITO

Geertz define cultura como um sistema simbólico que fornece tanto um relato do mundo como um conjunto de regras para atuar nele. Cultura é, assim, um domínio de comunicação simbólica e compreender cultura significa interpretar os símbolos. Schneider, por sua vez, também procura entender o fenômeno cultural segundo um sistema de símbolos autônomo e independente, motivo pelo qual entende o símbolo como alguma coisa que representa algo mais, em que não existe uma relação necessária ou intrínseca entre o símbolo e aquilo que ele simboliza.

O direito sempre teve um grande símbolo que se materializa em uma *balança*, com dois pratos colocados no mesmo nível, em posição perfeita, tanto na horizontal quanto na vertical. A balança é segurada por uma deusa, Diké (gregos) ou Iustitia (romanos). Às vezes o símbolo da *balança* aparece acompanhado de outro símbolo, uma *espada*. De acordo com Schneider, seria preciso perguntar: o que esses símbolos simbolizam? De acordo com Geertz, poder-se-ia perguntar: como interpretar esses símbolos? Esses símbolos fornecem um relato do mundo e um conjunto de regras para atuar nele? Nas linhas seguintes apontamos algumas respostas para essas perguntas.

No poema *O trabalho e os dias*, Hesíodo (século VII a. C.) elege o trabalho e a justiça como pilares da virtude do homem simples e trabalhador, aquele que não é aristocrata e tem a sua expressão numa posse moderada de bens. Diké, no poema, é a deusa que se encarrega de trazer o direito do céu para a terra. A tarefa de Diké, entretanto, é perturbada pela deusa Hybris. Vernant (1977: 11) entende que o poema aponta dois tipos de existência humana que são rigorosamente opostos, simbolizados por Diké (justiça, justa medida) e Hybris (injustiça, desmedida). A oposição *diké-hybris* seria, portanto, o tema central do poema de Hesíodo.

A etimologia da palavra *diké* não é muito clara. O conceito é originário da linguagem processual e contém uma matriz de igualdade que permanece no pensamento grego através dos tempos. No processo antigo, diz-se que as partes contenciosas "*dão e recebem diké*". O culpado "*dá diké*", isto significa uma reparação, indenização ou compensação. O lesado, cujo direito é reconhecido pelo julgamento, "*recebe diké*" e o juiz "*reparte diké*". Assim, o conceito de justiça (*diké*) passa a ser fixado na expressão "*dar a cada um o que é seu*". Significa, ao mesmo tempo, o processo, a decisão e a reparação ou pena. O significado evolui no sentido de expressar o princípio que garante essa exigência e no qual se pode apoiar quem for prejudicado pela *hybris*, que corresponde à ação contrária ao direito (Jaeger, 1995, 135).

Hybris, por sua vez, é tudo que ultrapassa a medida, é o excesso ou desmedida. Nas pessoas *hybris* provoca insolência, soberba e presunção. Diké representa o equilíbrio, a medida justa capaz de conter o desequilíbrio provocado pela desmedida e pelo excesso. A existência de Diké está condicionada pela existência de Hybris; ou seja, Diké aparece para conter o excesso e a desmedida dos homens que estão sob o domínio de Hybris.

Ferraz Jr. (1995: 32), ao interpretar o símbolo grego (Diké) e o romano (Iustitia), aponta algumas diferenças que merecem ser anotadas.

Símbolo grego: Na mão esquerda de Diké está a balança com os dois pratos, sem o fiel no meio; na mão direita a deusa segura uma espada e com os olhos abertos declara existir o justo quando os pratos estiverem em equilíbrio (*íson*, donde a palavra *isonomia*). O justo significa o que é visto como igual. *A ideia de justiça, na cultura grega, adquire essa concepção forte de igualdade.* Os olhos abertos da deusa têm um significado simbólico. Para os antigos, os dois sentidos mais intelectuais são a visão e a audição. A visão simboliza a contemplação e especulação, o saber puro; a audição implica o valorativo, as coisas práticas, o saber agir, a prudência. Assim, os olhos abertos apontam para uma concepção abstrata, que precede em importância o saber prático. Além disso, o fato de a deusa carregar uma espada mostra que os gregos conectam o conhecimento do direito com a força (*bia*) necessária para executá-lo. O equilíbrio e a harmonia necessários entre direito (*diké*) e força (*bia*), deve prevalecer na cidade.

Símbolo romano: Iustitia tem os olhos vendados e não carrega a espada, segura a balança com os dois pratos e o fiel no meio, com as duas mãos. Ela declara o direito (*jus*) quando o fiel está completamente vertical, perfeitamente reto (*derectum*). Os olhos vendados mostram que a concepção dos romanos sobre o direito liga-se a um saber prático, saber agir, um equilíbrio entre a abstração e o concreto. Os juristas romanos de modo preponderante não elaboram teorias abstratas sobre o justo em geral (como os gregos), mas construções operacionais, dando extrema importância à palavra falada, donde a proveniência de *lex* do verbo *legere* (ler em voz alta). A atividade precípua do jurisconsulto é o *jus dicere*, que, para exercê-la, precisa de uma atitude firme: segurar a balança com as duas mãos, sem a necessidade da espada. *A ideia de justiça* *aparece, na cultura romana, com essa concepção forte de ordem pacificadora* em conexão com a autoridade, que deve ser obedecida sem a necessidade de violência.

Os símbolos (balança ou espada) significam algo mais que os próprios símbolos; também fornecem um relato do mundo e regras para atuar nele, porque: a) simboliza a justiça como igualdade e retidão; b) relata a existência de um poder (Diké ou Iustitia) que diz o direito e está acima das partes para executá-lo; c) estabelece que justiça é igualdade, reciprocidade e também ordem pacificadora (pratos em equilíbrio) e, ainda, vingança e castigo (espada na mão). A balança e a espada simbolizam dois modelos de retribuição ou de reparação do *status quo* violado: a) a balança simboliza um modelo horizontal: visa à equiparação de uma pretensão e de uma contraprestação; e b) a espada simboliza um modelo vertical: uma hierarquia a ser protegida e mantida; retribui agressivamente uma ameaça agressiva.

Enfim, os pratos na horizontal simbolizam a justa medida, a virtude do homem moderado que sabe e precisa controlar seus impulsos e paixões. Esse é o ideal ético do homem que pratica a *phrónesis* (gregos) ou *prudentia* (romanos), que constitui a mais alta qualidade moral a se opor aos excessos, à desmedida.

XIX Cultura

1. CULTURA COMO OBJETO DA ANTROPOLOGIA

Para Talcott Parsons, as ciências sociais deveriam ser organizadas em áreas funcionais, e a antropologia ficaria encarregada de uma tarefa específica, o estudo da cultura. Parsons reconhece que não existe um consenso a respeito da definição do conceito de cultura, motivo pelo qual entende que os antropólogos devem aceitar uma concepção de cultura precisa e rigorosamente limitada, definida por sua posição numa trindade de forças que moldam a ação: personalidade, relações sociais e ideias e valores. Segundo ele, apenas por meio de uma definição com esse alcance, a antropologia pode alcançar o *status* de uma ciência empírica analítica, independente da sociologia e da psicologia (KUPER, 2002: 80, 81).

Parece estar longe o consenso entre os antropólogos sobre o conceito de cultura, haja vista que já foram classificadas 164 definições. Dentre estas, 157 foram elaboradas pelos cientistas sociais norte-americanos, na maioria antropólogos. Diante dessa quantidade de definições, pode-se dizer que o termo *cultura* é dotado de uma imensa ambiguidade.

1.1. Cultura: termo ambíguo

O termo *cultura*, conforme observações de Abbagnano (2003: 229), possui, inicialmente, dois significados básicos. No primeiro e mais antigo significa *formação individual da pessoa humana*, ou seja, aquilo que os gregos denominavam *paideia* (formação do homem) e os romanos *humanitas* (educação do homem). No segundo significado o termo indica o *conjunto de obras humanas*, ou seja, o conjunto dos modos de vida criados, adquiridos e transmitidos de uma geração para a outra entre os membros de determinada comunidade ou sociedade. Nesse significado, cultura não é a formação do indivíduo em sua humanidade, mas é a formação coletiva e anônima de um grupo social nas instituições que o definem. Esse segundo significado começa a aparecer no século XVIII com a filosofia iluminista.

No século XIX o termo *cultura* passa a indicar o conjunto dos modos de vida de um grupo humano determinado, sem referência ao sistema de valores para os quais estão aqueles. Assim, cultura passa a designar tanto a sociedade mais progressista quanto as formas de vida social mais rústicas e primitivas. Esse significado neutro tem a vantagem de não privilegiar um modo de vida em relação a outro na descrição de um todo cultural. De fato, para um antropólogo, um modo rústico de cozer um alimento é um produto cultural tanto quanto uma sonata de Beethoven.

Edward Tylor, em seu livro *Cultura primitiva*, de 1871, foi o primeiro a apresentar uma definição para o conceito de cultura. Segundo ele, cultura é todo o conjunto de obras humanas, portanto, trata-se de um todo complexo que abrange conhecimento, crença, arte, princípios morais, leis, costumes e várias outras aptidões e hábitos adquiridos pelo homem como membro de uma comunidade ou sociedade. Para alguns antropólogos, o problema dessa definição é que ela reúne uma grande quantidade de elementos ou traços culturais que permite que uma cultura seja descrita, mas dificulta ou impede a sua análise (MELLO, 1982: 40).

Após Tylor apareceram outras tantas definições. Cabe mencionar algumas: a) **Ralph Linton** entende que a cultura de qualquer sociedade consiste na soma total de ideias, reações emocionais condicionadas a padrões de comportamento habitual que seus membros adquiriram por meio da instrução ou imitação; b) **Franz Boas** define cultura como a totalidade das reações e atividades mentais e físicas que caracterizam o comportamento dos indivíduos que compõem um grupo social; c) **Malinowski** diz que cultura é um composto integral de instituições parcialmente autônomas e coordenadas que, em seu conjunto, tende a satisfazer toda a amplitude de necessidades fundamentais, instrumentais e integrativas do grupo social; d) **Parsons** define cultura como um discurso simbólico coletivo sobre conhecimentos, crenças e valores; toda comunidade tem sua própria cultura, com seus valores específicos, que a distingue de todas as outras; e) **Clifford Geertz** entende que cultura é um sistema ordenado de significados e símbolos, em cujos termos os indivíduos definem seu mundo, revelam seus achados, fazem seus julgamentos, comunicam-se e exercem o controle do comportamento.

Valores, leis, práticas, crenças e instituições variam de formação social para formação social, motivo pelo qual os antropólogos, em geral, falam em culturas, no plural, e não em cultura, no singular. Em síntese, pode-se dizer que cultura é o modo próprio e específico da existência dos seres humanos. É a cultura que distingue os homens dos outros animais, por isso se diz que os animais são seres naturais; os humanos, seres culturais.

1.2. Surgimento da cultura

Uma preocupação da antropologia consiste em determinar em que momento e de que maneira os seres humanos se afirmam como diferentes da natureza, fazendo surgir o mundo cultural. A antropologia procura uma regra ou norma capaz de estabelecer o momento da separação homem-natureza como instante de surgimento das culturas. Nisso também não há consenso. Alguns antropólogos entendem que essa diferença surge no momento em que os humanos inventam uma lei que, quando transgredida, implicará a pena de morte do transgressor, exigida pela comunidade: **a lei da proibição do incesto**, desconhecida pelos animais. Para outros a diferença é estabelecida quando os humanos definem uma lei que, se transgredida, causa a ruína da comunidade e do indivíduo: **a lei que separa o cru do cozido**, desconhecida dos animais. Há, ainda, aqueles para os quais o que distingue a sociedade humana da sociedade animal é a forma de **comunicação através da troca de símbolos** (CHAUÍ, 2002: 294).

1.3. Cultura e valores

Kroeber e Kluckhohn (in KUPER, 2002: 85) entendem que os valores constituem as propriedades mais características e mais importantes da cultura. Segundo esses teóricos, os valores fornecem a única base para a compreensão total da cultura, pois a verdadeira organização de todas as culturas ocorre fundamentalmente em termos dos seus valores, e esses valores são variáveis e relativos, e não predeterminados e eternos. Para avaliar os valores dos outros é preciso adotar uma perspectiva relativista e reconhecer que toda sociedade, por intermédio da sua cultura, busca e, até certo ponto, encontra valores. É esse relativismo que distingue, acima de tudo, a abordagem antropológica da cultura das abordagens mais antigas.

Para Kroeber e Kluckhohn a cultura consiste em padrões, explícitos e implícitos, em comportamento adquirido e transmitido por símbolos. E o núcleo essencial da cultura consiste em ideias tradicionais e, especificamente, em valores a elas vinculados. Na tradição alemã, segundo Kuper (2002:97), a cultura era tratada como um sistema de ideias e valores expressados por meio de símbolos e incorporados à religião e às artes. Ao absorver e adotar os valores culturais, o indivíduo encontrava um propósito na vida e um sentido de identidade. Parsons, conforme observa Kuper, situou essa ideia dentro da sua teoria geral da ação social. Em seguida convidou os antropólogos a estudá-la, como uma contribuição para o exercício interdisciplinar. Assim, os antropólogos foram estimulados a ignorar a biologia, as instituições sociais e as questões históricas, uma vez que elas se tornaram temas de outras disciplinas.

Em 1958 Parsons e Kroeber publicaram um manifesto intitulado *Conceito de cultura e de sistema social*, no qual estabeleceram: "Achamos conveniente definir o conceito de *cultura* de forma mais restrita do que a tradição antropológica norte-americana tem feito, restringindo sua referência a um conteúdo transmitido e criado e a padrões de valores, ideias e outros sistemas simbólicos significativos como fatores na formação do comportamento humano e dos produtos desse comportamento. Por outro lado, sugerimos que o termo *sociedade* – ou de forma mais geral, *sistema social* – seja usado para designar o sistema relativo específico de interação entre indivíduos e coletividade" (in KUPER, 2002: 98).

Para Parsons, o método apropriado ao estudo da cultura deveria consistir nos procedimentos da interpretação intuitiva de Weber, caso a cultura fosse concebida como um mundo simbólico de ideias e valores.

1.4. Pluralidade de culturas

Até o século XIX, movidos pela ideia de uma história universal das civilizações, alguns teóricos entenderam que haveria uma única *grande cultura* em desenvolvimento, da qual as diferentes culturas seriam apenas fases ou etapas. No século XX, porém, movidos pela ideia de que a história é descontínua, passou-se a entender que não existe apenas uma cultura, mas culturas diferentes. Existe uma pluralidade de culturas porque os valores, as leis, as crenças, as práticas e as instituições variam de formação social para formação social.

T. S. Eliot (in KUPER, 2002: 61), ao analisar o conceito de cultura, assim se expressa: "por cultura refiro-me, primeiramente, ao que os antropólogos querem dizer: o modo de vida de um determinado povo que vive junto num mesmo lugar. Essa cultura pode ser vista em suas artes, seu sistema social, seus hábitos e costumes e sua religião. Mas tudo isso junto não constitui a cultura, uma cultura é mais do que a reunião de artes, costumes e crenças religiosas. Todas essas coisas agem entre si, e para compreender verdadeiramente uma é preciso compreender todas". Em suma, a cultura inclui todas as atividades e interesses característicos de um povo. Ela não está confinada a uma minoria privilegiada, mas abarca o majestoso e o humilde, a elite e o popular, o sagrado e o profano.

Para Eliot é a diversidade de cultura que deve ser valorizada. O ideal de uma cultura mundial comum é, segundo ele, uma noção monstruosa. Eliot entende que uma cultura mundial que fosse simplesmente uniforme não seria cultura. Uma cultura mundial implica uma humanidade desumanizada. Devemos aspirar, segundo ele, a uma cultura mundial comum, desde que não diminua a particularidade das partes que a compõem. Ele também alertou para o fato de que variedade cultural provocaria conflito. Em última análise, diz ele, religiões antagônicas significam culturas antagônicas; e religiões não podem ser conciliadas (KUPER, 2002: 63).

2. CULTURA E DIREITO

Alguns antropólogos, como visto, entendem que as características mais significativas da cultura são os seus valores. Alguns teóricos do direito também entendem que os valores são fundamentais para compreender o fenômeno jurídico. Miguel Reale (1999), por exemplo, entende que o direito é fruto da experiência e localiza-se no mundo da cultura, portanto, o direito possui uma dimensão valorativa que não pode ser desprezada. Fato, valor e norma são, segundo ele, os elementos constitutivos da experiência jurídica. Esses elementos sempre se implicam e se estruturam numa conexão necessária e constituem, assim, uma tridimensionalidade que pode ser estática, dinâmica ou de integração.

Reale elabora uma teoria (*teoria tridimensional*) na qual estabelece que a estrutura do direito é tridimensional porque a *norma*, que disciplina os comportamentos individuais e coletivos, pressupõe dada situação de *fato*, referida a determinados *valores*. Na medida em que isso se coloca como um problema para o jurista, surge a necessidade de esclarecer as relações entre *fato*, *valor* e *norma*. Esses elementos integrantes do direito – fato, valor e norma – estão em permanente atração, posto que o *fato* tende a realizar o *valor*, mediante a *norma*. Por essa razão, a conexão entre esses elementos é denominada dialética da implicação e da polaridade, ou simplesmente dialética da complementaridade.

A correlação entre fato, valor e norma permite entender o direito como um sistema aberto, dependente de outros que o abrange e circunscreve. Miguel Reale, porém, adverte que a atitude do jurista não pode ser reduzida ou confundida com a atitude do sociólogo. A categoria do jurista, segundo ele, é a categoria do *dever-ser*, pois o direito só compreende o *ser* referido ao *dever-ser*. Enfim, Reale propõe para a ciência jurídica, nos termos do culturalismo, uma metodologia de caráter dialético, capaz de dar ao teórico do direito os instrumentos de análise do fenômeno jurídico, visto como unidade sintética de três dimensões: normativa, fática e valorativa. Na esfera do valor, Reale afirma que a pessoa humana é o valor-fonte de todos os valores.

O termo *cultura*, como visto, abriga muitos significados, mas, em qualquer deles, cultura e direito aparecem vinculados, porque o fenômeno jurídico constitui um dos aspectos da cultura. Cultura é um conceito que pode demonstrar não apenas as conexões do direito com a antropologia, mas também que os problemas que as sociedades atualmente enfrentam envolvem, inexoravelmente, questões culturais. Aliás, conforme observa Adam Kuper (2002: 21, 22), cultura é o termo da moda, visto que nele se insinuam todos os problemas da vida contemporânea e, apesar de sua ambiguidade e diversidade de uso, parece que todas as pessoas entendem o seu exato alcance e sentido e, portanto, dispensaria explicações.

2.1. Termo "cultura": uso comum

Atualmente todos estão envolvidos com *cultura*. Políticos, jornalistas e outros atores sociais conclamam uma *mudança cultural* como forma de resolver problemas de pobreza, violência, segurança, ambiente ou competição empresarial. Fala-se de *diferenças culturais* entre gerações, sexos, religiões e até entre equipes de futebol, agências de propaganda e grupos de jovens. É comum dizer que a *cultura* do índio está ameaçada pela *cultura* do civilizado. Os fundamentalistas islâmicos entendem que a maior ameaça à sociedade deles é a *cultura* do Ocidente. Até o empresário aproveita para defender seus interesses econômicos com o argumento de defender a *cultura*. Nesse sentido, um empresário japonês rebate as alegações de que o Japão deveria liberalizar seus acordos de comércio para permitir uma maior competição de empresas estrangeiras, afirmando que "reciprocidade significaria alterar as leis para aceitar sistemas estrangeiros que podem não ser adequados à *cultura* japonesa" (KUPER, 2002: 21. 22).

Talvez por esses motivos alguns teóricos entendem que as principais fontes ou causas dos conflitos no século XXI serão *culturais*. Assim, um empresário norte-americano explicou que a invasão do Iraque não teve como causa principal a necessidade econômica de empresas norte-americanas em explorar e manter o fluxo petrolífero iraquiano, mas o desejo de levar àquele povo uma *cultura* mais elevada, fundada nos hábitos e valores ocidentais.

Na tentativa de ocultar interesses egoísticos, alguns políticos e empresários apelam para o conceito de *cultura* e, muitas vezes, manipulam os discursos dos antropólogos. Isso ocorre porque, mesmo no âmbito da antropologia, o debate em torno do conceito de cultura está longe de ser pacífico. Há, nesse sentido, por um lado, os *multiculturalistas*, que entendem que é preciso preservar as culturas dos diferentes povos (disso se aproveita o empresário japonês), e, por outro lado, os *uniculturalistas*, que entendem que é preciso unificar, na cultura ocidental, as culturas de todos os povos (disso se aproveita o empresário norte-americano). Talvez no mundo empresarial a palavra *cultura* seja isso mesmo, algo para ser manipulado tendo em vista a finalidade da empresa, que é o lucro, motivo pelo qual é usada sem rigor ou critério. Assim, serve até para justificar o fracasso em fusão de empresas (*culturas incompatíveis*) ou a deportação de imigrantes clandestinos (*não se adaptaram à cultura local*).

Percebe-se que é bastante elevado o número de temas que evocam o conceito de *cultura*. Importante, porém, é perceber que em todos eles está latente o aspecto jurídico.

2.2. Fluxo de culturas

Os antropólogos, em geral, entendem que toda cultura é o resultado da mistura de traços culturais de diversas culturas. Não existe, portanto, uma cultura genuína.

A colonização e depois a globalização do comércio e das comunicações provocaram a ocidentalização do mundo nos aspectos econômicos, políticos, jurídicos e intelectuais. Esse fenômeno facilitou a presença de europeus e a difusão da cultura europeia em todos os lugares do mundo, mas fez com que a Europa ficasse exposta ao fluxo de imigrantes que carregam consigo uma cultura que, embora contenha traços da cultura europeia, parece possuir uma configuração diferente. Esse fluxo imigratório tornou-se um problema para os governos dos países centrais, especialmente a Europa e os Estados Unidos. O Brasil também está exposto ao fluxo imigratório; contudo, até o momento isso não tem constituído um problema relevante.

O Brasil e os demais países da América Latina sempre estiveram submetidos à cultura europeia e, no decorrer do século XX, também à cultura norte-americana. As instituições jurídicas e políticas brasileiras são reproduções dos modelos adotados naqueles países. Além disso, o comércio e as comunicações favorecem os países centrais, no sentido de impor seus hábitos às populações dos países periféricos. Diante dessa aculturação de séculos, é possível dizer que não há muita coisa na cultura europeia ou na norte-americana que possa causar estranhamento aos brasileiros. Pelos mesmos motivos, também é possível dizer que não há muito na cultura brasileira capaz de provocar um radical estranhamento nos europeus ou nos norte-americanos.

Ocorre, porém, que a mudança do curso imigratório das populações colocou em evidência o problema da diversidade de cultura ou diferenças culturais. Não raras vezes essas diferenças têm sido utilizadas para justificar o controle da imigração. Embora os imigrantes (latino-americanos, asiáticos, africanos) geralmente ocupem na Europa e nos Estados Unidos posições socialmente subalternas e se disponham a viver clandestinos e a aceitar qualquer trabalho por qualquer salário, o fato relevante é que esse fluxo imigratório parece constituir uma ameaça para aqueles países. É difícil estabelecer se tal ameaça é cultural, política ou econômica ou as três coisas ao mesmo tempo.

2.2.1. A imigração

O movimento natural das populações é o deslocamento para regiões que facilitem sua sobrevivência de forma menos penosa. As guerras, os conflitos internos, as perseguições religiosas ou étnicas, as esperanças de enriquecimento, a necessidade de manter a administração colonial induziram o movimento imigratório das metrópoles para as colônias e países periféricos. Esse movimento significava o deslocamento de populações de regiões mais desenvolvidas para regiões menos desenvolvidas (colônias ou países periféricos). No mundo contemporâneo o movimento parece invertido, já que o fluxo imigratório mais intenso parece ser de países mais pobres para países mais ricos. Assim, os mesmos motivos (sobrevivência de forma menos penosa) que atraíram os europeus para as colônias e países periféricos provocam, agora, os movimentos imigratórios para a Europa e os Estados Unidos. Indubitavelmente, as imigrações têm incomodado os países centrais; prova disso são as decisões desses governos no sentido de restringi-las ao máximo, mediante o uso de barreiras burocráticas, jurídicas ou mesmo de concreto, como é o caso dos muros que os Estados Unidos ergueram na fronteira com o México.

A presença de africanos, asiáticos e latinos na Europa e nos Estados Unidos é um fato irreversível e, caso se mantenham as condições (sociais, políticas e econômicas) atuais, somente medidas drásticas poderão conter esse fluxo imigratório. Os imigrantes têm provocado alguns sentimentos na população local, motivo pelo qual o tema da imigração é tratado com destaque nos debates políticos da Europa e dos Estados Unidos. Os políticos de direita, que acalentam tendências nazistas ou fascistas, têm utilizado o tema para expressar um nacionalismo exacerbado que, em algumas ocasiões, aparece como a mais pura expressão de uma doutrina racista. Assim, o tema da imigração, quando tratado por políticos inescrupulosos e oportunistas, pode transformar-se em racismo.

Os antropólogos afirmam que não existem raças, e também não existe cultura genuína; existe, portanto, a mistura de culturas e etnias. Essa mistura se tem intensificado com o fenômeno da globalização, um processo que se inicia no século XV com as grandes navegações e a subsequente expansão do capitalismo. No século XXI o capitalismo eletrônico-informático é a força motriz da globalização. Esse tipo de globalização provoca, cada vez mais, a compressão do espaço e do tempo. A *internet* e a *televisão a cabo* permitem a simultaneidade de informação e, com isso, provocam o aniquilamento do tempo. Com a *internet* e a *televisão a cabo* o mundo se torna pequeno, submete-se a um processo de encolhimento. Um dos efeitos desse encolhimento é aproximar culturas tidas como diferentes.

Os indivíduos de culturas diferentes estão compartilhando cada vez em maior número o mesmo espaço geográfico ou virtual. As sociedades estão passando por um crescimento imigratório e um desenvolvimento tecnológico absolutamente inéditos, que provocam mudanças nas relações sociais. Nos Estados Unidos, existe determinada região em que as pessoas usam mais de cem línguas. Por esse e outros motivos o termo *multiculturalismo* tem sido substituído por *interculturalismo*, uma forma de compreender as demandas de indivíduos com culturas diferentes que vivem em um mesmo espaço geográfico. A construção do direito depende de análises das mutações culturais e sociais em curso, que atingem não apenas a sociedade norte-americana e europeia, mas todas as sociedades, visto que o crescimento imigratório e o desenvolvimento tecnológico são fenômenos globalizados.

Assim, o aumento da complexidade das sociedades tem colocado em evidência determinados temas que exigem reflexões antropológicas e jurídicas. A maioria desses temas, ainda que não fossem considerados relevantes, já estava presente nas análises dos teóricos desde o século XVI, quando a descoberta do Novo Mundo colocou frente a frente indivíduos e culturas diferentes. De qualquer modo, na atualidade, antropólogos e juristas têm de lidar com esses antigos problemas e seus novos desdobramentos e, quando o fizerem, talvez possam reivindicar não apenas o direito de ser igual, mas também o direito de ser diferente.

3. DIREITO DE SER: IGUAL E DIFERENTE

A Constituição Federal garante o *direito de ser igual* e o *direito de ser diferente*. O princípio da igualdade está estabelecido no *caput* do art. 5º, nos seguintes termos: "todos são iguais perante a lei, sem distinção de qualquer natureza". O direito de ser diferente está expresso em diversos itens do art. 5º, destacando-se dois: "é inviolável a liberdade de consciência e crença, sendo assegurado o livre exercício dos cultos religiosos e garantida, na forma da lei, a proteção aos locais de culto e a suas liturgias" (inciso VI); "são invioláveis a intimidade, a vida privada, a honra e a imagem das pessoas, assegurando o direito à indenização pelo dano material ou moral decorrente de sua violação" (inciso X).

Não raras vezes, o jurista dogmático se atrapalha com essas garantias constitucionais que implicam o direito de ser igual e de ser diferente. Esses direitos envolvem direitos das minorias e estão diretamente ligados ao tema antropológico da diversidade de culturas e etnias.

3.1. Direito e cidadania

Celso Lafer, em *A reconstrução dos direitos humanos*, analisa, dentre outras, as noções de cidadania (igualdade) e intimidade (diferença) sob o enfoque do pensamento de Hannah Arendt. Para Arendt, a pluralidade humana tem uma característica ontológica dupla: a igualdade e a diferença. Se os homens não fossem iguais, não poderiam entender-se. Por outro lado, se não fossem diferentes não precisariam de palavras, nem de ação para se fazerem entender. É com base nessa dupla característica que ela insere a diferença na esfera do privado e a igualdade na esfera do público.

O espaço público é o local de encontro com o outro, local em que se encontram homens livres e iguais, portanto, no qual deve prevalecer, para alcançar a democracia, o princípio da igualdade. Esse não é dado, pois as pessoas não nascem iguais e não são iguais nas suas vidas. A igualdade resulta da organização humana, é um construído, portanto, um produto cultural. Ela é um meio de igualar as diferenças através das instituições. Perder o acesso ao espaço público significa perder o acesso à igualdade. Aquele que se vê destituído da cidadania, ao ver-se limitado à esfera do privado fica privado de direitos, pois estes só existem em função da pluralidade de homens, ou seja, da garantia tácita de que os membros de uma comunidade dão-se uns aos outros.

Cidadania é o direito de ter direitos. Nesse sentido, o homem privado de cidadania não tem sequer direito de ter direitos. Com base nessa definição, Celso Lafer analisa o problema do *apátrida*, mas algumas de suas conclusões podem ser estendidas aos *imigrantes ilegais* e aos *refugiados* também espalhados por quase todos os países do mundo.

O drama dos imigrantes ilegais não é apenas o de terem perdido o tecido social em que nasceram e no qual estabeleceram um lugar no mundo. Consiste principalmente na perda de um elemento de conexão com a ordem jurídica interna do país no qual se encontram. O imigrante ilegal vive à margem da lei, sem direito à residência ou ao trabalho, transgredindo a ordem jurídica do país no qual se encontra. Sem cometer crime, está sempre sujeito a ir para a cadeia, pois a sua mera presença ou existência naquele território constitui uma anomalia. O único modo que o imigrante ilegal tem para estabelecer um vínculo com a ordem jurídica nacional é cometer um crime. Um crime – por exemplo, um pequeno furto – passa a ser uma forma paradoxal de recuperar certa igualdade humana, pois o criminoso, mesmo o imigrante ilegal, vê-se tratado como qualquer outra pessoa nas mesmas condições.

Só como transgressor da lei pode o imigrante ilegal ser protegido pela lei. Enquanto durar o julgamento e o pronunciamento de sua sentença, estará a salvo daquele domínio arbitrário da policia, contra a qual não existem advogados nem apelações. Os imigrantes ilegais não perdem direitos, eles simplesmente não os têm. São elementos indesejáveis que vivem no limbo da sociedade, e por isso supérfluos e descartáveis. Há, nesse sentido, uma imensa distância entre os direitos formalmente consagrados nas declarações de direitos humanos firmadas pelas nações e nas leis internas dos países e a realidade de fato a que eles se reportam.

A existência de apátridas, imigrantes ilegais e refugiados representa uma ruptura com o *princípio da isonomia*, na medida em que parece não fazer mais sentido falar que todos são iguais perante a lei. Se as leis não são iguais para todos, o princípio de isonomia perde a sua condição de critério de organização da ordem jurídica estatal.

3.2. Direito e minorias

Conforme observações de Celso Lafer, o problema dos apátridas e, por conseguinte, dos imigrantes ilegais e refugiados coloca em evidência a questão das minorias, que, hoje, tornou-se um problema universal. A globalização da economia, do comércio e dos meios de comunicação, os conflitos internos que culminam com a instauração de governos ditatoriais e também o processo de descolonização, particularmente na África e na Ásia, todos esses fatos, além de outros, fazem aparecer de forma mais visível o problema das minorias. Minorias são grupos numericamente inferiores ao resto da população de um Estado e numa posição não dominante num país, mas que possuem objetivamente características étnicas, religiosas ou linguísticas distintas do resto da população, e que subjetivamente desejam preservar a sua cultura, as suas tradições, a sua religião e a sua língua.

Apenas para situar a universalidade do problema, eis alguns exemplos de minorias que se formaram a partir de conflitos ou guerras: a) na África, os conflitos políticos e as guerras internas, especialmente entre

Etiópia e Somália, provocaram o aparecimento de mais de seis milhões de refugiados; b) os refugiados palestinos representam uma população superior a dois milhões de pessoas; c) A Revolução cubana deu origem a mais de um milhão de refugiados; d) o mesmo vale para a guerra do Vietnã, do Laos, do Camboja, do Afeganistão; e) as ditaduras na América Latina provocaram e êxodo de mais de um milhão de pessoas; f) o processo de descolonização provocou o êxodo nas antigas colônias. Uma parte desse contingente foi para Europa e Estados Unidos.

Também merece destaque o problema de minorias em seus próprios países: a) a África do Sul ainda se encontra às voltas com o problema do *apartheid*, que parece mais profundo do que se imaginava, na medida em que envolve diversas etnias; b) os demais Estados africanos são compostos por comunidades étnicas, linguísticas e religiosas diferenciadas; c) na Nigéria, por exemplo, diferenças étnicas e linguísticas levaram à guerra civil, no bojo da qual dramaticamente desapareceu a proposta de um novo Estado: Biafra; d) na Ásia inseriram-se, igualmente, na vida da população dos novos Estados relevantes diferenças étnicas, linguísticas e religiosas; e) diferenças religiosas levaram a Índia colonial inglesa a dividir-se em dois Estados: Paquistão e Índia, cuja tensão pelo controle da região de fronteira (Caximira) permanece até hoje; f) diferenças entre católicos e muçulmanos mantêm viva a eclosão de outra guerra civil no Líbano; g) no Iraque, a ocupação norte-americana colocou em evidência a pretensão dos curdos (minoria étnica) de fundar um país independente; h) o Chipre enfrenta o problema das relações entre a maioria grega e a minoria turca; i) a Sérvia não aceita a independência do Kosovo; j) o Tibet não aceita a dominação chinesa etc.

Todos os eventos antes destacados provocam imigrações porque é penoso viver em zonas de conflito. Parece que a causa principal do movimento imigratório não é simplesmente a busca de um bom emprego, mas a fuga da guerra, dos conflitos armados, das perseguições. Quando se retira o véu da ignorância, é possível enxergar nesses eventos (guerras, conflitos, perseguições) a presença ostensiva justamente daqueles governos que se posicionam contra as imigrações. O movimento imigratório tem, portanto, estreitas ligações com a desordem mundial, cujos principais protagonistas são os países líderes.

Celso Lafer observa que, em virtude desses problemas, os direitos das minorias não foram contemplados nem na Carta das Nações Unidas, nem na Declaração Universal dos Direitos do Homem, que cuida apenas do direito à igualdade e do direito à não discriminação. Os direitos das minorias foram consagrados posteriormente no art. 27 do Pacto Internacional sobre Direitos Civis e Políticos, com o intuito de promover medidas especiais em prol de minorias étnicas, religiosas e linguísticas para que estas possam ter a sua própria vida cultural, professar e praticar a sua própria religião e empregar o seu idioma. Essas medidas não podem ser vistas como uma ameaça à unidade nacional.

Celso Lafer também lembra as medidas de proteção contidas no Estatuto dos Refugiados de 1951 e no seu Protocolo Adicional de 1966, que estabelece a qualificação de qualquer pessoa como refugiado em virtude da existência de um fundado receio de perseguição por motivos de raça, religião, nacionalidade, participação em determinado grupo social ou convicções políticas. Por esses motivos, em certas regiões os refugiados chegam a alcançar o índice de 15% do total da população.

Diante dessa complexidade mundial, cabe mencionar o pensamento de Stephen J. Pollak sobre o *Expatriation Act*, de 1954, e suas repercussões sobre a Suprema Corte norte-americana. Conforme relata Celso Lafer, Pollak, em artigo de 1955, analisa o significado mais amplo do *Expatriation Act*, que, no contexto do anticomunismo prevalecente nos Estados Unidos, contemplava a desnacionalização de indivíduos como pena para a subversão, ou seja, autorizava o Judiciário a condenar cidadão norte-americano à pena da perda de sua nacionalidade. Em síntese Pollak argumenta que a perda da nacionalidade representa uma privação do direito de ter direitos e conclui pela inconstitucionalidade da citada lei.

Inicialmente, a reflexão de Pollak marcou o voto minoritário discordante do *Chief Justice* Warren, da Suprema Corte, voto este acompanhado pelos ministros Black e Douglas, no caso *Perez v. Brownell.* No seu voto Warren afirma: "a cidadania é o direito básico do homem, uma vez que é nada menos do que o direito a ter direitos". O ponto de vista de Warren acabou sendo vitorioso em *Trop v. Dulles,* também decidido em 1958. No seu voto, subscrito pelos ministros Black, Douglas e Whittaker, Warren afirma: "a cidadania não é uma licença que expira com a má conduta. A cidadania não se perde a cada vez que um dever de cidadania é esquivado. E a privação da cidadania não é uma arma que o governo pode usar para expressar seu descontentamento com a conduta de um cidadão, por mais repreensível que esta conduta possa ser". Em virtude dessa e de outras decisões, parece que o direito a ter direitos foi consagrado na jurisprudência norte-americana, fato que pode representar uma esperança para os imigrantes clandestinos naquele país.

XX PROCESSO CULTURAL

1. MUDANÇA CULTURAL

Mudança cultural é qualquer alteração na cultura. Pode ocorrer com maior ou menor facilidade, dependendo do grau de resistência ou aceitação. A mudança pode surgir em consequência de fatores internos (descoberta, invenção, conflito) ou externos (difusão cultural, imigração). As culturas também resistem às tentativas de mudanças, tendem a se estabilizar; a educação e as sanções sociais são formas de estabilizar uma cultura. Tanto as sociedades complexas como as sociedades simples estão submetidas a processos culturais, isto é, às maneiras conscientes ou inconscientes pelas quais as culturas se formam, se mantêm ou se transformam.

As sociedades simples, também denominadas sociedades primitivas ou sociedades frias, são grupos pequenos (indígenas, aborígines) nos quais as pessoas se conhecem, compartilham os mesmos sentimentos e ideias e têm um destino comum. O tempo nessas sociedades possui um ritmo lento, as transformações são raras e, em geral, causadas por um acontecimento externo que as afeta. As sociedades simples baseiam-se em mitos fundadores ou em narrativas que explicam suas origens. Os mitos capturam o tempo e oferecem explicações satisfatórias para todos sobre o presente, passado e futuro. Nessas sociedades todos os seus membros participam da mesma cultura.

As sociedades complexas, também denominadas sociedades civilizadas ou sociedades quentes, são internamente divididas em grupos e classes sociais e nas quais há indivíduos isolados uns dos outros. Cada classe social é antagônica à outra ou às outras, com valores e sentimentos diferentes e mesmo opostos. Nessas sociedades as relações não são pessoais, mas sociais, isto é, os indivíduos, grupos e classes se relacionam pela mediação de instituições sociais como a escola, a empresa, o comércio, a polícia, o Judiciário. As sociedades complexas são históricas, ou seja, para elas as transformações são constantes e velozes.

Em ritmo lento ou rápido, o fato é que as culturas mudam continuamente, assimilam novos traços ou abandonam os antigos por meio de transmissão, difusão, invenção, aculturação, etc. Todas as culturas, simples ou complexas, possuem os seus aspectos sincrônicos (estabilização da cultura) e diacrônicos (mudanças na cultura).

1.1. Aspectos sincrônicos

O processo cultural, no seu aspecto sincrônico, tende a estabilizar ou cristalizar o padrão (valores, ideias, hábitos, costumes) de determinada cultura.

Vilfredo Pareto (in MELLO, 1982: 85), ao analisar as causas do equilíbrio social, atribui um papel significativo ao domínio do inconsciente, motivo pelo qual entende que a estabilidade social decorre de uma lógica de sentimentos que teria um papel relevante na manutenção da ordem sociocultural. Na sua teoria do equilíbrio social, estabelece a hipótese de uma espécie de inércia social, que levaria o sistema social a manter certo estado de coisas. Na hipótese de uma mudança nesse sistema surgiriam forças contrárias que permitiriam voltar ao estado anterior. A razão desse comportamento seria de cunho psicológico, atendendo aos sentimentos.

Outros teóricos entendem que a estabilidade sociocultural das populações decorre de um complexo normativo garantido por sanções sociais. As normas sociais são impostas aos membros da sociedade e sanciona os seus infratores. Nesse sentido, pode-se concluir que a função primordial da cultura é o controle social. Assim, a cultura pode ser vista como responsável pela manutenção da sociedade ou do convívio social suportável. É possível constatar, pela observação dos usos, costumes, leis, linguagem, simbologia, o caráter institucional, padronizado, repetitivo e relativamente fixo das culturas. As populações possuem modos consagrados de agir e de dizer as coisas que contribuem para a manutenção do padrão de comportamento (MELLO, 1982: 84). Esse padrão é garantido e reforçado pelas instituições sociais.

As *instituições sociais* são os modos tradicionais, habituais e legítimos que permitem a determinada sociedade cuidar de seus problemas. As instituições (família, escola, empresa, polícia, Judiciário) têm a função precípua de estabilizar a cultura por intermédio do controle social; elas existem para transmitir e garantir os valores, ideias e costumes de determinada cultura. Nesse sentido, as instituições, além de garantir a estabilidade da interação social padronizada, são padrões normativos institucionalizados e profundamente arraigados na organização social, motivo pelo qual são, em geral, consideradas como padrões naturais. Contudo, as instituições mudam com o passar dos tempos e precisam fazê-lo quando já não lidam adequadamente com os problemas sociais.

1.1.1. Endoculturação

Os antropólogos usam o termo *endoculturação* para designar o processo de aprendizagem e educação em uma cultura; também significa o processo que estrutura o condicionamento da conduta, dando estabilidade à cultura. A endoculturação é, nesse sentido, um aspecto sincrônico importante, na medida em que possibilita a manutenção do padrão cultural de uma sociedade.

Herskovits (1963: 55) usa o termo *endoculturação* para designar o processo de ajustamento de respostas individuais aos padrões da cultura de uma sociedade. Segundo ele, "os aspectos da experiência de aprendizagem que distinguem o homem das outras criaturas, e por meio dos quais, inicialmente, e mais tarde, na vida consegue ser competente em sua cultura, pode chamar-se *endoculturação*. Constitui essencialmente um processo de consciente ou inconsciente condicionamento que se efetua dentro dos limites sancionados por determinado aspecto de costume. Por esse processo não só se consegue toda adaptação à vida social, como também todas aquelas satisfações, que, embora fazendo naturalmente parte da experiência social, derivam mais da expressão individual que da associação com outros no grupo".

A endoculturação é, assim, o processo cultural responsável principalmente pela padronização do comportamento humano através da transmissão de valores. A endoculturação se estende por toda a vida do indivíduo e, dessa forma, modela sua personalidade e garante a continuidade da cultura. Assim, nos primeiros anos de vida, quando ocorrem as primeiras experiências e contatos com a cultura, a criança absorve, porque lhe são impostos, os condicionamentos fundamentais da cultura, como hábitos de comer, falar, agir, pensar. Porém, à medida que passam os anos, o indivíduo pode, de forma consciente, aceitar ou repudiar os valores culturais que lhe foram impostos pelo processo de endoculturação. Conforme Herskovits (1963: 56), "a endoculturação do indivíduo nos primeiros anos de vida é o mecanismo dominante para a formação de sua estabilidade cultural, ao passo que o processo tal como se opera em gente mais madura é muito importante na produção da mudança".

O processo de endoculturação pode desaguar no etnocentrismo, ou seja, a atitude dos grupos humanos de supervalorizar seus próprios valores, sua própria cultura. O etnocentrismo denota certo orgulho pela superioridade e credibilidade da própria cultura. A crença exacerbada na superioridade da própria cultura implica, muitas vezes, julgamentos preconceituosos, e até mesmo racistas, que consistem em ridicularizar valores, costumes e hábitos de outros povos.

1.2. Aspectos diacrônicos

O processo cultural, no seu aspecto diacrônico, significa que as culturas estão sempre em movimento, isto é, em constante mudança. Os antropólogos entendem que a mudança cultural não passa de um acelerامento no ritmo de mudança contínua pela qual todas as culturas estão passando. Os sociólogos costumam destacar que os conflitos sociais, especialmente a luta de classes, constituem a principal causa ou motor das mudanças sociais e culturais. Ralf Dahrendorf, por exemplo, defende a posição sociológica típica ao estabelecer que "tudo o que é criatividade, inovação e desenvolvimento na vida do indivíduo, de seu grupo e de sua sociedade deve-se, em grande medida, à ação de conflitos" (in CHARON, 2000: 203).

Os antropólogos, de modo geral, preferem destacar a *descoberta*, a *invenção* e a *difusão* como fenômenos que promovem mudanças e transformações culturais. Nesse sentido, dizem que há mudança cultural quando: a) novos elementos são agregados ou os velhos aperfeiçoados por meio de descobertas e invenções; b) novos elementos são tomados de empréstimo de outras sociedades; c) elementos culturais, inadequados ao meio ambiente, são abandonados ou substituídos; d) alguns elementos, por falta de transmissão de geração em geração, se perdem.

A descoberta (aquisição de elemento novo: eletricidade, vapor) e a invenção (aplicação da descoberta: lâmpada, máquina) implicam novos conhecimentos e novas aplicações de conhecimentos introduzidos em determinada cultura e que migra (*difusão*) para outras culturas, promovendo mudanças em todas elas. Para Leslie Spier (in MELLO, 1982: 97), as invenções não consistem apenas em engenhos mecânicos; as ideias também podem ser consideradas invenções. Aliás, a ideia nova é a essência mesma da invenção, enquanto a máquina em si, o engenho e seus componentes são apenas partes do mundo físico arranjados conforme a ideia nova. Por essas razões, a invenção é tida pelo direito como propriedade imaterial, bem incorpóreo de considerável valor econômico.

1.2.1. Invenção

A invenção é um processo cultural de caráter universal porque pode ser observada em todos os povos e em todas as sociedades.

Conforme Ruth Benedict (in MELLO, 1982: 98), o homem da idade da pedra já havia iniciado o processo essencialmente humano de inventar e transmitir suas invenções a seus semelhantes. Em meados da idade da pedra, por exemplo, tinha dominado o fogo. Segundo ela, jamais se saberá o que levou alguns homens e mulheres a fazer uso doméstico, pela primeira vez, dessa força terrível e destruidora. Também jamais se saberão quais as circunstâncias que os levaram a ferver a água sobre o fogo e como descobriram que podiam produzir fogo friccionando dois pedaços de madeira. Seja como for, em meados da idade da pedra, na Europa, o homem já tinha aprendido essas coisas; transformara-as em parte da sua cultura transmitida. Aprenderam a acender e conservar o fogo e podiam usá-lo para aquecer-se quando fizesse frio, e para cozinhar e preservar seus alimentos. Era uma invenção complexa a prenunciar a interminável carreira do homem como grande inventor.

A invenção, ainda que não seja aceita de imediato pela sociedade, não deixa de estar associada à cultura da sociedade do inventor. Linton (1971: 324, 325) reconhece que o conhecimento incorporado numa invenção nova provém em parte de uma descoberta recente, mas provém sempre e em sua maior parte da cultura da sociedade do inventor. O inventor constrói a sua invenção sobre o patrimônio de conhecimentos previamente adquiridos; tudo o que é novo provém diretamente de outras coisas preexistentes. A cultura não só proporciona ao inventor os instrumentos que ele tem de usar para inventar, mas também controla, em grande extensão, a direção de seu interesse.

Na sociedade capitalista as invenções tornaram-se propriedade valiosa, motivo pelo qual as grandes sociedades empresárias apoderam-

-se delas mediante a remuneração da força de trabalho e da criatividade do inventor. Uma vez patenteada a invenção, a sociedade empresária adquire o direito de explorar economicamente e com inteira exclusividade o objeto da patente. No Brasil esse direito, também denominado direito industrial, é concedido pelo Estado, através de uma autarquia federal, o Instituto Nacional da Propriedade Industrial (INPI). Assim, ninguém pode reivindicar o direito de exploração econômica com exclusividade de qualquer invenção se não obteve do INPI a correspondente concessão.

1.2.2. Difusão e aculturação

Difusão e *aculturação* são palavras utilizadas pelos antropólogos para significar o estudo sobre a transmissão da cultura. Alguns antropólogos usam o termo *difusão* para o estudo da transmissão cultural já consumada e o termo *aculturação* para o estudo da transmissão cultural em marcha. O termo *aculturação* também é utilizado para o estudo da fusão de culturas diferentes.

Difusão cultural é um processo em que os elementos ou complexos culturais se difundem de uma sociedade a outra. As culturas, quando vigorosas, tendem a se estender a outras regiões, sob a forma de empréstimo mais ou menos consistente. A difusão de um elemento da cultura pode realizar-se por imitação ou por estímulo, dependendo das condições sociais, favoráveis ou não, à difusão. O tipo mais significativo de difusão é o das relações pacíficas entre os povos, numa troca contínua de pensamentos e invenções. Nem tudo, porém, é aceito em sua totalidade. Quase sempre ocorre uma modificação no traço de uma cultura tomada de empréstimo pela outra, havendo reinterpretação posterior pela sociedade que o adotou. Um traço vindo de outra cultura através do empréstimo pode sofrer reformulações quanto à forma, à aplicação, ao significado e à função.

Aculturação, para alguns antropólogos, é a fusão de duas culturas diferentes que, entrando em contato contínuo, originam mudanças nos padrões da cultura de ambos os grupos. Pode abranger numerosos traços culturais, apesar de, na troca recíproca entre as duas culturas, um grupo dar mais e receber menos. Dos contatos íntimos e contínuos entre culturas e sociedades diferentes resulta um intercâmbio de elementos culturais. Com o passar do tempo essas culturas fundem-se para formar uma sociedade e uma cultura nova. Os antropólogos também falam em *transculturação* para significar a troca de elementos culturais entre sociedades diferentes.

A invenção, como visto, é um instrumento que permite a difusão ou transmissão da cultura. Hoje, a invenção, como propriedade, é protegida mundialmente porque considerada um objeto de comércio, uma mercadoria, portanto, pressupõe a imediata exploração e difusão em quase todas as culturas. A invenção é, nesse sentido, um instrumento inconteste de difusão cultural. A globalização dos mercados intensificou de tal maneira a difusão das invenções que produziu certa uniformização das culturas. Esse fenômeno adquiriu proporções mundiais, motivo pelo qual os antropólogos afirmam que não existe, hoje, cultura alguma que deva mais de dez por cento de seus elementos totais a invenções feitas pelos membros de sua própria sociedade.

Com as conquistas coloniais e, mais recentemente, com a globalização das comunicações, ocorre uma difusão cultural bastante intensa dos países centrais para os países periféricos. Aliás, os elementos da cultura brasileira foram tomados de empréstimo de outras culturas, especialmente as dos povos europeus, africanos e indígenas.

Em síntese, a invenção, por intermédio da difusão: a) modifica as culturas; b) faz surgir novas culturas pela fusão de elementos de duas ou mais culturas; c) faz desaparecer determinadas culturas.

2. CULTURA E AMBIENTE

O ambiente influencia o comportamento humano e contribui para a formação de determinada cultura. O estudo de comunidades primitivas mostra que toda cultura é influenciada pelo ambiente geográfico, que, portanto, constitui fator de construção, manutenção e mudança cultural. Não se pode, contudo, estabelecer um determinismo geográfico, ou seja, que a configuração total de determinada cultura deriva exclusivamente do ambiente geográfico em que vivem os homens, visto que existem diferenças fundamentais de culturas que se desenvolvem uma após outra no mesmo ambiente geográfico.

Os antropólogos reconhecem que há um intercâmbio entre ambiente e cultura, motivo pelo qual existe, hoje, uma grande preocupação com as mudanças climáticas provocadas pelo crescimento das forças produtivas e os efeitos que essas mudanças podem provocar nas culturas. O aquecimento global certamente provocará o desaparecimento de forma mais rápida de muitos dos aspectos da cultura esquimó, mas também pode provocar mudanças, talvez até radicais, em todas as culturas existentes.

2.1. Ambiente e direito

Com a intensificação do desenvolvimento das forças produtivas a partir da instauração do modo de produção capitalista, a complexidade da vida social aumentou de forma considerável e com ela a contingência das relações humanas. Em outras palavras, com o modo de produção capitalista o mundo se tornou mais problemático pela ampliação do horizonte de possibilidades e pelo aparecimento de um universo mais amplo em alternativas. No âmbito do direito isso significa que um número maior de relações ou comportamentos mais variados torna-se juridicamente possível. O desenvolvimento das forças produtivas coloca em evidência e em um patamar mais complexo a relação homem/natureza, sobretudo no que diz respeito à exploração da atividade econômica e seu impacto no ambiente e nas culturas. Vale dizer, a exploração da atividade econômica coloca em risco a saúde da natureza e pode provocar profundas mudanças culturais.

De outra parte, a expansão do sistema capitalista impôs ao Estado nacional a função de produzir uma legislação compatível com as expectativas não apenas do empresário e do consumidor nacionais, mas, sobretudo, do empresário multinacional e dos consumidores espalhados pelo mundo inteiro.

Com essa visão, pode-se afirmar que a legislação do Estado nacional se submete a um duplo imperativo socioeconômico. O primeiro visa garantir a segurança e a expectativa do empresário (neutralização dos riscos) e atender, dessa maneira, as necessidades do cálculo econômico fundado numa economia capitalista em expansão (maximização dos resultados). O segundo visa fornecer ao Estado, através da legislação, um instrumento de intervenção na vida empresária, impondo determinadas alternativas e excluindo outras. Situações que permitem afirmar o papel do direito como instrumento de gestão da sociedade, vinculado aos interesses empresariais, mas submetido à pressão social difusa que exige respeito a determinados valores socialmente prevalecentes, como é o caso da exigência de um ambiente sadio.

Conforme aumenta a complexidade, o Estado amplia ainda mais suas atribuições, tendo em vista o seu papel primordial: planejar, regulamentar, controlar e fiscalizar a atividade econômica para dar garantias e segurança aos investimentos e aos negócios do empresário. Para a consecução desses objetivos, o Estado dispõe de mecanismos jurídicos que lhe possibilitam intervir diretamente na produção, no consumo, no mercado, nos campos monetário, tributário e fiscal. O Estado, portanto, assume cada vez mais o papel primordial de planejar, fiscalizar e estimular a exploração da atividade econômica e para isso utiliza um sistema de estímulos e uma imensa máquina administrativa que concentra milhares de funcionários.

A atividade empresária se submete, primordialmente, à relação custo/benefício, portanto, depende de um cálculo econômico. Mas esse cálculo depende, em larga medida, do ordenamento jurídico estatal, motivo pelo qual é necessário ter em conta as conexões que envolvem a relação *exploração da atividade econômica/preservação do ambiente* do ponto de vista constitucional como forma de perceber as premissas que permitem ao Estado intervir na exploração da atividade econômica, com fundamento no exercício dos poderes de gestão.

2.2. Atividade econômica x defesa do ambiente

A Constituição Federal (art. 170) estabelece que a ordem econômica, fundada na valorização do trabalho humano e na livre-iniciativa, tem por fim assegurar, a todos, existência digna, conforme os ditames da justiça social, observado alguns princípios, dentre os quais se destacam: a) **o princípio da soberania nacional**: significa que nenhuma vontade pode impor-se de fora do pacto constitucional (princípio que tem sido desprestigiado em virtude da globalização dos mercados); b) **o princípio da propriedade privada**: tido como condição inerente à livre-iniciativa e lugar de sua expansão (o princípio da função social da propriedade aparece como um limite a esse princípio); c) **o princípio da livre concorrência**: significa que a livre-iniciativa é para todos, sem exclusões ou discriminações (esse princípio é limitado pela repressão ao abuso do poder econômico); d) **o princípio da defesa do meio ambiente**: estabelece que uma natureza sadia é um limite à atividade econômica e também condição de seu exercício; e) **o princípio da defesa do consumidor**: significa que a produção deve estar a serviço do consumo e não este a serviço daquela; f) **o princípio da busca do pleno emprego**: uma utopia no sistema capitalista, daí a necessidade da expansão do dom.

Percebe-se que nas últimas décadas alguns princípios foram fortalecidos (defesa do ambiente, defesa do consumidor, busca do pleno emprego) e outros enfraquecidos (soberania nacional, propriedade privada, livre concorrência). Está em curso, portanto, um movimento de reinterpretação do direito.

A Constituição Federal atribui à iniciativa privada (empresários) o papel primordial na exploração da atividade econômica ao proclamar o princípio da livre-iniciativa como fundamento da ordem econômica. Assim, a livre-iniciativa constitui a base sobre a qual se constrói a ordem econômica, e ao Estado cabe apenas uma função supletiva. Com efeito, a Constituição Federal estabelece que a exploração direta da atividade econômica pelo Estado só será permitida quando necessária aos imperativos da segurança nacional ou a relevantes interesses coletivos. No caso da segurança nacional, são monopólios da União a pesquisa, a lavra, o enriquecimento, o reprocessamento, a industrialização e o comércio de minérios e minerais nucleares e seus derivados. Afora essas hipóteses, todo o resto pode ser explorado pela iniciativa privada diretamente ou por concessão estatal.

A Constituição não repudia o intervencionismo estatal na economia; pelo contrário, determina que o Estado é o agente normativo e regulador da atividade econômica, devendo exercer as funções de incentivo, fiscalização e planejamento. Tais funções assinalam as formas de intervenção do Estado na exploração da atividade econômica. Mas, como agente normativo e regulador, o Estado não substitui o mercado na configuração estrutural da economia. O intervencionismo estatal, como já exposto, é um fenômeno típico da economia capitalista que não pode prescindir do direito como instrumento de gestão.

O intervencionismo refere-se ao exercício, por parte do Estado, de uma ação sistemática sobre a economia, exigindo-se desta uma otimização de resultados que se traduz por mais produção, mais consumo, mais exportação e mais emprego, dados que compõem um quadro de estatísticas consideradas para medir o desempenho da economia. O intervencionismo expresso nos princípios constitucionais não consiste em um fenômeno que nega ou cerceia o acesso à livre-iniciativa; pelo contrário, o Estado deve assegurá-la e estimulá-la através de ações sistemáticas fundadas na lei. O intervencionismo não se faz contra o mercado, mas a seu favor. O mercado como mecanismo de coordenação e organização do processo econômico e que pressupõe o reconhecimento do direito de propriedade dos bens de produção e a liberdade de iniciativa é mantido no intervencionismo como o princípio regulador da economia.

A livre-iniciativa, contudo, encontra limites em outros princípios constitucionais que autoriza o Estado a reprimir o abuso do poder econômico, a concorrência desleal, a poluição da natureza, o desmatamento não autorizado etc. Dado que a exploração da atividade econômica, no aspecto da livre-iniciativa, é regida por um cálculo econômico fundado na relação custo/benefício, esta relação parece ser o caminho que permite esclarecer a contraposição *exploração da atividade econômica x defesa do ambiente.*

2.3. Relação custo/benefício

A exploração da atividade econômica gera custos não apenas para o empresário que a explora, mas também para a sociedade: polui o ambiente, esgota fontes de matéria-prima, contribui para o aquecimento do planeta, reclama investimentos públicos e infraestrutura. Esses custos sociais podem ou não ser compensados com os benefícios sociais que a mesma atividade econômica propicia para a sociedade: aumento da produção e consumo, criação de novos negócios e geração de empregos. A equação entre custos sociais e benefícios sociais nem sempre é equilibrada, ensejando o que se denomina *externalidade.*

Externalidade é todo efeito (negativo ou positivo) que um agente econômico produz sobre a atividade econômica, a renda ou o bem-estar de outros, sem compensar os prejuízos que causa e sem ser compensado pelo benefício que traz.

A relevância da externalidade guarda relação com o crescimento da atividade econômica. Assim, a acentuada agressão de determinada atividade econômica ao ambiente transforma-se numa externalidade relevante negativa que exige resposta mediante a escolha de alternativas: interditar a atividade poluidora ou controlar a poluição. O direito ambiental não tem respondido a essa transformação com a interdição das atividades poluidoras, e sim mediante mecanismos mais ou menos eficientes do controle de produção de poluentes.

Não há como eliminar, na exploração de atividades econômicas, determinada margem de produção de efeitos negativos ou positivos não compensáveis. Uma vez conferida relevância a certos efeitos produzidos pela atividade econômica, cabe definir os mecanismos de compensação (internalização das externalidades), através da imputação de obrigações aos empresários pelos efeitos considerados negativos, e do reconhecimento de direitos em relação aos reputados positivos.

Alguns teóricos entendem que as externalidades devem ser realizadas por meio de mecanismos de direito tributário. Em síntese, diante da exploração de determinada atividade econômica devem-se contrapor os efeitos negativos e positivos para a sociedade. A preponderância de efeitos negativos implicaria uma carga tributária maior e o reconhecimento de preponderância de efeitos positivos implicaria isenções tributárias. Outros teóricos entendem que as externalidades refletem situações conflitantes que devem ser solucionadas pelos próprios interessados. No sistema capitalista essas duas concepções não se excluem.

Mas, com o avanço das teses ambientalistas, o princípio da preservação do ambiente passa a ser um limite à atividade econômica e também sua condição de exercício.

2.4. Urgência do problema

Preocupados com a destruição que a exploração da atividade econômica tem provocado, alguns governos propõe a hipótese do desenvolvimento econômico sustentável, com um mínimo de agressão ao ambiente. Alguns ambientalistas estabelecem um referencial teórico fundado na concepção de uma Terra viva, organizada, autossuficiente e plena de sabedoria, tendo em vista, especialmente a reconciliação do ser humano com a natureza, cuja cisão foi provocada pelo racionalismo moderno. Essa reconciliação permitiria apontar respostas para o problema da exploração da atividade econômica e a proteção do ambiente.

Há, de outra parte, uma preocupação mundial no sentido de encontrar respostas que possibilitem compatibilizar a exploração da atividade econômica com a preservação do ambiente, que significaria estabelecer uma conexão inexorável entre direito ambiental e direito empresarial. Com outras palavras, é preciso estabelecer regras que façam prevalecer o princípio segundo o qual uma natureza sadia é um limite à atividade econômica e também a sua condição de exercício.

Para alguns ambientalistas, a relação que envolve "exploração da atividade econômica e proteção do ambiente" não pode ser tratada como uma questão local, circunscrita apenas ao território do Estado nacional; deve ser tratada como uma questão mundial. Em virtude disso, o tema provoca questionamentos sobre a noção de soberania que legitima e convalida o direito positivo emanado dos órgãos estatais com competência para legislar. Há um movimento internacional apoiado por alguns países e várias organizações internacionais no sentido de estabelecer uma legislação de cunho internacional, com regras claras sobre a exploração da atividade econômica e a preservação do ambiente.

O tema, portanto, transcende as fronteiras dos Estados nacionais e se insere no contexto mundial, motivo pelo qual se tem insistido na necessidade de uma política ambiental globalizada. De outra parte, há também pressões sobre a Organização Mundial do Comércio (OMC) no sentido de fixar algum tipo de vinculação entre acordos comerciais e proteção ao ambiente. Enfim, o tema é motivo de preocupação mundial e já provoca perturbações sociais, visto que as manifestações de grupos organizados estão sendo reprimidas com o uso da força.

De outra parte, é preciso considerar que o tema "exploração da atividade econômica e a proteção do ambiente" repercute em diversas áreas do conhecimento. Trata-se, indubitavelmente, de um problema interdisciplinar que evoca a contribuição de diversas áreas do saber. As diferentes áreas do saber, ao tratar do ambiente, progridem ao encontro umas das outras. A reflexão sobre o referido tema mostra, de forma cabal, a convergência e a interligação entre direito e antropologia.

É preciso, contudo, considerar que o empresário é a figura de destaque no direito contemporâneo. É fato que aqueles que pretendem explorar uma atividade econômica nutrem expectativas de lucros. Vale dizer, os investimentos do empresário liga-se à neutralização dos riscos e à maximização dos resultados. A lógica do sistema capitalista implica a concentração e aumento de riquezas, portanto, as pessoas investem dinheiro em determinada atividade econômica para auferir lucros e não movidos pelo amor à humanidade ou pela prática do dom. O movimento do empresário se submete à influência decisiva da razão instrumental que orienta o cálculo econômico na elaboração da equação custo/benefício. Sob a tutela da razão instrumental correm soltas a agressão e a destruição do ambiente ao privilegiar o fim da exploração da atividade econômica, que é o lucro.

Conciliar esse problema não é tarefa simples. Há, por um lado, as externalidades positivas decorrentes da exploração da atividade econômica (otimização da economia) e, por outro lado, as externalidades negativas (o dano ambiental). Algo, porém, é certo: as coisas não podem ficar como estão, as mudanças são necessárias e inadiáveis. Algo também é certo, independentemente do teor dessas mudanças, elas deverão ser organizadas juridicamente.

A alta complexidade que envolve as relações no mundo contemporâneo demonstra de forma cabal que o direito é algo inacabado, em processo de construção. A adaptação dos profissionais do direito a essa nova realidade implica romper com o paradigma dominante: o positivismo jurídico. Expõe-se, no capítulo seguinte, o perfil desse modelo teórico dominante, fazendo-lhe as devidas críticas e apontando o perfil de um modelo emergente.

XXI Ciência Jurídica

1. MODELO TEÓRICO DOMINANTE

Ao longo do século XX predominou nas Faculdades de Direito o modelo teórico denominado positivismo jurídico, motivo pelo qual o ensino jurídico tem negligenciado as contribuições da antropologia e de outras áreas do conhecimento. Para compreender os motivos desse afastamento, é necessário expor, ainda que de forma abreviada, os contornos do positivismo jurídico na sua forma mais elaborada.

Hans Kelsen é o teórico que eleva o positivismo jurídico ao seu patamar mais alto. Em 1934 publica a *Teoria pura do direito*, na qual retoma as teses do positivismo jurídico do século XIX. Nessa obra elege a autonomia da ciência jurídica como o problema fundamental da sua tese e confere-lhe método e objeto próprios, capazes de assegurar ao jurista o conhecimento científico do direito. Para isso estabelece um princípio metodológico, o *princípio da pureza*, com o qual pretende reduzir a complexidade do objeto do direito ao afastar da ciência jurídica as ingerências intrusas, potencialmente perturbadoras, de ordem epistemológica e axiológica. Para Kelsen, o objeto da ciência jurídica consiste em normas jurídicas, e a tarefa do jurista (cientista do direito) consiste em descrever e sistematizar esse objeto mediante proposições.

De acordo com Kelsen, o conhecimento jurídico, para ser científico, deve ser neutro. Não cabe ao jurista fazer julgamentos nem avaliações sobre as normas. No exercício da sua atividade, o jurista deve afastar tanto as dimensões axiológicas, que implica proferir juízos de valor a respeito das normas, como as dimensões epistemológicas, que implicam motivações específicas de outras ciências, como a antropologia, a sociologia, a economia, a política, a psicologia etc. Essas dimensões comprometeriam a verdade das proposições que o cientista enuncia sobre as normas. Vale dizer, o raciocínio jurídico não deve versar sobre o que é certo ou errado, adequado ou inadequado, justo ou injusto, virtuoso ou vicioso, conveniente ou inconveniente, mas sim sobre o lícito e o ilícito, o legal (constitucional) e o ilegal (inconstitucional), o válido e o inválido, a eficácia e a ineficácia. Desse modo, é sempre possível que uma norma, indubitavelmente injusta, inadequada e inconveniente, quando submetida ao modelo teórico positivista, possa ser considerada legal, válida, lícita e eficaz.

1.1. Sistema de normas

Para garantir a racionalidade da ordem jurídica, tem-se na *Teoria pura* a noção de *norma hipotética fundamental*, no sentido de primeira norma transcendental. É uma norma suposta, vale dizer, não é editada por um ato de autoridade, não possui um conteúdo, é uma exigência lógica, apenas uma ficção que sustenta o fundamento de validade da ordem jurídica, evitando uma regressão ao infinito ou a discussão política sobre a legitimidade do poder originário. À norma hipotética fundamental que é suposta segue-se a primeira norma posta, que, no caso do Brasil, corresponde ao conjunto normativo da Constituição Federal.

A primeira norma posta e as demais que lhe sucedem derivam de atos de vontade do poder soberano, e esse poder deve garantir a efetividade da ordem normativa. Vale dizer, a norma é válida se for editada pela autoridade competente e possuir um mínimo de eficácia. A validade da norma repousa na competência normativa de seu editor, que é conferida por outra norma e assim, sucessivamente, numa série finita que culmina na norma fundamental. Essa estrutura possibilita ao jurista organizar o *sistema dinâmico* de normas relacionando-as a partir de regras de competência, reguladoras da produção normativa. A mesma estrutura possibilita organizar o *sistema estático*, relacionando as normas a partir de seus conteúdos. A norma emanada de quem possui competência para editá-la deve manter conteúdo compatível com a norma que lhe é imediatamente superior.

Assim, uma norma sempre se fundamenta em uma outra que lhe é superior, no que diz respeito tanto à competência quanto ao conteúdo.

Uma das tarefas do jurista consiste em elaborar o encadeamento hierárquico de normas, mediante proposições, tanto na perspectiva do sistema dinâmico quanto na do sistema estático. Nessa estrutura, uma norma vale não porque é justa, mas porque está em conformidade com uma norma superior na qual se fundamenta. Todo o universo normativo vale e é legítimo em função dessa hierarquia, ou seja, em função desse encadeamento lógico. Da norma fundamental não se pode exigir que seja justa. Mesmo uma norma fundamental considerada injusta valida e legitima o direito que dela decorre.

O direito é, desse modo, uma ordem coativa, um conjunto de normas que prescrevem sanções. A conduta contrária à norma é considerada ilícita e a conduta em conformidade com a norma é considerada um dever jurídico. O Estado se confunde com o direito porque nessa estrutura ele nada mais é do que o conjunto das normas que estabelece competência e prescreve sanções de forma organizada. Como se nota, esse modelo teórico não permite estabelecer conexões entre direito e antropologia, isso fica mais evidente pela análise do objeto que tal modelo considera como o da ciência jurídica (normas jurídicas) e o resultado da produção do jurista (proposições jurídicas).

1.2. Norma e proposição

Para o positivismo jurídico, a norma é um dever-ser que confere ao comportamento humano um sentido prescritivo. Assim, o fato ou a conduta humana possui o significado jurídico que a norma lhe atribui. Por esse motivo, a ciência jurídica é fundamentalmente diferente das outras ciências. Estas operam com o princípio da causalidade (dado A é B), relacionam fatos, sendo um causa e o outro efeito, atuam no mundo do ser (mundo natural). A ciência jurídica atua no mundo do dever-ser (mundo cultural), opera com o princípio da imputação (dado A, deve ser B). Esse princípio prevê determinada sanção (B) que deve ser imputada a uma conduta considerada pelo direito como ilícita (A). O jurista (cientista do direito) estabelece, na proposição jurídica que descreve a norma jurídica, ligações entre um antecedente (conduta ilícita) e um consequente (sanção).

Norma e proposição enunciam um dever-ser. Há, entretanto, diferenças essenciais entre uma e outra. O enunciado da norma é prescritivo porque resulta de um ato de vontade; nesse sentido, a norma é válida quando emana de uma autoridade competente ou inválida em caso contrário. O enunciado da proposição é descritivo porque resulta de um ato de conhecimento do cientista do direito; nesse sentido, a proposição é verdadeira quando o seu enunciado estiver em conformidade com a norma ou falsa no caso contrário. A veracidade e a falsidade são atributos da proposição, enquanto a norma apenas pode ser válida ou inválida.

As normas que perfazem o ordenamento jurídico não aparecem sistematizadas nos instrumentos jurídicos. Vale dizer, o sistema jurídico não possui lógica interna. A alta complexidade social exige das autoridades competentes uma produção contínua e ininterrupta de normas, de modo que as normas mais parecem peças de um gigantesco quebra-cabeça desmontado, cujas peças espalhadas (na Constituição, nas leis, nos decretos, nas portarias, nas instruções normativas) devem ser reorganizadas conforme as regras estabelecidas nos sistemas dinâmico e estático de normas. O "sistema de normas" adquire contornos lógicos de uma forma derivativa, por intermédio do sistema de proposições elaborado pelo jurista.

A racionalidade da ordem jurídica implica enxergar o direito como sistema unitário e hierárquico de normas. Essa racionalização, entretanto, provoca algumas separações entre: direito e ação política, direito e antropologia, direito e sociologia, direito e ética e culmina na *purificação* do direito ou na *reificação* da norma jurídica. Exige-se que o jurista parta do pressuposto segundo o qual as normas advêm de um legislador racional, possuem vida própria e são capazes de condicionar comportamentos sem serem condicionadas por eles. Assim, o direito aparece separado da cultura, da vida social, da história e dos homens responsáveis pela sua criação e aplicação.

1.3. Norma e interpretação

No que diz respeito à interpretação da norma jurídica, isto é, à determinação do seu real alcance e sentido, a teoria pura entende que de uma mesma norma podem-se extrair diversos significados. A primeira norma posta não determina de modo exaustivo todas as situações, de modo que sempre resta uma margem de indeterminação. Além disso, as normas são genéricas (textura aberta), não circunscrevem exatamente os objetos a que se referem e por isso permitem interpretações divergentes. Junte-se a isso o fato de que as normas estão expressas na linguagem natural, cujas palavras são sempre vagas e ambíguas e, por isso, denotam e conotam diversos significados. Por essas razões, a teoria pura nega a possibilidade de uma interpretação verdadeira, mas distingue a interpretação autêntica da não autêntica.

Interpretação não autêntica (doutrina) é a realizada pelo cientista do direito, que, mediante ato cognitivo, deve fixar os diversos significados possíveis da norma jurídica. A autêntica (jurisprudência) é a realizada pelo órgão jurisdicional, que, no exercício da competência jurídica, decide conflito com base em um ato de vontade, que pode estar ou não em conformidade com um dos significados oferecidos pela doutrina. Vale dizer, o juiz, quando decide, não realiza ato de conhecimento, manifesta sua vontade. Isso é assim porque a teoria pura considera a sentença uma norma jurídica individual, emanada de uma autoridade competente que estabelece uma sanção.

Nesse sentido, a sentença passa a compor o conjunto de normas jurídicas que constituem o objeto da ciência jurídica. Sobre ela incide, portanto, o princípio da pureza, que implica a neutralidade do cientista. Mesmo que o conteúdo da sentença seja visivelmente injusto ou ilegal, não cabe ao cientista do direito qualquer manifestação valorativa sobre a decisão. A sentença é uma norma jurídica e, como tal, não é justa nem injusta, apenas vale.

Desse modo, a teoria pura protege a vontade normativa (do Congresso ou do Tribunal) de qualquer crítica do cientista do direito. Com isso desqualifica tanto as qualidades do sujeito do conhecimento como as do objeto a ser conhecido. O cientista do direito (sujeito do conhecimento) deve ser neutro, porque a norma (objeto a ser conhecido), embora seja tida como um produto da vontade humana, não pode ser valorada ou qualificada. Paradoxalmente, o positivismo jurídico estabelece a ideia segundo a qual a solução para qualquer problema jurídico já está dada, *a priori*, no sistema de normas.

Enfim, na perspectiva da *teoria pura*, o jurista cuida de proposições normativas e não de fatos. Não se pode olvidar, porém, que a experiência jurídica pressupõe uma referência das proposições normativas a comportamentos reais. Na medida em que isso se coloca como problema para o jurista, surge a necessidade de esclarecer as relações entre fato e norma. A correlação entre fato e norma permite entender o direito como sistema aberto, dependente de outros que o abrangem e circunscrevem. Esse antiformalismo resulta do contraste entre direito posto e direito aplicado, da imensa distância que existe entre o direito formalmente válido e a realidade social a que se reporta. Daí a necessidade do deslocamento da análise para o momento em que a norma produz impacto e atua na realidade social.

2. MODELO TEÓRICO EMERGENTE

Influenciado pelo positivismo, o saber jurídico se tornou um saber dogmático, visto que o sistema de normas aparece como um dado, o ponto de partida de qualquer investigação, que os juristas aceitam e não negam. As normas são mantidas como dogmas inatacáveis, são assumidas como insubstituíveis e inquestionáveis. O sistema de normas constitui uma espécie de limitação, uma prisão que tolhe a liberdade do jurista no trato com a experiência normativa. Essa limitação teórica conduz a exageros, motivo pelo qual há quem faça do estudo do direito um estudo voltado para um conhecimento muito restrito, legalista e cego para a realidade como um fenômeno social.

Esse tipo de estudo, fechado e formalista, é implementado na maioria das Faculdades de Direito. Essas instituições de ensino passam a formar profissionais que não questionam os pontos de partida (dogmas) e, com isso, as normas são consideradas convenientes, adequadas, justas e irrepreensíveis. As disciplinas que poderiam provocar o questionamento crítico (antropologia, filosofia, sociologia), não raras vezes, são designadas pelos *especialistas* por "perfumarias jurídicas".

2.1. Zetética jurídica

Há, segundo Ferraz Jr. (1995: 39 e s.), duas possibilidades de proceder à investigação de um problema jurídico: acentuando o *enfoque dogmático* ou o *enfoque zetético*. Os dois enfoques não se excluem, estão correlacionados, mas o predomínio de um deles revela consequências diferentes. O enfoque dogmático, como visto, não questiona os dogmas (normas), portanto, diante de um problema, considera que a solução já está previamente dada ou pressuposta no sistema de normas (dogmas).

Ao contrário do enfoque dogmático, o zetético problematiza as próprias normas (dogmas). Estas, portanto, ficam abertas à dúvida, conservam o seu caráter hipotético e problemático, permanecem abertas à crítica e à criatividade. As normas servem, de um lado, para delimitar o horizonte dos problemas a serem tematizados e decididos, mas, ao mesmo tempo, ampliam esses horizontes. Assim, o enfoque zetético revela-se como um saber especulativo, sem compromissos imediatos com a ação, que envolve questionamentos extraídos de diversas áreas do conhecimento.

Sob o enfoque zetético, as normas comportam pesquisas de ordem antropológica, filosófica, sociológica, histórica, política etc. Nessa perspectiva o investigador preocupa-se em ampliar as dimensões do fenômeno, sem se limitar aos problemas relativos às decisões dos conflitos. Pode encaminhar sua investigação para os fatores reais do poder que regem uma comunidade, para as bases econômicas e os reflexos na vida cultural ou social e política, para o levantamento dos valores que orientam a ordem constitucional, para uma crítica ideológica do atual estágio dos diversos ramos do direito: ambiental, empresarial, penal, civil, tributário etc.

A investigação zetética não exerce exatamente um papel apaziguador, no sentido de conceder total segurança à construção e à interpretação jurídica. Mais do que fornecer uma resposta para determinado tema, cuida mais da tarefa de problematizá-lo. Assim ocorre com os temas ou problemas enunciados de forma mais genérica, por exemplo, a questão da justiça, da liberdade, da igualdade, do ambiente, da função social da propriedade, dos direitos humanos e sociais. Assim ocorre também com os temas ou problemas enunciados de forma mais específica, porque referentes a um conjunto de situações aparentemente menos abrangentes e complexas, como, por exemplo: institucionalização ou legalização da tortura, inseminação homóloga, reprodução *in vitro*, clonagem, alimentos transgênicos, pesquisa com célula tronco, contrato de gestação, eutanásia, união estável de pessoas do mesmo sexo, adoção por casal do mesmo sexo, aborto, penas alternativas, abandono clínico de crianças portadoras de deficiências, pena de morte, crimes hediondos etc.

2.2. Zetética e dogmática

Numa investigação dogmática, as normas constituem pontos de partida, que não podem ser negados. As normas são, contudo, expressas em palavras, e estas são sempre vagas e ambíguas, fato que exige interpretação. As normas são um produto abstrato e as regras de interpretação (dogmas que dizem como devem ser entendidas as normas) são também produtos abstratos. Tem-se, desse modo, uma dupla abstração, que consiste em isolar normas e regras de seus condicionamentos zetéticos (antropológicos, econômicos, políticos, sociais, históricos, filosóficos). Essa dupla abstração provoca o distanciamento progressivo da compreensão do direito da própria realidade social.

É certo que a dogmática, depende do *princípio da inegabilidade dos pontos de partida*, mas não se *reduz* a ele. Ao interpretar a norma, o jurista cria condições para se libertar dos pontos de partida, visto que é possível extrair de uma mesma norma vários significados. O ato interpretativo que acompanha a resposta ou decisão dificilmente reproduz o sentido imediato da norma; geralmente lhe confere um sentido mais abrangente ou adverso. A decisão ou resposta, embora possa parecer, não se enclausura totalmente nas normas. Nesse sentido, a dogmática jurídica, em vez de ser considerada uma prisão para o espírito, permite o aumento da liberdade no trato com a experiência normativa. Vale dizer, a dogmática jurídica não se exaure na afirmação do dogma estabelecido, mas interpreta sua própria vinculação, fato que permite ao jurista certa manipulação no ato interpretativo.

Visto desse ângulo, percebe-se que o conhecimento dogmático dos juristas, embora dependa dos pontos de partida (os dogmas), gira em torno de *incertezas*. Essas incertezas são justamente aquelas que, na sociedade, foram aparentemente eliminadas (ou inicialmente delimitadas) pelos dogmas. Por exemplo, diante da incerteza a respeito de se é possível a união estável entre pessoas do mesmo sexo, e o Poder Judiciário edita uma decisão reconhecendo o direito do parceiro sobrevivente de participar do espólio do parceiro falecido, cabe ao saber dogmático retomar a incerteza primitiva, indagando, por exemplo: a) Que é família? b) Que é união estável? c) É possível união estável entre pessoas do mesmo sexo? d) Qual o período mínimo para estabelecer a existência de união estável? e) A sociedade aceita a união estável ou casamento de pessoas do mesmo sexo? e) No atual estágio da sociedade, é comum união estável de pessoas do mesmo sexo? f) Qual o meio juridicamente aceito para estabelecer a existência de união estável? O mesmo movimento vale para outras incertezas, como o aborto, a eutanásia, a tortura, o abandono clínico, o preconceito etc. Com isso o jurista retoma a incerteza primitiva, *ampliando-a*, mas de *maneira controlada*, isto é, aumentando-a a um grau de suportabilidade social, de modo a tornar decidíveis os eventuais problemas e conflitos.

Para a dogmática, o tema ou o fato da união homoafetiva (e outros temas, como mudança de sexo, eutanásia, institucionalização da tortura, clonagem, abandono clínico, guarda conjunta, reprodução assistida, concepção *in vitro*, abandono clínico de crianças portadoras de deficiência, pesquisa com célula tronco) representa um ponto de partida que exige respostas ou decisões jurídicas. Nesse sentido, podem-se apontar as relações do tema da união homoafetiva (do preconceito, da mudança de sexo, da institucionalização da tortura, do aborto, da pena de morte etc.) com o direito à vida, à propriedade, à liberdade de escolha, à igualdade de oportunidades, às condições de inserção no campo profissional, à dignidade do ser humano etc. Para a zetética, os temas antes anotados, implicam a questão anterior de como, em nossa sociedade, esses temas antes se constituíram como fatos ou problemas, ou seja, surgem perguntas sobre as experiências culturais e históricas que permitiram o surgimento dos próprios temas. Se para a dogmática a noção de união homoafetiva constitui ponto de partida de uma construção teórica com vistas à decisão de conflitos, para a zetética o ponto de partida é a construção dessa noção, que se apresenta como dado e como portadora de uma realidade objetiva.

Por influência do positivismo jurídico a ciência jurídica configurou-se como saber dogmático. É óbvio que o estudo do direito não se reduz a esse saber. Assim, embora o jurista seja um especialista em questões dogmáticas, é também, em certa medida, um especialista em questões zetéticas, visto que, diante da alta complexidade que o mundo contemporâneo imprimiu aos problemas jurídicos, muitas vezes, precisa abordar e enquadrar o tema não apenas nos seus aspectos jurídicos, mas também nos seus aspectos antropológicos, econômicos, sociológicos, políticos, filosóficos, éticos, históricos etc.

Hoje, o debate sobre temas jurídicos mais polêmicos, como o imigrante ilegal, o aborto, a união homossexual, a deficiência, a eutanásia, a demarcação das terras dos índios, o reconhecimento dos quilombos, as ações afirmativas etc., requer algumas incursões na antropologia. Um debate sério sobre esses temas exige a consideração do *princípio da alteridade*, que implica colocar-se na posição do outro: do imigrante, da mulher, do homossexual, do deficiente, do doente terminal, do índio, do negro etc.

Além da alteridade, a discussão jurídica desses temas exige dos atores o domínio de alguns conceitos antropológicos, especialmente o de *cultura*, que, como visto, é bastante complexo e de difícil definição.

Bibliografia

ABBAGNANO, Nicola (2003) *Dicionário de filosofia*. São Paulo. Martins Fontes.

ALVES, Elizete Lanzoni e SANTOS, Sidney Francisco Reis dos (2007) *Iniciação ao conhecimento da antropologia jurídica*. Florianópolis. Conceito Editorial.

AQUINO, Santo Tomás (1973) *Seleção de textos da Suma Teológica*. São Paulo. Abril.

ARENDT, Hannah (1973) *Crises da República*. São Paulo. Perspectiva.

_________ (1988) *Entre o passado e o futuro*. São Paulo. Perspectiva.

ASSIS, Olney Queiroz (2004) *Direito societário*. São Paulo. Damásio de Jesus.

_________ (1995) *Interpretação do direito*. São Paulo. Lumen Juris.

ASSIS, Olney Queiroz e POZZOLI, Lafayette (2005) *Pessoa portadora de deficiência*: direitos e garantias. São Paulo. Damásio de Jesus.

ASSIS, Olney Queiroz e FREITAS, Márcia (2007) *Tratado do direito de família*. São Paulo. Primeira Impressão.

BUENO, Roberto (2005) *A filosofia jurídico-política de Norberto Bobbio*. São Paulo. Mackenzie.

BOBBIO, Norberto (2005) *Teoria da norma jurídica*. São Paulo. Edipro.

_________ (1996) *Teoria do ordenamento jurídico*. Brasília. UNB.

BOTTOMORE, T. B (1967) *Introdução à sociologia*. Rio de Janeiro. Zahar.

CASTRO, Celso Antonio Pinheiro de (2003) *Sociologia do direito*. São Paulo. Atlas.

CHARON, Joel M. (2000) *Sociologia*. São Paulo. Saraiva.

CHAUÍ, Marilena (2002) *Convite à filosofia*. 12. ed. São Paulo. Ática.

CHAUÍ, Marilena de Souza (1980) *Lévi-Strauss:* vida e obra, in Os pensadores. São Paulo. Abril.

CHILDE, Vere Gordon (1971) *A evolução cultural do homem*. Rio de Janeiro. Zahar Editores.

COELHO, Fabio Ulhoa (1995) *Para entender Kelsen*. São Paulo. Max Limonad.

COULANGES, N. Fustel de (1929) *A cidade antiga*. Lisboa. Clássica.

DINIZ, Maria Helena (1988) *Compêndio de introdução à ciência do direito*. São Paulo. Saraiva

DURHAM, Eunice Ribeiro (1978) *Malinowski*: vida e obra, in Os pensadores. São Paulo. Abril.

DURKHEIM, Émile (1974) *As regras do método sociológico*. São Paulo. Companhia Editora Nacional.

___________(1978a) *Da divisão do trabalho social*. São Paulo. Abril.

___________(1978b) *As formas elementares da vida religiosa*. São Paulo. Abril.

DWORKIN, Ronald (2001) *Levando os direitos a sério*. São Paulo. Martins Fontes.

ENGELS, Friedrich (1976) *A origem da família, da propriedade e do Estado*. Lisboa. Presença.

ENGELS, Friedrich e KAUTSKY, Karl (1991) *O socialismo jurídico*. São Paulo. Ensaio.

FERRAZ JR., Tercio Sampaio (1995) *Introdução ao estudo do direito:* técnica, decisão, dominação. São Paulo. Atlas.

___________(2002) *Estudos de filosofia do direito*. São Paulo. Atlas.

FOUCAULT, Michel (1988) *Microfísica do Poder*. Rio de Janeiro. Graal.

___________ (1996) *A verdade e as formas jurídicas*. Rio de Janeiro. Nau.

GODELIER, Maurice (2001) *O enigma do dom*. Rio de Janeiro. Civilização Brasileira.

GOLDMANN, Lucien (1974) *Ciências humanas e filosofia*. São Paulo. Difel.

GOYARD-FABRE, Simone (2002) *Os fundamentos da ordem jurídica*. São Paulo. Martins Fontes.

GRAU, Eros Roberto (2004) *A ordem econômica na Constituição de 1988*. 9. ed. São Paulo. Malheiros.

HABERMAS, Jurgen (2000) *O discurso filosófico da modernidade*. São Paulo. Martins Fontes.

HEGEL, Georg Wilhelm Friedrich (1974) *Introdução à história da filosofia*. São Paulo. Abril.

HERSKOVITS, Melville J. (1963) *Antropologia cultural*. São Paulo. Mestre Jou.

KELSEN, Hans (1976) *Teoria pura do direito*. Coimbra. Arménio Amado.

KUMPEL, Vitor Frederico (2007) *Teoria da aparência*. São Paulo. Método.

KUPER, Adam (2002) *Cultura*: a visão dos antropólogos. São Paulo, EDUSC.

LAFER, Celso (1988) *A reconstrução dos direitos humanos*. São Paulo. Companhia das Letras.

LAPLATINE, François (2006) *Aprender antropologia*. São Paulo. Brasiliense.

LÉVY-BRUHL, Henri (2000) *Sociologia do direito*. São Paulo. Martins Fontes.

LÉVI-STRAUSS, Claude (2003) *Antropologia estrutural*. Rio de Janeiro. Tempo Brasileiro.

______________(1993) *Antropologia estrutural 2*. Rio de Janeiro. Tempo Brasileiro.

______________(1980a) *A noção de estrutura em etnologia*. São Paulo. Abril.

______________(1980b) *Raça e história*. São Paulo. Abril.

LINTON, Ralph (1971) *O homem*: uma introdução à antropologia. São Paulo. Martins Fontes.

LOPES, José Reinaldo de Lima (2000) *O direito na história*. São Paulo. Max Limonad.

LOVELOCK, James (1991) *As eras de Gaia*: biografia da nossa terra viva. Rio de Janeiro. Campus.

LUHMANN, Niklas (1983) *Sociologia do direito I.* Rio de Janeiro. Tempo Brasileiro.

__________ (1985) *Sociologia do direito II.* Rio de Janeiro. Tempo Brasileiro.

MALINOWSKI, Bronislaw (1970) *Uma teoria da cultura.* Rio de Janeiro, Zahar.

__________ (1978) *Argonautas do Pacífico Ocidental.* São Paulo. Abril.

__________ (1972) *Diritto e costume nella società primitiva.* Roma. Newton Compton Italiana.

MARCONI, Marina de Andrade e PRESOTTO, Zélia Maria Neves (2006) *Antropologia*: uma introdução. 6. ed. São Paulo. Atlas.

MELLO, Luiz Gonzaga de (1982) *Antropologia cultural.* Petrópolis. Vozes.

MARX, Karl (1975) *O capital.* Rio de Janeiro. Civilização Brasileira.

________ (1957) *Contribution à la critique de l'economie politique.* Paris. Sociales.

MARX e ENGELS (s/d) *A ideologia alemã I.* Lisboa. Presença.

MAUSS, Marcel (1974) Ensaio sobre a dádiva. In: *Sociologia e antropologia.* São Paulo. EPU.

________(2001) *Ensaio sobre a dádiva.* Lisboa. Edições 70.

PACHUKANIS (1977) *A teoria geral do direito e o marxismo.* Coimbra. Centelha.

POZZOLI, Lafayette (2003) *Direito comunitário europeu.* São Paulo. Método.

RADCLIFFE-BROWN, A. R. (1973) *Estrutura e função na sociedade primitiva.* Petrópolis. Vozes.

REALE, Miguel (1999) *Filosofia do direito.* São Paulo. Saraiva.

ROULAND, Norbert (2003) *Nos confins do direito.* São Paulo, Martins Fontes.

ROUSSEAU, Jean-Jacques (1973) *Discurso sobre a origem e os fundamentos da desigualdade entre os homens.* São Paulo. Abril.

__________ (1973) *Ensaio sobre a origem das línguas.* São Paulo. Abril.

SANTOS, Boaventura de Sousa (1996) *Um discurso sobre as ciências.* 8. ed. Porto. Edições Afrontamento.

____________ (1988) *O discurso e o poder*. Porto Alegre. Sérgio A. Fabris, Editor.

SHIRLEY, Robert Weaver (1987) *Antropologia jurídica*. São Paulo. Saraiva.

SÓFOCLES (2003) *Antígona. Édipo rei*. São Paulo. Martin Claret.

STUCKA, Petr Ivanovich (1988) *Direito e luta de classes:* teoria geral do direito. São Paulo. Acadêmica.

THOMPSON, William Irwin (1990) *Gaia*: uma teoria do conhecimento. São Paulo. Gaia.

VANNI, Icilio (1916) *Lições de philosophia do direito*. São Paulo. Pocai Weiss & C.

VENOSA, Sílvio de Sálvio (2006) *Direito civil*: direito de família. São Paulo. Atlas.

VIEHWEG, Theodor (1979) *Tópica é jurisprudência*. Brasília. UNB.

WOLKMER, Antonio Carlos (1995) *Introdução ao pensamento jurídico crítico*. São Paulo. Acadêmica.

CHERMA
Indústria da Arte Gráfica
Impressão e Acabamento
www.cherma.com.br